A Bidirectional Systematic Study of
Multifunctional Adverbs and Related
GRAMMATICAL
PHENOMENA

Taking "dou, ye" as a Window into the Phenomena of Universal
Quantification and Free Choice in Modern Chinese

汉语多功能副词及相关语法现象的双向系统性研究

以"都、也"为例看现代汉语的全称量化、任指等现象

刘明明 ◎著

北京大学出版社
PEKING UNIVERSITY PRESS

图书在版编目（CIP）数据

汉语多功能副词及相关语法现象的双向系统性研究 / 刘明明著 . —北京 : 北京大学出版社，2023.8
ISBN 978-7-301-34293-0

Ⅰ.①汉… Ⅱ.①刘… Ⅲ.①汉语－语法－研究 Ⅳ.①H14

中国国家版本馆 CIP 数据核字（2023）第 147827 号

书　　名	汉语多功能副词及相关语法现象的双向系统性研究 HANYU DUOGONGNENG FUCI JI XIANGGUAN YUFA XIANXIANG DE SHUANGXIANG XITONGXING YANJIU
著作责任者	刘明明　著
责任编辑	崔　蕊
标准书号	ISBN 978-7-301-34293-0
出版发行	北京大学出版社
地　　址	北京市海淀区成府路 205 号　100871
网　　址	http://www.pup.cn　新浪微博：@北京大学出版社
电子邮箱	zpup@pup.cn
电　　话	邮购部 010-62752015　发行部 010-62750672　编辑部 010-62754144
印 刷 者	北京虎彩文化传播有限公司
经 销 者	新华书店
	650 毫米 ×980 毫米　16 开本　17.75 印张　257 千字 2023 年 8 月第 1 版　2023 年 8 月第 1 次印刷
定　　价	68.00 元

未经许可，不得以任何方式复制或抄袭本书之部分或全部内容。
版权所有，侵权必究
举报电话：010-62752024 电子邮箱：fd@pup.cn
图书如有印装质量问题，请与出版部联系，电话：010-62756370

本研究得到国家社科基金青年项目 17CYY062 的支持

成果的出版获得清华大学外文系出版基金的资助

目 录

第一章 绪 论 ·· 1
1.1 引言 ·· 1
1.2 本书讨论的语言现象 ···························· 1
1.3 本书的章节安排及主要观点 ···················· 6

第二章 "都"的语义与语用 ···················· 10
2.1 引言 ·· 10
2.2 "都"与语境 ···································· 13
    2.2.1 "都"与总括性语境 ······················ 13
    2.2.2 类似的观察 ································ 18
    2.2.3 两类"反例" ······························ 23
2.3 什么是"总括" ································ 30
    2.3.1 "都"总括话题/问题 ····················· 31
    2.3.2 "甚至"和"超预期" ····················· 40
2.4 预设和强制预设 ································ 43
2.5 小结 ·· 48

第三章 "都"与全称量化 ························ 49
3.1 "每-都"共现与Lin的解释 ····················· 50
3.2 "每-NP"具有量化性 ··························· 56
    3.2.1 动词后没有"都"的"每-NP" ············ 57

  3.2.2 动词前有"都"的"每-NP" ………………………… 65
 3.3 "都"是预设性的最强算子 ……………………………… 82
 3.4 "每-都"共现是一种强制性预设现象 ………………… 94
  3.4.1 对"每-都"共现的解释 ………………………… 94
  3.4.2 "每-都"共现受语境制约 …………………………100
 3.5 小结 ………………………………………………………106

第四章 "都"与任指性疑问代词 …………………………… **108**
 4.1 引言 ………………………………………………………108
 4.2 传统分析的问题与挑战 …………………………………110
 4.3 什么是任选/任指 ………………………………………119
 4.4 "疑问代词-都"中的"都" ……………………………127
  4.4.1 "都"的语义与语用 ……………………………127
  4.4.2 "都"与任指性疑问代词 ………………………132
 4.5 疑问代词表存在 …………………………………………135
  4.5.1 问句中的疑问代词 ………………………………135
  4.5.2 疑问代词的虚指用法 ……………………………137
 4.6 小结 ………………………………………………………142

第五章 "也"与任指性疑问代词：语言事实及前人的观点 ……… **143**
 5.1 引言 ………………………………………………………143
 5.2 基本事实 …………………………………………………144
  5.2.1 "也" ………………………………………………145
  5.2.2 疑问代词的非疑问用法 …………………………154
  5.2.3 "疑问代词-也" ……………………………………157
 5.3 前人的分析 ………………………………………………164
  5.3.1 追加义被内部消化 ………………………………165
  5.3.2 量级与否定极性 …………………………………179

第六章 "也"与任指性疑问代词：形式分析 ... 202
6.1 疑问代词的任指义与任选增强 ... 202
6.1.1 析取的任选增强 ... 203
6.1.2 存在量化的任选增强 ... 208
6.2 任指性疑问代词与"也"的量级性 ... 215
6.2.1 语义组合 ... 215
6.2.2 "量级-也"的全序要求 ... 219
6.3 二元有序组、扩域及其否定偏向 ... 225
6.3.1 二元有序组与语用扩域 ... 226
6.3.2 QUD式扩域的否定偏向 ... 228
6.3.3 否定与焦点的互动 ... 234
6.4 对更多事实的解释 ... 241
6.4.1 "疑问代词-也"与"疑问代词-都" ... 241
6.4.2 "或者-都" ... 243
6.4.3 "也"和"都"共现 ... 246
6.4.4 "连"与"无论" ... 248
6.5 小结 ... 250

第七章 结语 ... 251
7.1 内容总结 ... 251
7.2 研究特色及意义 ... 253
7.3 遗留问题 ... 254

参考文献 ... 256

第一章 绪 论

1.1 引言

"都"是汉语中最受语法学家关注的两个词之一（徐烈炯，2014），在汉语语法系统中起着十分重要的作用，全称量化、任指性疑问代词、否定极性词等多个语法现象都有"都"的参与。本书以"都"为线索，辅之以另一个多功能副词"也"，在形式语义学及语用学的框架下，对汉语的话语话题、全称量化、任指等多个语义、语用现象进行了研究，发掘了不少前人研究未曾注意到的语言事实，对若干经典理论提出了质疑，并提出了不少新的看法和分析。

下面我们直奔主题，通过在1.2节展示本书讨论的语言现象，将本书的主要内容串联起来，同时在这些语言事实的基础上，在1.3节说明本书的章节安排及主要观点。

1.2 本书讨论的语言现象

本书讨论的第一个语言现象是（1a）与（1b）到底有什么不同。

（1）a. 张三和李四笑了。
　　　b. 张三和李四都笑了。

现有文献通常认为"都"表示分配或全称量化。例如，对"张三和李四都买了两本书"来说，这种观点认为"都"的作用就是使我们可以得出张三买了两本书且李四买了两本书。根据这种观点，（1a）与（1b）没有不同。因为"笑"本身就表示分配，从"张三和李四笑了"我们必然能得到张三笑了且李四笑了，加不加分配/全称量化没有区别。但作为汉语使用者，我们还是会觉得（1a）与（1b）由于"都"的有无在意义上有不同之处。

本书揭示了（1a）与（1b）的不同，其不同不在于语义，而在于语用。大致来说，两者用于回答不同的问题。如（2）所示（Q即"问"，A即"答"），"班上学生谁笑了？"这样的问题最好用（1a）来回答，而"张三和李四谁笑了？"这样的问题只能用（1b）回答。关注"都"的语用，这是本书的特色之一。

（2）a. Q：班上学生谁笑了？　　　　　　　　　　［最好用（1a）］
　　　A：张三和李四笑了。
　　　　　vs. ?? 张三和李四都笑了。①
　　b. Q：张三和李四谁笑了？　　　　　　　　　　［只能用（1b）］
　　　A：张三和李四都笑了。
　　　　　vs. # 张三和李四笑了。

（2b）进一步反映了本书研究的另一个现象，即"都"的强制出现现象。正如（2b）所示，当问题是"张三和李四谁笑了？"时，我们必须用"都"，即回答"张三和李四都笑了"。这一发现之前的研究并未注意到。相反，现有文献多认为普通复数性名词成分如"张三和李四"跟遍指成分如"每个学生"或任指性疑问代词不同，对前者来说，"都"可有可无。（2b）说明事实并非如此，加不加"都"并非可选，而是受语境制约。

（2b）中"都"的强制出现为我们解释"都"的其他强制出现现象提供了思路，如"每"与"都"的共现，即（3b）。现有分析多认为这是一个句法语义现象，本书从（3a）［即（2b）］出发，为这一经典问题

---

① ??表示句子不自然但没有达到完全不可接受的程度。下文的#表示相应的句子在当前语境或解读下不可接受，*表示句子不合法或在大多数语境下都不可接受。

提供了一个崭新的语用的解释,这不仅符合汉语"语用优先"的整体特色(刘丹青,1995),而且可以将多种虚词强制出现的现象统一起来,如(3c)中的"也"在当前环境下也必须出现。

(3) a. Q: 张三和李四谁笑了?
A: 张三和李四#(都)笑了。①
b. 每个/所有学生*(都)笑了。
c. 在我的后园,可以看见墙外有两株树,一株是枣树,还有一株#(也)是枣树。　　　　　　　　　　(鲁迅)

更进一步,用语用来解释"每"和"都"的共现有两个优点。首先,它使我们避免将"每"和"都"同时处理成全称量化成分,从而避免"双重量化"的问题(徐烈炯,2014;袁毓林,2012)。本书同时指出,将"每"看成是全称量化成分有大量的语言事实支持。例如,(4)中没有"都"的"每"仍然在否定下保持全称量化解读[(4a)],仍然允准"几乎"等对量化敏感的词[(4c)],这与自身没有量化义的定指名词短语截然不同,后者在否定下取存在解[(4b)],不能独自允准"几乎"[(4d)]。两者的对比说明"每"自带全称量化义,是典型的全称量化词。

(4) a. 我没有把这件事告诉每个三年级学生。　　(¬ > ∀)
b. 我没有把这件事告诉这些三年级学生。　　(¬ > ∃)
c. 李四几乎请了每个三年级学生。
d. *李四几乎请了这些三年级学生。

其次,本书发现"每"和"都"的共现实际上也受语境制约。以(5)中的对话为例,同样一句"每本10元",在(5a)中不能加"都",在(5c)中却必须加,"每-都"共现时这种对语境敏感的特性,用以往的句法语义分析很难解释,支持了用语用来分析这一现象。

---

① #、* 或 ?? 加在括号外表示括号里的内容不能省略,加在括号内表示括号里的内容不能出现。

(5)[在二手书店里]
　　a.老板：本店大减价，每本10元！　　　　　（重音在"10"）
　　b.小明（拿起一本崭新的漫画书）：这本书也10元？
　　c.老板：对，每本都10元。　　　　　　　　（重音在"每"）

　　本书进一步探索我们对"都"的分析特别是对其强制出现现象的解释，能否用于处理任指性疑问代词和"都"的搭配，从而深化我们对汉语疑问代词的非疑问用法的认识。这也体现了本书"双向系统性"的研究特色，即虚词研究和相应语法范畴研究的双向促进。

　　当前文献，特别是形式学派，多认为汉语的疑问代词是逻辑上的变量，因而用法多变，可以跟不同的算子结合表示多种意义，如（6）所示。根据这种观点，在"疑问代词-都"中，"都"正是一个全称量化副词，因而可以约束疑问代词所代表的变量，给出正确的语义解读。

(6)a.张三请了谁？　　　　　　　　　　　　　　（疑问）
　　b.张三肯定请了谁。　　　　　　　　　　　　（虚指）
　　c.张三谁都请了。　　　　　　　　　　　　　（任指）
　　d.张三请谁，李四就请谁。　　　　　　　　　（任指+承指）

　　本书认为这种观点有待商榷。首先，Lin（1996）发现，任指性疑问代词跟典型的表示变量的不定名词短语，如（7）中的"一个二次方程"，表现很不一样。不定名词短语不可以直接跟"都"搭配，却可以受典型量化性副词如"通常、一般"等的量化，不管"都"是否出现[试对比（7b）与（7c）]。而任指性疑问代词的表现完全相反[试对比（7）与（8）]，它们可以直接跟"都"搭配，却不能受典型量化性副词的量化。换句话说，如果不定名词短语表示变量，那么与之表现迥异的任指性疑问代词便不大可能也是变量，因而与之搭配的"都"也可能并非全称量化副词。

(7)a.*一个二次方程都有两个解。
　　b.一个二次方程通常有两个解。
　　c.一个二次方程通常都有两个解。

(8) a. 哪个二次方程都有两个解。
　　b. *哪个二次方程通常有两个解。
　　c. *哪个二次方程通常都有两个解。

其次，任指性疑问代词有一个典型特征，即必须重读，正如 Chao（1968：662）所述："like interrogatives of other parts of speech, *sheir* (谁), always stressed, usually followed by *dou* (都) or *yee* (也) before a verb, can refer to 'any or every member of a class', as in: 谁都来了。"这一点也可以通过对比虚指性疑问代词和任指性疑问代词[如（9a）和（9b）]很清楚地看出。另一方面，任指性疑问代词需要重读这一特点不仅在现有各种分析中并未有解释，而且恰恰说明它们可能并非变量，因为变量通常需要轻读，如（7）中的不定名词短语。

(9) a. 好像谁来了。　　　　　　　　　　　（重音在"来"）
　　b. 好像谁都来了。　　　　　　　　　　（重音在"谁"）

另外，疑问代词的任指用法并不局限于跟"都"搭配，广义上的任指用法也不局限于疑问代词。前一点可见"疑问代词-也"，后一点可见"或者-都"。这两种现象均表明将任指义完全归结于"都"或简单的全称量化似乎并不可行。

我们先来看"或者-都"。吕叔湘先生很早就指出"'动词或者形容词都可以做谓语'，把'或者'换成'和'，不改变全句的意思"（吕叔湘，1979：67），这其实就是一种逻辑析取的任指/任选（free choice）现象。同时，该种现象并不能通过"变量+全称量化"的方式处理，因为正如 Xiang（2020）所指出的，"或者-都"有分布限制，如（10）所示，普通的全称量化无法解释这种分布上的限制。

(10) a. 约翰或者玛丽都可以教基础汉语。　　（可能情态）
　　 b. *约翰或者玛丽都必须教基础汉语。　　（必然情态）
　　 c. *约翰或者玛丽都教过基础汉语。　　　（肯定现实）

同时，任指性疑问代词也可以出现在"疑问代词-也"中，而该结构并没有"都"的出现,其全称量化义显然不可能由"都"而来。

本书将"疑问代词-都""疑问代词-也"和"或者-都"看成是一种现象,即广义的任指现象。但这也面临着一系列挑战,尤其是,三者的分布并不相同:"疑问代词-都"似乎并无分布上的限制,"疑问代词-也"多出现在否定句,而"或者-都"多出现于可能情态句。如何更好地解释三者在相似的同时又有分布上的差异,这也是本书的一项主要研究内容。

1.3 本书的章节安排及主要观点

本书一共七章。除本章作为绪论外,其他章节按照1.2节所描述的语言现象组织安排如下。

第二章主要讨论普通复数性名词成分如"张三和李四"与"都"的搭配。正如我们在(2b)中所观察到的,"都"是否出现受语境制约。通过考察诸多语言事实,我们提出,当复数性名词成分所在的句子没有独立完整地回答语境中的问题时,"都"最好不出现[如(2a)];反之,"都"通常需要出现[如(2b)]。从"都"的这一语境适用条件(felicity conditions)出发,我们进一步提出,"总括-都"表达了与之结合的句子蕴涵当前讨论问题下的所有命题。如果认为当前讨论的问题即句子的话语话题(Carlson,1983;Roberts,2012),那么"都"总括的其实就是语境中的话题,"总括"也就可以直观地理解为:"都"表达了与之结合的句子包括了当前话题下的所有对象。同时,为了满足"总括",跟"都"结合的句子必须取分配解读,这造成了"都"的"分配效应"。

更进一步,我们在第二章指出,这种分析可以让我们对"都"的"总括义""甚至义"和"超预期"效果有统一的认识,并将"都"统一处理为一个表示命题强度的最强算子[另见Liao(2011),徐烈炯(2014),Liu(2017),吴义诚、周永(2019)等]。同时,命题之间的强度既可以用逻辑蕴涵来衡量,也可以用可能性来衡量,而这恰恰对应着"都"的两种主要用法,即"总括-都"和"甚至-都"。最后,我们指出"都"的"总括/甚至义"是预设义,这使我们可以通过"预设最大化"原则和"强制性预设"现象来解释"都"为什么在某些环境下必须出现,进而帮助我们统一理解(3)中"都、也"等预设性虚词的强制出现现象。

第三章主要讨论以"每"为代表的遍指成分与"都"的共现现象。因为"每"通常需要"都"的强制出现,以往的研究普遍认为这是一个句法语义现象。例如,根据Lin(1998a),汉语没有真正的名词性全称量化表达,"每-NP"在语义上相当于一个定指名词短语,其本身没有完整的全称量化义,因此需要"都"作为一个分配算子[或副词性全称量化词,见 Lee(1986)、潘海华(2006)]来辅助其实现英语的 every 所能表达的量化义。与前人的观点相反,我们从第二章的结论出发,认为"每-都"共现是一个语用现象[另见陈振宇、刘承峰(2019)],与(3)中其他两例的情况类似。

具体来说,第三章首先列举大量事实,包括前面提到的(4),论证"每-NP"是像英语every-NP那样货真价实的全称量化表达,而"都"并非分配算子或副词性全称量化词。我们进而采用第二章的看法,认为"都"并不增加断言义,而是预设性质的最强算子,也即"都"预设了其所在的句子比该句子的所有选项(alternatives)都强。这个额外的预设会触发预设最大化(maximize presupposition,Heim,1991)这一语用原则。预设最大化要求我们在满足"都"的预设的情况下必须使用"都"。正如第二章将提到的,这给我们解释"都"的强制出现提供了方案,也使我们可以统一处理(3)中的"强制性预设"现象。具体对"每-都"共现来说,我们认为"每-NP"作为全称量化词可以激活个体选项,又因为一个全称量化句蕴涵组成该全称句的个体陈述句,所以满足了"都"的预设,根据预设最大化,"都"必须出现。第三章将详细讨论这一分析,并给出我们的理据。特别是,根据这一分析我们发现,"每-都"共现受语境特别是句子焦点结构和话语话题的制约,如上文(5)所示。"每-都"这种对语境敏感的特性用以往的句法语义分析很难解释,却支持了我们提出的语用分析法。

第四章进一步讨论疑问代词与"都"的搭配,即上文(6c)所展示的疑问代词的任指用法。根据任指性疑问代词不受典型量化性副词量化的事实[见(8)],我们认为任指性疑问代词并非变量,而是表存在的量化性成分,其任指义来源于语用增强。更具体地说,任指来自跨语言来看十分常见的、作用于析取和存在量化表达的任选增强(free choice strengthening)。增强的结果恰恰满足了"都"的预设,因而根据预设最大化原则,任指性疑问代词通常需要"都"的共现。更进一步,我们运用Fox(2007)、Chierchia(2013b)等提出的基于选项的任选增强理论,对任指性疑问代词给出了明确的形式化分析[另见 Liao(2011)、Chierchia and Liao(2015)]。该分析(i)帮助我们进一步理解作为变量的不定名词短语和作为任选词(free choice item)的任指性疑问代词之间的区别[也即上文(7)与(8)的不同],(ii)将任指性疑问代词和选项关联起来,从而解释了重音和焦点[根据 Rooth(1992),两者皆与选项相关]在疑问代词任指用法中所起的作用[见(9)],以及(iii)使我们可以通过让疑问代词和"或者"激活不同选项,从而解释汉语中任指性疑问代词与任选性"或者"[即(10)]之间的相同与不同之处。

第五章及第六章讨论跟任指性疑问代词有关的另一重要结构,即"疑问代词-也"结构。针对这一结构的研究大多在认知功能学派内展开(杉村博文,1992;杨凯荣,2002;袁毓林,2004),而形式学派特别是大量针对疑问代词非疑问用法的研究,对"疑问代词-也"鲜有讨论。我们认为研究疑问代词的任指用法绕不开"疑问代词-也",并在第五章用形式语义学的一些工具呈现了前人在传统语法和认知功能框架下所做的探索,以期增进各学派之间的对话。同时,在详细讨论前人观点和相关语言事实的基础上,我们认为"疑问代词-也"中的"也"是表"甚至"的"量级-也",而其中的疑问代词不是否定极性词,可以取任指解读。我们进一步根据第四章的内容,认为任指解读同样来源于对自身表存在的疑问代词的任选增强。同时,与"疑问代词-都"的情况类似,任选增强同样可以满足"量级-也"的预设,因此任指性疑问代词也可以和"也"共现。最后,该分析使我们可以统一处理"疑问代词-都""疑问代词-也"和"或者-都",三者皆为广义的任指现象,其不同在于(i)"或者"与疑问代词激活的选项不同,(ii)"都"与"也"的预设不同。

接下来,第六章具体解决"疑问代词-也"分布受限的问题。我们认为"疑问代词-也"的否定倾向来自"量级-也"更强的量级要求,以及为满足这一要求而进行的语用扩域和扩域所带来的否定偏向。具体来说,"也"的量级用法要求跟"也"关联的选项集中的命题呈现一种全序性(total order)的递进关系,并以"也"所在的句子为极值。同时,在"疑问代词-也"中,"也"和疑问代词的量化域(domain)关联。又因为对大多数疑问代词来说,由其量化域产生的选项集不呈全序关系,所以"疑问代词-也"通常不出现在肯定句中。另一方面,"也"的量级要求可以通过对当前语境下讨论的问题(QUD)进行扩域(domain widening)而得到满足,这是因为扩域可以形成一个两级序列 $\langle D, D'\rangle$ 从而满足全序。最后,扩域会造成否定偏向,也即表示当前范围中不存在肯定答案(因而需要扩域),正是这种否定偏向导致"疑问代词-也"经常出现在否定句中。同时,我们将展示,上述分析反映了一个朴素的直观,即"疑问代词-也"在语用上表达转折和强调(高桥弥守彦,1991;袁毓林,2004)。具体来说,在我们的分析中,否定句中的"疑问代词-也"通过暗示语境中的一个肯定QUD,自然地表达了"即使QUD被扩域,也不可能有肯定答案"的转折和强调的效果。

最后,我们在第七章对本书的内容作简要的总结,并指出一些遗留问题。

第二章 "都"的语义与语用①

本章从普通复数性名词成分与"都"的搭配出发讨论"都"的语义和语用。我们发现[复数性名词成分+"都"]中"都"是否出现受语境制约。大致来说，当复数性名词成分所在的句子没有独立完整地回答语境中的问题时，"都"最好不出现；反之，"都"通常需要出现。从"都"的这一语境适用条件出发，本章提出"总括-都"表达其所在的句子蕴涵当前讨论问题下的所有命题。如果认为当前讨论的问题即句子的话语话题（Carlson, 1983; Roberts, 2012），那么"都"总括的其实就是语境中的话题，"总括"也就可以直观地理解为："都"表达了与之结合的句子包括了当前话题下的所有对象，因而也就具有"排除其他人或事物"（陆庆和，2006：198）的功能。同时，为了满足"总括"，跟"都"结合的句子必须取分配解读，这造成了"都"的"分配效应"。更进一步，本章认为，这种分析可以让我们对"都"的"总括义""甚至义"和"超预期"效果有统一的认识。最后，本章指出"都"的"总括义"是一个预设，这使我们可以通过"强制性预设"现象来解释"都"为什么在某些环境下必须出现。

2.1 引言

在讨论"都"的语义时，学者多聚焦于（1）这样的句子。

---

① 本章主要内容发表于《当代语言学》2023年第1期。

（1）a. 张三和李四画了一幅画。
　　　b. 张三和李四都画了一幅画。

在（1）中，"都"是否出现造成了句子语义（即真值条件[①]）的不同。具体来说，在张三和李四只是合画了一幅画的情况下，人们会判定（1a）为真而（1b）为假，说明没有"都"的（1a）和有"都"的（1b）具有不同的真值条件。根据这一语义上的不同，不少研究者认为"都"是一个分配算子/全称量化词，它将动词短语所表达的性状或行为分配给复数性名词成分所指复数个体的每一个部分（王还，1983、1988；Lee，1986；Lin，1998a；潘海华，2006；蒋静忠、潘海华，2013；周韧，2019等）。在（1b）中，"都"将"画了一幅画"分配给"张三和李四"的两个组成部分（即张三、李四）。因此，（1b）为真当且仅当张三画了一幅画，李四也画了一幅画，准确地反映了我们对（1b）的语感以及它与（1a）的不同。

另一方面，对于（2）这样的句子学界似乎关注不够。

（2）a. 张三和李四笑了。
　　　b. 张三和李四都笑了。

（2）与（1）的不同之处在于"笑"是一个本身只有分配解读的谓语，即使没有"都"，从"张三和李四笑了"我们也能得出张三笑了且李四笑了。[②]因此，按照"都"表达分配/全称量化的分析，（2b）为真的情况下（2a）也为真，反之亦然，即两句具有相同的真值条件。这确实在一定程度上反映了人们的语感。但同时，人们还是会觉得（2）中

[①] 在真值条件语义学框架下，句子的语义大致等同于其真值条件，正如Heim and Kratzer（1998：1）所说："To know the meaning of a sentence is to know its truth-conditions"，或见Lewis（1970：18）："Semantics with no treatment of truth conditions is not semantics"。

[②] "笑"这类谓语在文献中有时被称为 inherently distributive predicates，见Scha（1981）、Schwarzschild（1996：13）等。类似的谓语还有"是河南人、爱吃羊肉串、唱歌不好听、比姚明矮"等。这类谓语的特征是，当它们跟表达复数个体的名词短语结合时，总是表示复数个体的每一个部分都具有该谓语所表达的性质。

的两个句子由于"都"的有无在意义上有不同之处，找出它们的不同是本章的目的之一。

本章发现，（2a）和（2b）的主要不同在于两句话出现的语境不同，即二者有不同的语境适用条件（felicity conditions）。具体来说，（2a）和（2b）被用来回答不同的问题。如（3）所示，"班上学生谁笑了？"这样的问题最好用（2a）来回答，而"张三和李四谁笑了？"这样的问题只能用（2b）回答。初步归纳"都"的语境适用条件，进而阐明其语用，也是本章的目的之一。

(3) a. Q: 班上学生谁笑了？ [最好用（2a）]
　　　A: 张三和李四笑了。vs. ??张三和李四都笑了。
　　b. Q: 张三和李四谁笑了？ [只能用（2b）]
　　　A: 张三和李四都笑了。vs. #张三和李四笑了。

传统语法认为本章讨论的"都"表达"总括"（吕叔湘，1980），我们十分赞同这一观点，并认为（3）所展现的"都"对语境的要求与"总括"直接相关。直观上，当跟"都"相结合的句子"总括"了当前语境中的问题时，"都"必须出现；反之，"都"最好不出现。对（3b）中的问题来说，"张三和李四笑了"既说了张三笑，又说了李四笑，因而总括性地回答了这一问题（该问题只问及张三和李四），所以要用"都"；而对（3a）中的问题来说，"张三和李四笑了"因为只说了张三和李四，没有涉及该问题所问及的所有对象（"班上学生"），不是对这一问题的总括性回答，所以不用"都"。

据此，本章提出"都"的总括对象不是句内的名词短语，而是语境中的问题/话题。本章进一步运用Roberts（2012）提出的以问题为基础的话语信息结构模型（the QUD-model of discourse）来具体阐述这一观点。根据这一模型，话语话题可以被认为是当前语境正在讨论的问题（question under discussion，QUD），而问题可以被分析为一组可以作为该问题答案的命题的集合。因此，"总括"可以分析为："都"表达了与之结合的句子蕴涵了当前话题（即QUD）里的所有命题。本章指出,该分析可以让我们更好地理解"都"的"总括义"与其"甚至义"及"超预期"效果之间的深层次联系。

最后,本章提出"都"的总括义是一个预设义。这使我们可以通过"强制性预设"现象来解释"都"为什么在某些环境下必须出现。简单来说,强制性预设现象指的是某些含有预设的词在其预设得到满足的语境下会被要求强制出现(Amsili and Beyssade, 2010)。以(4)为例,因为"也"带有一个类同的预设(马真,1982),而该预设在(4)的最后一个小句得到了满足,因此"也"必须出现。

(4)在我的后园,可以看见墙外有两株树,一株是枣树,还有一株#(也)是枣树。　　　　　　　　　　　　　　　　(鲁迅)

本章组织如下:2.2节刻画语言事实,指出[复数性名词成分+"都"]中"都"是否出现,以及出现时表示何种含义,跟语境特别是语境中的问题密切相关;2.3节在QUD模型下给出理论分析,提出"总括-都"表达其所在的句子蕴涵QUD里的所有命题,"分配"只是"总括"的一个附带效应;2.4节指出"总括"是一个预设,并通过"强制性预设"来解释"都"为什么在某些环境下必须出现;2.5节为结语。

2.2 "都"与语境

2.2.1 "都"与总括性语境

对于[复数性名词成分+"都"],常见的归纳是,其中的"都"可以不出现。正如董秀芳(2002:497)所描述的:"以下几种名词性成分都具有复数含义:由复数后缀'们'组成的成分,如'学生们''他们';并列性名词成分,如'张三和李四''学生和老师';由复数性的指量短语构成的名词性成分,如'这些学生''那几个老师';表示类概念的光杆名词,如'学生都要认真学习'中的'学生'。这类指向目标的特点是它们不要求'都'一定出现。"这与"每/所有"、任指性疑问代词、"任何"、极小量名词性成分等的表现很不一样,后者通常要求"都"的强制出现。(5)与(6)给出了相关的例子。

（5）a. 学生们（都）笑了。

b. 他们（都）笑了。

c. 张三和李四（都）笑了。

d. 那几个老师（都）笑了。

（6）a. 每个/所有学生*（都）笑了。

b. 他谁*（都）认识。

c. 任何观众*（都）可以笑。

d. 他一个人*（都）不认识。

我们认为（5）（6）所体现的复数性名词成分与遍指、任指、极性类成分的区别十分重要（见2.4节相关讨论）。但另一方面，上述对于[复数性名词成分+"都"]的归纳仍有不足之处。特别是，如果我们把语境的因素考虑进来，就会发现在具体语境下，"都"与复数性名词成分搭配时并非可有可无。请对比观察（7）和（8）中"都"的有无，①尤其是（7），其中的"都"必须出现。

（7）a. Q: 学生们谁笑了？

A: 学生们#（都）笑了。

b. Q: 他们谁笑了？

A: 他们#（都）笑了。

c. Q: 张三和李四谁笑了？

A: 张三和李四#（都）笑了。

d. Q: 那几个老师谁笑了？

A: 那几个老师#（都）笑了。

（8）a. Q: 学生们笑了还是老师们笑了？

---

① 我们在例（8）各A句的"都"前用了"??"，表示这些句子虽然在当前语境下最自然的说法是不加"都"，但在特定情况下，特别是通过改变重音，"都"的出现也可以被相当一部分人接受。根据我们的语感，（8）中的"都"如果带了重音，那么一定不能出现；但当重音在其他成分上时，如在（8a）—（8d）的A句把重音分别放在"学生们/笑了/张三和李四/那几个老师"上时，加"都"似乎也可以接受。见2.3节的讨论。

A: 学生们（??都）笑了。
b. Q: 他们笑了还是哭了？
　　A: 他们（??都）笑了。
c. Q: 张三、李四、王五谁笑了？
　　A: 张三和李四（??都）笑了。
d. Q: [指着一大群人问] 刚才谁笑了？
　　A: 那几个老师（??都）笑了。

（7）和（8）的对比说明，在与复数性名词成分搭配时，"都"是否出现受语境制约，特别是受当前语境中正在讨论的问题的制约，这指向我们在2.1节提到的"都"总括语境中问题的假说。我们进一步提出（9），作为对（7）（8）所展现的事实的概括。

（9）当一个句子独立完整地回答了当前语境中的问题时，"都"必须出现；反之，"都"最好不出现。

（9）中的"完整回答"（complete/exhaustive answer）是讨论疑问句语义时常用的概念，我们将在2.3.1节给出准确的定义。这里，我们先给出一个直观上的理解：一个句子，如果回答了当前问题所问及的所有对象，该句子就完整地回答了这一问题。我们用（10）-（11）这一最小对立对来具体说明。①

（10）Q: 张三和李四谁画了两幅画？
　　　A: 张三和李四#（都）画了两幅画。
（11）Q: 张三、李四和王五谁画了两幅画？
　　　A: 张三和李四（??都）画了两幅画。

（10）与（11）的不同在于其中两个问题所问及的对象不同，而这直接影响到答句中"都"的有无：（10Q）只问了张三和李四，所以

---

① 上文的（7c）-（8c）是一组类似的最小对立对，（10）-（11）与其不同之处在于，这里的动词短语"画了两幅画"既可以有集体解读也可以有分配解读，这更有利于我们观察"都"与分配解读的关系。请见例（12）下面的相关讨论。

"张三和李四画了两幅画"（在其取分配解读时，见2.3.1节的详细讨论）既回答了张三（是否画了两幅画），也回答了李四（是否画了两幅画），完整地回答了当前的问题，"都"必须出现；而（11Q）不仅问了张三和李四，还问了王五，因此"张三和李四画了两幅画"本身没有完整地回答当前问题，"都"最好不出现。同理，我们也可以检验，（7）中的各回答都完整地回答了相关的问题，而（8）中的回答均不完整：（8a）只回答了学生们，（8b）只回答了笑，（8c）没有回答王五，（8d）只回答了一大群人中的那几个老师。

另外，"都"在列举语境下的表现也支持（9）中关于完整回答的概括。Liu（2017）观察到在列举的情况下"都"最好不出现，如（12A1）所示。这也符合（9）中的概括：列举的每一个小句，如"小a和小b画了两幅"，都只回答了整个问题的一部分，因此"都"最好不出现。

（12）Q: 小朋友各画了几幅画？
　　　　A1: 小 a 和小 b（?? 都）画了两幅，小 c 和小 d（?? 都）画了三幅，小 e 和小 f（?? 都）画了四幅。
　　　　A2: 小 a 和小 b{各/分别}画了两幅，小 c 和小 d{各/分别}画了三幅，小 e 和小 f{各/分别}画了四幅。

有趣的是，列举语境下可以出现"各、分别"等明确表示分配的副词，如（12A2）所示。对比（12A1）和（12A2）我们可以发现，"都"是否出现与是否需要表达分配义并不直接相关：虽然"小 a 和小 b 画了两幅"在（12A1）中很自然地取分配解读，且这一环境并不排斥分配性副词的出现，但实际情况却是"都"最好不出现，这说明表达分配解读可能不是"都"出现的主要原因，或者说"都"的主要功能可能不是分配["都"表示分配的观点见Lin（1998a）、周韧（2021）等]。上面的（11）也说明了这一点：（11A）最自然的解读也是分配解读，即表示张三画了两幅画，李四也画了两幅画，但同样，"都"最好不出现（尤其是重读的"都"，见2.2.3节），再次表明"都"是否出现并非由是否需要表达分配义决定。

第二章　"都"的语义与语用　17

　　同时，我们需要指出（9）中所说的"当前语境中的问题"不一定是显性的问题，即使语境中没有显性问句，与复数性名词成分搭配的"都"有时也必须出现，如（13）。

　　（13）a. 张华考上了北京大学；李萍进了中等技术学校；我在百货公司当售货员：我们#（都）有光明的前途。

（《新华字典》1998年修订本）

　　　　b. 你们是山西人，我们是东北人，咱们#（都）是北方人。

（朱德熙，1982：82）

　　从直观上来说，（13）与我们之前观察到的"都"必须出现在总括性答语的情况相似：这里的两个"都"都出现在[分说-总说]的总括句中。如果承认会话中隐性问题的存在[Carlson（1983）、Roberts（2012）；见下文（21）（22）给出的相关例子及2.3.1节的讨论]，我们可以认为这里"都"所在的小句总括性地回答了相关语境中的隐性问题：（13a）对"我们"的前途[也即（13a）的隐性问题]做了完整的回答，（13b）对"咱们"的身份[也即（13b）的隐性问题]做了总括性的回答，因此按照（9），这里的"都"必须出现。

　　最后，我们需要强调（9）中的"完整地回答"必须是"独立完整地回答"，指的是在不包括语用义的情况下根据句子本身的语义完整地回答。下面我们用（14）来说明"独立"这一要求。

　　（14）Q: 张三、李四和王五谁笑了？
　　　　　A: 张三和李四笑了。

　　（14）这类例子带来的问题是，我们在直觉上感觉（14A）已经完整地回答了（14Q）：听到（14A），问话人不会再接着问"王五呢？"，并会很自然地得到"王五没笑"的推论。这是否意味着根据（9），（14A）应该加"都"？而这里加"都"显然不符合语言事实。

　　我们认为，正是"王五没笑"这个关于王五的额外推论，使我们感到（14A）完整地回答了（14Q）。同时，这里的"王五没笑"是一个语用会话含义（Grice，1975）：听到（14A），听话人会思考说话人为什么没有说"张三、李四和王五都笑了"，而后者显然提供了更多的信息，能更好地满足Grice量的准则（Maxim of Quantity）；听话人进一步推理得出说话人没有说该信息量更多的句子是因为该句违反了其他的会话准则，最有可能违反的是Grice质的准则（Maxim of Quality），因此得出"张三、李四和王五都笑了"为假，进而得出"王五没笑"的信息。我们也可以用语言事实来证明这一信息是语用会话含义：说话人可以选择在说完（14A）后接着说"王五也笑了"，这就直接取消了单说（14A）所带来的"王五没笑"的推论，证明这不是句子本来的意思，而是一个语用会话含义。

上面的讨论说明我们在直觉上感知到的（14A）作为（14Q）答句的完整性并不是由句子本身所带来的，而是由句子本身的语义加上"王五没笑"的语用义得到的，因此我们认为（14A）不能加"都"符合（9）中"独立完整地回答"的概括，"独立完整地回答了当前语境中的问题"指的是根据句子本身的语义完整地回答，不包括会话含义、语用预设等语用义。

2.2.2 类似的观察

前人有类似的观察。例如陆庆和（2006：198）在讨论（15）中的例子时说道：

（15）a. 他们都是留学生。
　　　b. 三个人都付了钱。
　　　c. 院子里的花都开了。
　　　d. 明天和后天我都在家。

"上面的例句如果没有'都'也能成立，但是缺少了'无一例外同一'的意义（言外之意可能还有其他相关的人或事物，用'都'，谈话排除了其他人或事物）"。换句话说，根据陆庆和（2006），（15a）中的"都"表示交谈双方当前只在讨论"他们"所指称的对象，（15b）中的"都"表示谈话中只有三个人,(15d)中的"都"表明当前语境只关注明天和后天的情况(另见本章2.2.3节中讨论的一种例外情况)。

我们同意陆庆和(2006)的这一语感,(9)同样涵盖了陆庆和的这一观察。根据(9),"都"只出现在独立完整地回答问题的情况下,因此,"都"的出现恰恰表明与之结合的小句独立完整地回答了语境中的问题。换句话说,"都"说明该小句本身已经关涉到了当前话题下的所有讨论对象,其他人或事物不在当前讨论范围。因此,"都"也就指明了当前语境的交谈双方只关注句中复数性名词成分所指称的个体,即陆庆和(2006)所说的"用'都',谈话排除了其他人或事物"。我们以(15d)为例来具体说明:假如交谈双方还关注大后天,那么"明天和后天我都在家"由于没有提到大后天,没有涉及所有讨论对象,必然不能独立成为一个总括性的答句,按照(9),句子理应不能加"都",实际情况却是句子加了"都",这表示交谈双方只关注了明天和后天,没有在讨论大后天的情况。

我们也可以用下面的(16)来说明上述的语感。

(16) Q: 谁去了北京?谁去了上海?
　　　A1: 张三和李四都去了北京。　　　　　　　　(完整)
　　　A2: 张三和李四去了北京。　　　　　　　　　(不完整)

(16A1)与(16A2)都可以作为对问句(16Q)的回答,但加了"都"的(16A1)让人觉得这是一个完整的回答,可以用来结束(16Q)中的问题[1];与之相反,(16A2)作为(16Q)的回答给我们

---

[1] 一位《当代语言学》审稿人指出如果语境中有张三、李四、王五、赵六四个人,那么也可以回答"张三、李四、王五都去了北京,赵六去了上海",这时,"都"所在的句子似乎没有完整回答整个问题。我们同意这个语感。进一步观察,我们发现"张三、李四、王五都去了北京,赵六去了上海"有两种读法,重音可以加在"张三、李四、王五"上,也可以加在"都"上,两者有细微的差别。第一种情况表示说话人将整个大问题分割为分问题讨论,这时"都"所在的句子可以认为是对分问题的完整回答;第二种情况中的"都"表示说话人认为去北京的人多,有超预期的感觉。关于这两种情况的详细讨论请见本章2.2.3节。

的感觉是问题还没有答完，人们会很自然地追问"上海呢？"。这一差别恰恰体现了"都"排除谈话中其他人或事物的功能。具体来说，（16A1）的"都"，排除了谈话中的其他人或事物，表明当前语境对话双方只在讨论张三和李四两个人谁去了北京谁去了上海，既然"张三和李四都去了北京"，那么谈论对象中没有人去上海，整个（16Q）得到了回答；与之相反，（16A2）没有用"都"，没有排除谈话中的其他人或事物，这表示谈话中还有除张三、李四以外的讨论对象，（16A2）只回答了"张三和李四去了北京"，因而我们无法得知其他的讨论对象是否去了上海以及到底谁去了上海，所以（16Q）感觉没有被答全，听话人会很自然地追问"那谁去了上海？"。

更早的徐颂列（1993）也讨论了一个相似的例子，请见（17）。

（17）a. 五个学生来了。
　　　b. 五个学生都来了。

徐颂列（1993：79）指出："这两个句子都[①]告诉我们'来了五个学生'，但是例（b）比例（a）有更多的信息量。例（a）只表示来了五个学生，至于总共有多少学生，则不得而知，或者说，'学生'这个类的外延有多大，不能从这个句子中获悉。而例（b）不但表示来了五个学生，而且告诉我们在这个语境中总共有五个学生，而这五个学生全部来了。"徐颂列（1993）的上述语感说的就是"都"排除谈话中其他人或事物的功能。

这种"排除谈话中的其他人或事物"或更广义的"指明谈话中的人和事物"的作用，从功能的角度来看十分自然，因此在别的语言中也有广泛体现。Nicolae and Sudo（2019）发现，日语中由 mo 参与构成的并列结构[A-mo B-mo]（以及罗马尼亚语中的 şi-A şi-B，希腊语中的 ke-A ke-B，匈牙利语中的 A-is B-is，俄语中的 i-A i-B 等），除了并列以外还额外表达"exhaustive relevance"，正是我们这里讨论的"排除谈

[①] 按照我们的语感，这个"都"也不能省，因为很明显当前语境下只在讨论这两个句子。

话中的其他人或事物"①。相关例句见（18），（18a）是日语的例子，（18b）是罗马尼亚语的例子。

（18）a. Guriinpiisu-mo burokkorii-mo iru yo.
豌豆-MO　　　西兰花-MO　　需要　助词
'豌豆和西兰花都需要。'

b. Îmi trebuie şi fasole şi brocoli.
我　需要　ŞI　豌豆　ŞI　西兰花
'我豌豆和西兰花都需要。'

[Nicolae and Sudo, 2019, (1) (2)]

Nicolae and Sudo（2019）观察到（18）中的A-mo B-mo/şi-A şi-B可以很自然地回答"我们有豌豆和西兰花，你需要什么来做这个汤呢？"，却不宜用来回答"我们有豌豆、西兰花和胡萝卜，你需要什么来做这个汤呢？"，并据此指出（18）中的A-mo B-mo直觉上需要语境中讨论的问题只关涉豌豆和西兰花，因此表达"exhaustive relevance"。这和我们在"都"上观察到的现象一致，也支持了"排除谈话中的其他人或事物"这种语义的自然性。

有趣的是，除了可以表达"排除谈话中的其他人或事物"，日语的mo也像"都"一样参与构成全称量化（dare-mo'谁-mo'≈"每个人"），可以有"甚至/even"的用法，而且A-mo B-mo作为并列结构只能表达分配义（Szabolcsi, 2015）。这些跨语言的平行性表明"都"的这些功能似乎应该有更深层次的关联，从侧面支持了本章试图给"都"的多种用法以统一分析的尝试[见本章2.3.1—2.3.2节的具体分析以及Liu（2017）和本书第三章3.3节]。

最后，一位《当代语言学》审稿人根据陆庆和"排除谈话中的其他人或事物"的说法提出（19）作为对事实的概括，并认为（19）

---

① Nicolae and Sudo (2019: 72): "*A-mo B-mo* conjunctions, and their cross-linguistic counterparts, presuppose that there is nothing else that is contextually relevant, which we refer to as 'exhaustive relevance'."

比本章采用的（9）更加直观。我们上文已经说明（9）同样可以涵盖"都""排除谈话中的其他人或事物"的功能，下面我们给出两点理由说明本章为什么选择（9）（即"独立完整地回答"）而不是（19）作为对相关事实的概括。

> （19）"都"字句作为答句时，其述谓对象包含了问话语境中所问及的所有对象。

首先，（9）跟（19）的最大不同在于前者跟整个句子有关[①]，而后者只跟述谓对象（或者说"都"的关联对象）有关。我们认为前者更全面地描述了"总括-都"的表现，因为"总括-都"不仅要求述谓对象包含语境中所问及的所有对象，也要求谓语取分配解读（Lin, 1998a）。（19）因为只说了述谓对象，很难解释"都"对谓语分配的要求。以之前讨论的（10）为例，如果答句是"张三和李四合画了两幅画"，那么该答句显然不能加"都"，虽然该句的述谓对象"张三和李四"包含了问话语境中所问及的所有对象（即"张三"和"李四"），符合（19）中"述谓对象包含了问话语境中所问及的所有对象"的概括。（9）则不同，"张三和李四合画了两幅画"只说二人合起来画了两幅画，既没有回答张三是否画了两幅画，也没有回答李四是否画了两幅画，因而没有独立完整地回答当前问题，自然不能加"都"。总的来说，（9）因为作用于整句，所以既描述了"总括-都"对述谓对象包含当前讨论所有对象的要求，也可以描述其对谓语的分配的要求（见2.3.1节的详细讨论）。

其次，我们认为（9）比（19）的覆盖面更广。（19）或许可以概括"都"的关联对象是复数性名词成分的情况，但我们似乎很难说

[①] 相应地，我们认为"都"作用于整个句子，文献中不乏类似的观点：董为光（2003：96）"与其说'都'所总括的只是它所指向的'复数事物'，还不如说是'逐一看待所有事实（事实，指复数主体及其行为、行为所涉等）'"；张谊生（2003：393）"'都'的量化过程能否实现，取决于NP和VP相结合的整个事件的语义性质"；徐烈炯（2014：506）"我们倾向于把它（'都'）看成是一个情态附加语，如果是一个情态附加语，那它是相对独立于句子之外，独立于句子的命题内容之外"。

"谁/一个人都没来"中的"谁/一个人"包括了问话语境中所问及的所有对象;相反,"谁/一个人都没来"显然可以独立完整地回答关于谁来谁没来的问题,符合(9)中的概括。更进一步,2.3.2节将讨论基于(9)的分析如何可以让我们对"总括-都"和"甚至-都"有统一的理解(简单来说,两者均表达了其所在的句子比当前语境中问题下的所有命题都强);而很显然,"甚至-都"的关联对象,如"张三比姚明都高"中的"姚明",很难看成是包括了当前所问及的所有对象。

基于上述两点考虑,我们认为(9)更准确地描述了"总括-都"的使用条件。

2.2.3 两类"反例"

前两节我们讨论了"都"与复数性名词成分搭配时对语境的要求,发现"都"是否出现与语境中的问题密切相关。我们提出(9)作为对事实的概括(重复如下),并指出根据(9)可以推导出前人所观察到的"都""排除谈话中的其他人或事物"的功能。本节讨论两类表面上看起来对(9)构成威胁的"反例"。

(9)当一个句子独立完整地回答了当前语境中的问题时,"都"必须出现;反之,"都"最好不出现。

首先来看(20)。(20)看起来是(9)的反例:(20A)中跟"都"结合的小句(即"张三和李四笑了")并没有独立完整地回答(20Q)中的问题,因此按照(9),"都"最好不出现,与(20)所反映的事实相悖。

(20)Q: 张三、李四和王五谁笑了?
A: 张三和李四都笑了,王五没笑。

(重音在"张三和李四")

但经过进一步观察,我们认为(20)并非(9)的反例。首先,(20A)中的"都"不能重读,而"张三和李四"必须有对比重音,这与之前我们讨论的例子很不一样[之前的例子如(7c)多是"都"

加重音]。如果我们认为此处的对比重音表示"张三和李四"是对比话题（contrastive topic），且认为对比话题代表着说话人将语境中的一个大问题分割为若干分问题（Büring，2003），那么我们就可以将"都"所在的小句看成是针对某一个分问题的完整回答，因此"都"可以出现。换句话说，（20A）中的"张三和李四"必须加对比重音，因为只有加了对比重音，说话人才能将（20Q）分割为两个分问题："张三和李四谁笑了？"与"王五笑了吗？"，"都"才能加在"张三和李四笑了"上，作为"张三和李四谁笑了？"这一分问题的完整答案。

（21）用一个语料库中的例子来进一步说明上述关于对比话题及"都"的讨论。遵循Büring（2003）的做法，我们将（21）后半段的话语结构用树形图（discourse tree）在（22）中表现出来。通过（22），我们也可以注意到问题可以在话语组织及语篇信息结构的塑造中起十分重要的作用（Carlson，1983；Roberts，2012；Büring，2003；见2.3.1节的讨论）。

> （21）《独立评论》的主要撰稿人除胡适、蒋廷黻、丁文江三位编辑外，还有傅斯年、翁文灏、吴景超、任叔永、陈衡哲、陶孟和、吴宪、姚崧、杨振声、朱经农、陶希圣等人。他们的主张并不一致，经常有激烈争论。如对日本的侵略，<u>胡适、蒋廷黻主张尽可能避免战争</u>，丁文江支持胡适的观点，甚至比胡的主张更极端，认为可以效法苏俄列宁在1918年与德国签订《布列斯特和约》的办法，争取和平的时间，但傅斯年却反对胡适的主张。又如在经济问题上，<u>蒋廷黻和丁文江都赞同国家对经济的干预与控制</u>，而胡适则认为政府大规模地介入经济建设不仅无利，而且有弊。
>
> （CCL[①]例子稍加改造）

---

① 即北京大学中国语言学研究中心语料库，见http://ccl.pku.edu.cn:8080/ccl_corpus。

（22）

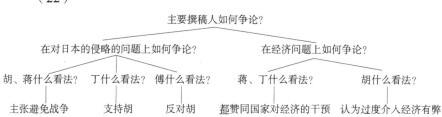

透过（22），我们可以清晰地观察到话语发展的各个阶段所针对的不同问题。就本章关注的"都"来说，我们也能理解为什么"都"可以出现在（21）中"蒋廷黻和丁文江都赞同国家对经济的干预与控制"这个小句里，因为该小句完整地回答了"在经济问题上如何争论？"这个当前的问题。

值得注意的是，当语境中既有总问题，又有分问题，而一个句子只是完整地回答了其中的某个分问题时，"都"的出现是非强制的。例如（21）中"胡适、蒋廷黻主张尽可能避免战争"虽然完整地回答了"在对日本的侵略的问题上胡、蒋什么看法？"这个分问题，却没有加"都"。同时，根据我们的语感，该句也可以加上"都"，而后面"蒋廷黻和丁文江都赞同国家对经济的干预与控制"中的"都"也可以省去。回到我们之前讨论的（20），我们发现（20A）中的"都"也可以省略。我们认为在这种情况下"都"出现的可选择性反映了说话人在组织话语时有相当的自由度，在达成会话目的的前提下，说话人可以选择不同的会话策略[即不同的分割及排列问题的方式，见Roberts（2012）、Büring（2003）]，并且在同时有分问题和总问题的情况下，说话人既可以选择分问题也可以选择总问题作为当前关注的对象。如果说话人选择了关注分问题，那么完整回答了该分问题的"都"就需要出现；而如果是关注了总问题，那么这种只回答分问题的"都"就不能出现。正是这种问题/话题选择的自由度造成了"都"在这种情况下相对自由的隐现。

第二类"反例"请见（23）（24）。（23）是在一个快餐店点餐的例子，这里的答语很自然地用到了"都"，但（23A）只看句子本身并没有提及套餐B,因此在某种意义上并没有总括性地回答(23Q)。(24)也是如此:问句问了整周,答句中却只说了"周二上午和周三下午",似乎也没有总括回答,但"都"却能很自然地出现在(24A)中。

(23) Q: 你要套餐A、B还是C?
　　　A: A和C都要吧,我今天比较饿。
(24) Q: 你下周什么时候有空? 我有事找你。
　　　A: 我周二上午和周三下午都有空。

我们先来讨论(23)。首先注意(23Q)是一个选择问句,它和我们之前讨论的特指问句如"张三、李四和王五谁笑了?"有一个显著的不同:(23Q)表达了问话人预设/预期了答话人只会选择一个套餐,而"张三、李四和王五谁笑了?"并没有表示问话人有类似的预设/预期(即三个人中只有一个人笑)①。我们认为(23Q)表达的这个预设/预期正是理解(23A)中"都"出现的关键因素。更进一步,我们认为(23A)中的"都"表达了其所在句子在某一方面超越了问话人的预期或预设(张谊生,2003;李文山,2013;徐烈炯,2014)。具体来说,(23Q)在当前语境中引入了一个关于套餐选择数量的预期(=1),而(23A)中的"都"表达了其所在的句子表示说话人要选择的套餐数量大于这个预期(>1)。

我们认为(24)是类似的情况,只不过这里的预期不是由问句直接引入的,而是由语境中问话人的会话目的所带来的。具体来说,(24Q)表达了问话人想要下周某一个时间去找答话人的需求,在这样的语境下,答话人只需提供自己的一个空闲时间作为回答即可满足这一需要(=1),而这里"都"所在的句子给出了两个时间(>1),超越

---

① 试比较"张三、李四和王五谁笑了?"与"是张三,(是)李四,还是王五笑了?",只有后者表达了问话人预设只有一个人笑。当然,有的特指问句也可以有这种预设/预期,如用"哪个":"张三、李四和王五哪个笑了?"。似乎有时候加"是"也有类似的效果:"张三、李四和王五是谁笑了?"这些有预设/预期的特指问句在答句能否加"都"方面的表现与(23)类似。

了这一需求，所以（24A）中"都"表示"超预期"可以出现。

值得注意的是，根据我们的语感，（23A）中的"都"不太能省略，而（24A）中的"都"省略后答语也很自然。这符合我们上面的讨论：（23）中的预期是语法引入的，具体来说，是由（23Q）这一选择问句的特殊语义性质所决定的[见2.3.1节的讨论；另见Biezma and Rawlins（2012）]，而（24）中的预期是说话人根据问话人在当前语境下的目的，从而主观认为对方所持有的，这一区别导致前者的预期不易受语境影响，不能被说话人忽视，而后者可以。既然这里的"都"表达"超预期"，又因为（24）中的预期受语境影响，可以不出现，所以其中的"都"就可以不出现。

我们用（25）来印证上面的说法。

（25）Q: 你下周什么时候有空？我要搬家，需要花你两天的时间。
　　　A1: #我周二上午和周三下午都有空。
　　　A2: 我只有周二上午和周三下午有空。

（25Q）明确表示了问话人需要答话人花"两天"时间来帮他搬家，这时候，如果答话人回答中提供的天数不到两天，就不大能用"都"，如（25A1）所示。这恰恰说明了这种类型的"都"跟语境中说话人的目的以及"超预期"密切相关[①]。同时，我们的语感是在这种情况下用"只"十分自然，如（25A2），我们认为这表现了"只"表达

---

① 一位《当代语言学》审稿人认为（23）—（25）跟预期的关系不大。对于（23），该审稿人举出自助餐的场景，认为这时如果A问B"有苹果、香蕉、橙子，您要什么？"，B可以很自然地回答"香蕉和橙子我都要"。我们对这一语感不是十分确定。按照我们的语感，如果语境没有限定B能拿几种水果，那么最自然的回答是"我要香蕉和橙子"。另一方面，我们承认预期值十分自由，可以由语境中的诸多因素引入。试想在上述自助餐场景中B环顾四周，发现同桌的人都只拿了（转下页）

"低于预期"的功能[参照Zeevat（2009）关于英语only的相关论述①]。

最后，我们认为（26）中的"都"也跟"超预期"相关。

（26）a. 问起台币如何兑换，老吴很坦然："厦门、晋江，还有龙海的石码镇，都可以兑换人民币。"　　　　　（CCL）

b. 冯牧尊重女性。有人以轻薄的口吻讲女性令他不能容忍；粗俗的趣话令他反感。他待人宽厚，尤其对女性，朋友之中，女性朋友不在少数。他尊敬有才情的女子，例如关肃霜和李世济都是他艺术的知音，他们终身保持着美好的友谊。　　　　　　　　　　　　　　　　　　　　（CCL）

（接上页）一种水果，那此时"香蕉和橙子我都要"确实十分自然；反之，如果B发现同桌的人都拿了两到三种水果，我们的语感是B不能回答"香蕉和橙子我都要"。我们认为这一差异恰恰证明了这里"香蕉和橙子我都要"中的"都"跟预期（从别人拿几种水果预料B要几种）有关。

对于（24），我们也可以通过一些蛛丝马迹来观察到其与超预期有关。首先，（24A）中的"都"如正文所述可以不出现，根据我们的语感，"我周二上午和周三下午都有空"比"我周二上午和周三下午有空"听起来更友好客气，我们认为这种感觉正是由"都"在这里表达"超预期"所带来的。其次，对于前者，我们可以说"我下周不太忙，周二上午和周三下午都有空"，但不太能说"#我下周比较忙，周二上午和周三下午都有空"。这也说明"都"在这里引入了一个空闲时间多的超预期义[many ≈ more than you would expect，参见Fernando and Kamp（1996）]。

最后，对于（25），该审稿人指出也可以回答"我周二上午和周三下午都有空，可以来帮忙，其他时间你找别人帮忙"。我们同意这一语感，但这里的"周二上午和周三下午"有很明显的对比重音，且"其他时间你找别人帮忙"最好不省略，这些均说明这个答句涉及对比话题和分问题，见前文对第一类"反例"的讨论。

① Zeevat (2009: 121): "In English, one can find the markers *even, still, already* and *only* that seem to be mirative [...] In all four cases, they are specialised mirative markers, they express surprise at the large size of a quantity (even), surprise at the small size of a quantity (only), surprise at the early time of some event or the advent of some state (already) or at the long continuation of a state (still). Surprise would be a question of conflict with an expectation."

根据我们的直觉，说话人在（26）及其他一些举例子的环境中使用"都"，表达了符合要求的例子多（换台币的地方多，受冯牧尊敬的女性朋友多等）。我们初步认为这种"多"的语感正来自"都"的"超预期"的功能：说话人用了"都"，暗示了语境中有一个关于例子数量的预期值（可以是说话人主观认定对方持有的），且"都"要求这个预期值低于其所在的句子所表达的数值。说话人通过使听话人接受（accommodate）这个"都"的要求，表示了实际数值大于该预期值，即符合要求的例子多。①

"超预期"的"都"与我们前面讨论的"总括"的"都"在直觉上很不一样，因此似乎不大能用（9）来概括[见周韧（2021：272）关于"都"的主观性和客观性的讨论]。我们这里先将这个问题作为一个遗留问题，等我们在本章2.3.1节给出"都"的正式分析后再回过头来看这类"超预期-都"。特别是，在2.3.2节我们将对"都"的这两种"用法"做出统一的分析。

简要总结一下本小节的内容。本小节先是回顾了我们在前两小节提出的关于"都"的语境适用条件的概括（9），即"都"要求跟它结合的句子独立完整地回答当前语境中的问题；接着我们讨论了对这一假说造成挑战的两类现象；经过详细讨论我们认为第一类现象并非（9）的反例，并给出相关的证据支持。下面在2.3节我们将根据整个2.2节所讨论的语言事实，从理论的角度给"都"一个形式化的分析。这个分析不仅能解释（9）所总结的"都"的"总括"的功能，也能让我们理解本小节所讨论的第二类"反例"以及"总括"和"超预期"的关系，并帮助我们进一步认识"都"的"甚至"义。

---

① 董为光（2003：95）在讨论"小张和小李都去了北京"时指出，"从语用条件看，很可能有什么具体原因使说话人倾向于强调事物的共性。比如一个小小的工作单位，一下子两个人都到北京出差，留下的人为了强调人手不够，就很可能说这样的话"。我们认为这里董为光先生所说的"强调人手不够"，其实就是指说话人用"都"表示去北京出差的人多，也即正文讨论的"都"表示"多"和"超预期"的语感。

2.3 什么是"总括"

传统语法认为本章迄今为止所讨论的"都"表示"总括"（吕叔湘，1980），（27a）是一个比较有代表性的对"都"表示"总括"的阐述，我们认为它清晰地表述了传统语法对"都"的认识。

(27) a. "都"主要表示范围，用来总括它前面提到的人或事物，在句法结构上是状语，修饰它后面的动词或形容词，表示"都"所限定的事物没有例外地发生动词所表达的行为动作或具有形容词所表示的性状。例如……"咱们都不要客气"的"都"总括的是"咱们"。

（刘月华等，2001：212）

b. $[\![都]\!] = \lambda P_{et} \lambda x_e \forall y [y \leq_{ATOM} x \rightarrow P(y)]$ Lin（1998a）

（27a）里的"总括"讲的其实就是形式语义学里所说的全称量化[参见Lee（1986），潘海华（2006），蒋静忠、潘海华（2013）]，也是Lin（1998a）所说的分配。Lin（1998a）认为"都"是一个分配算子，具有（27b）的语义。（27b）说的大致是"都"先跟一个动词短语结合（即λP_{et}），再跟其总括对象结合（即λx_e），得出的句子为真当且仅当该总括对象的每一个最小部分①都具有该动词短语所表示的属性，这跟（27a）中"表示'都'所限定的事物没有例外地发生动词所表达的行为动作或具有形容词所表示的性状"的说法基本一致。

我们赞同"用'总括'来说明'都'的语义已经十分贴切"（沈家煊，2015：3）。但另一方面，我们认为（27）中对"总括"的阐释不能解释本章关注的主要现象（即"都"与普通复数性名词成分搭配时的隐现跟语境特别是语境中的问题密切相关），也不能解释陆庆和（2006）的"用'都'，谈话排除了其他人或事物"的语感。这是因为（27）只关注了"都"的语义（对句子真值条件的贡献），并没有提及

---

① Lin（1998a）还讨论了如何将"最小部分"改进为"语境中的显著部分"（不一定最小），从而处理"都"和一些集体性谓词如"是同学"的搭配。

语境与语用，因此无法解释"都"与语境的关系；同时，"谈话排除了其他人或事物"需要"都"不仅提及句内成分，还要关涉语境中讨论的对象，但（27）中的"都"量化/分配的是句内成分，因此，无法起到在语境中排除谈话中其他人或事物的作用。①

下面我们从"都"与语境的密切关系出发，给出我们对"总括"的理解。

2.3.1 "都"总括话题/问题

从"都"与语境（特别是语境中的问题）的频繁互动出发，我们认为"都"总括的不是句内成分，而是与语境密切相关的话语话题（discourse topic）。通俗地说，我们认为"都"的"总括"说的是"都"表明了与之结合的句子包括（即"括"）了当前话题下的所有（即"总"）对象。这个说法直接对应陆庆和（2006）"用'都'，谈话排除了其他人或事物"的语感：既然"都"表明跟它结合的句子包括了当前话题下的所有对象，那么该句子没有涉及的对象当然不在该话题之内，即被排除在谈话之外。

下面我们采用形式语义学的一些理论工具来刻画说明什么是"包括了当前话题下的所有对象"。首先，我们认为这里的话题即问题。问题在话语信息结构的组织中起着十分重要的作用（Carlson，1983；Roberts，2012），正如英国哲学家柯林伍德所说"人类迄今为止所说出的任何一个句子都是针对某一个问题的回答"（"Every statement that anybody ever makes is made in answer to a question"，Collingwood,

---

① 一位《当代语言学》审稿人提醒我们注意，有学者如董秀芳（2003）、黄瓒辉（2004）、袁毓林（2005b）等提出"都"的量化对象必须具有话题性，并指出或许可以通过句内话题与语境的关系来解释"都"与语境的互动。我们认为这个建议十分有趣，值得另文探讨。另一方面，我们想指出前人认为"都"量化话题性成分多是根据与语序有关的事实得出：董秀芳（2003）讨论"都"的关联对象跟一些状语的位置关系，黄瓒辉（2004）的相关章节讨论"都"的关联对象跟"把/被"的位置关系，袁毓林（2005b）讨论"都"的关联对象跟疑问词的位置关系。因此，这些作者使用的多是句内话题的句法/句内性质，较少涉及话语话题在语篇中的功能。关于句内话题与话语话题的区别，请见Roberts（2011）。

1940：23）。我们进而根据Carlson（1983）、Lewis（1988）、von Fintel（1994）、Yablo（2014）等前人的观点，认为一个句子回答的问题就是这个句子的话题，①或称话语话题[相似的观点见完权（2021）；另见Roberts（2011）关于各种"话题"的讨论]。在具体理论上，我们采用Roberts（2012）的以问题为基础的信息结构模型[QUD-based model of information structure，见Velleman and Beaver（2016）的介绍]，认为问题（即我们所说的"话题"）是语境（discourse context）的一个重要组成部分，语言使用者可以通过各种语言手段（包括重音在内的各种焦点或话题标记、only/even等焦点虚词、话语虚词等各种话语标记等）来标识语境中正在讨论的问题（question under discussion, QUD）。例如，焦点的功能即通过引介选项至语境中（Rooth, 1985），从而标识当前句子的QUD。这样看来，在我们的分析中，"都"总括话题讲的就是"都"标识了与之结合的句子是对当前QUD的一个总括性/完整回答，直接对应（9）中对"都"与语境中问题之间关系的概括。

再来看什么是问题。根据Hamblin（1973）及Karttunen（1977），我们认为一个问题（或者说一个问句的语义）就是其可能答案的集合。正如人们常说的知道一个陈述句的真值条件就知道了这个陈述句的语义，如果一个人知道一个问题的回答条件（answerhood conditions），那么我们也会很自然地认为这个人知道了这个问题的语义。例如"谁笑

---

① 请见下面列举的一些说法。

a. Questions serve to state the *topic* of a dialogue, in other words, what the dialogue is about or what it wants to accomplish. An information sharing dialogue is aimed to create a common understanding about its topics, expressed as questions which the dialogue participants are interested in (accept). The topical questions determine, by means of the dialogue rules and the definition of answerhood, which further questions and declarative sentences are relevant to the dialogue.　　　　　　　　　　　　(Carlson, 1983: 222)

b. (Yablo) suggests that we should not think of Odysseus's arrival to Ithaca — the subject matter of "Odysseus was set ashore at Ithaca while sound asleep" — as an event, or situation, or state of affairs, but as the *question* of how Odysseus arrived to Ithaca.
(Szabó, 2017: 781)

了？"这个问题，如果一个人知道这个问题可以用"张三笑了""张三和李四笑了"等句子回答（究竟用哪个回答取决于事实、会话目的等），那么我们就会认为他知道了"谁笑了？"的语义。从形式的角度来说，"谁笑了？"的语义就等同于这样一组答案的集合，即一组命题的集合（每个答案代表一个命题），如（28）所示。从更直观的角度来看，当一个问话人问"谁笑了？"的时候，他其实就是在语境中摆出了（28）中的命题，同时让答话人从中选择真的命题告诉自己。不同的问题代表不同的命题集合，例如（29）中的问句，因为只问了张三和李四，因此集合里只含有跟张三和李四有关的命题。[①]回到我们对"都"

[①] 一位《当代语言学》审稿人建议我们进一步说明本章采用的将问题看作是命题集的做法，并阐述相关命题集的构建方式。首先，我们承认文献中对问句的语义有不同的处理方法，例如Groenendijk and Stokhof（1984）就将问题看成是一个对所有可能世界的划分（partition），这种处理方式也可以被用来处理话语话题（Lewis, 1988; Yablo, 2014）。我们采取Hamblin和Karttunen的处理方式，不仅因为其简单易懂且被广泛使用，更因为其与Rooth（1985）的焦点理论和Roberts（2012）的QUD理论可以做到无缝衔接（问句、含有焦点的句子以及语境中的QUD都是命题集），从而可以更好地处理各种焦点/话题类话语标记、对焦点和话题敏感的虚词等（参见Beaver and Clark, 2008）。其次，（28）与（29）这样的命题集可以通过将问句中的wh-词"谁"看成是一组语境中正在讨论的对象的集合，让这个集合跟句子的其他成分（也可以看作是集合）逐点组合（pointwise composition）而得到[见Hamblin（1973）、Kratzer and Shimoyama（2002）；另见本书第四章4.5.1节讨论的Karttunen式语义组合]。因而正如该审稿人所言，"话域中所讨论的实体性的对象"（即相应的wh-词）在构建相应命题集的过程中起着根本的作用；但同时，上文我们已经指出"都"并非只关涉当前讨论的对象个体[见对（19）的讨论]，而是在整个句子层面起作用，因而这里的命题集为"都"的总括对象提供了更好的选择。最后，该审稿人问及为何（28）（29）中既有"张三笑了""李四笑了"，又有"张三和李四笑了"，后者显得多此一举。这样做的目的是区分"哪个人笑了？"和"谁笑了？"，前者预设了只有一个人笑，后者没有这个预设，因而可以回答"张三和李四笑了"。目前通行的做法（Dayal, 1996）是认为这两个问句有这样的区别正是因为它们对应的命题集不同，前者没有涉及复数个体的命题如"张三和李四笑了"，后者有。这样做对我们的好处是，通过控制"都"所在的句子（通常是一个关涉复数个体的命题）是否属于当前命题集，我们可以对"总括-都"与"超预期-都"做出区分，请见下文对（39）（40）的讨论。

的分析，我们说"都"标识了其所在的句子是对当前话题的一个总括性回答，说的就是当一个说话人说出"张三和李四都笑了"的时候，他标识了自己所说出的句子的话题/QUD是（29），而不是（28）。

（28）

$$[\![谁笑了?]\!] = \begin{Bmatrix} [\![张三笑了]\!], \\ [\![李四笑了]\!], \\ [\![张三和李四笑了]\!], \\ [\![王五笑了]\!], \\ \cdots\cdots \end{Bmatrix}$$

（29）

$$[\![张三和李四谁笑了?]\!] = \begin{Bmatrix} [\![张三笑了]\!], \\ [\![李四笑了]\!], \\ [\![张三和李四笑了]\!] \end{Bmatrix}$$

有了问题即命题集这一观点，我们可以对（9）中的"完整回答"做出更准确的定义：一个命题，若其为真，便可以帮助我们确定一个问题所代表的命题集里每个命题的真假，那么该命题就完整回答了该问题（Roberts，2012：11）。

最后我们来看什么是"包括了当前话题下的所有对象"。根据上面的讨论，我们把"话题"理解成问题（即QUD），即一组命题的集合，那么话题下的"事实"就是一个个命题。同时，跟"都"结合的句子也表达一个命题，因此，我们就可以用逻辑上的蕴涵（entail，本章用 ⇒ 来表示）[①]来理解"包括"："张三和李四笑了"与"张三笑了"，

---

① 命题p蕴涵命题q，当且仅当p为真的时候q也总是为真。

前者蕴涵后者，从直观上看前者在内容上也包括后者[①]。按照这样的理解，"与'都'结合的句子包括了当前话题下的所有对象"说的就是跟"都"结合的句子所代表的命题蕴涵了当前QUD中的所有命题。这也直接对应我们在2.2节提出的对事实的概括（9）：既然"都"所在的句子蕴涵了QUD中的所有命题，当然独立完整地回答了当前问题。

根据上面的讨论，下面具体介绍我们对"都"的形式分析。先看（30）。

（30）⟦都S⟧ = ⟦S⟧ & <u>S是一个总括当前话题的总括句</u>

（30）体现了我们一直以来的基本观点，即"总括-都"标识了与之结合的句子是一个总括当前话题的总括句。通俗地说，"都"加在一个句子S上，整个句子不仅表达了S的语义，而且还表明了S是一个总括句。同时，我们认为"都"所传递的"总括"义是一个预设义[presupposition；见下文对（42）以及（41）的讨论]，我们在（30）中用下划线来表示预设。

（31）更具体地阐释了（30）中的观点。

（31）⟦都S⟧^{QUD} = ⟦S⟧ 仅当 $\forall p \in QUD[⟦S⟧\Rightarrow p]$
　　　　　断言　　预设

首先，"话题"（即当前句子回答的问题）在（31）中用QUD来

[①] 值得注意的是，这里的"包括"不是指根据可能世界语义学而得出的命题之间的子集关系（感谢《当代语言学》审稿人建议我们澄清这一点）。根据可能世界语义学，一个命题是使该命题为真的可能世界的集合，那么"张三笑了"所代表的可能世界的集合应该包括了"张三和李四笑了"所代表的集合，而不是反过来，因为使后者为真的可能世界明显更少，是前者的一个子集。我们所用的"包括"是更朴素直观的说法，即日常生活中所说的"张三和李四笑了"所表达的内容/传递的信息包括了"张三笑了"所表达的内容/传递的信息，这种说法对没有接触过可能世界语义学的人来说同样容易理解。有趣的是，汉语的"蕴涵"一词本就表示包含，也作"蕴含"，似乎表现的正是这一直观。最后我们想指出，不是所有的蕴涵（entailment）都可以理解成包括："张三笑了"蕴涵"张三或者李四笑了"，但前者直观上并不包括后者。本章不涉及析取的情况。见Yablo（2014）关于蕴涵与包括的详细讨论。

表示。同时，QUD作为一个上标出现在了等号左边的〚.〛上，表示每一个句子都是在特定语境下取得具体解读的；QUD所代表的话题因为是语境的重要组成部分，所以作为一个参项决定句子的解读。换句话说，整个（31）大致说的是：一个含有"都"的句子在当前话题下的语义解读等于等号右边的内容。

其次，等号右边的部分表明一个含有"都"的句子既有预设又有断言（assertion）。其断言义十分简单，就是跟"都"结合的句子S的语义；其预设义就是我们前面提到的总括义[即（30）中的下划线部分，也即（31）中"仅当"之后的部分]。根据我们之前的讨论，"总括"指的就是与"都"结合的句子蕴涵QUD中的所有命题，即（31）中的∀p∈QUD〚S〛⇒p。值得注意的是，我们将预设义看成是句子获得其语义的必要条件（definedness conditions），因此仅当"都"的总括义被满足时，〚都S〛^{QUD}才等于〚S〛。

我们用（32）[即前文的（7c）和（8c）]来具体说明（31）。

（32）a. Q: 张三和李四谁笑了？
    A: 张三和李四 #（都）笑了。
  b. Q: 张三、李四、王五谁笑了？
    A: 张三和李四（??都）笑了。

前文指出（32a）中的"都"必须出现，而（32b）中的"都"最好不出现，并提出用（9）中的"独立完整地回答"来概括这一现象。（31）可以很好地解释这一现象。具体来说，（32a）中的问句说明这里的QUD$_{(32a)}$={张三笑了，李四笑了，张三和李四笑了}，因为答语中跟"都"结合的句子蕴涵了这个QUD里面的所有命题，满足了"都"在（31）中总括的要求，因此"都"可以出现。反观（32b），该问句说明当前QUD$_{(32b)}$= {张三笑了，李四笑了，王五笑了，……}，因为答语中跟"都"结合的句子（即"张三和李四笑了"）没有蕴涵该QUD里的所有命题（如没有蕴涵"王五笑了"），根据（31），"都"总括的要求没有被满足，因此"都"不能出现。总的来说，（31）要求跟

"都"结合的句子蕴涵当前QUD里的所有命题,这解释了(9)的后半部分,即当一个句子没有独立完整地回答当前语境中的问题时,"都"最好不出现。但值得注意的是,(9)的前半部分,即当一个句子独立完整地回答了当前语境中的问题时,"都"必须出现,仍然没有解释。换句话说,(31)只解释了(32a)中的"都"为什么可以出现(因为"都"总括的要求得到了满足),并没有解释这里的"都"为什么必须出现。这个问题我们留待2.4节解决。

下面我们来看文献中经常讨论的"都"的分配作用,即(33a)因为加了"都"所以一定表示张三画了两幅画,李四也画了两幅画。我们认为,"都"的分配作用是总括的附带效应。大致来说,跟"都"结合的句子如"张三和李四画了两幅画",本身既可以有分配解读,也可以有集体解读,但只有在分配解读下,它才能蕴涵QUD中的所有命题,满足(31)中"都"总括的要求,因此有"都"的时候我们总是能观察到分配解读的出现,即文献中讨论的"都"的"分配效应"。

(33) a. 张三和李四都画了两幅画。

b. 可能QUD: $\left\{\begin{array}{l}[\![张三画了两幅画]\!], \\ [\![李四画了两幅画]\!], \\ \cdots\cdots\end{array}\right\}$ $\xrightarrow{\text{"都"所在的句子必须总括该QUD}}$

c. 实际QUD: $\left\{\begin{array}{l}[\![张三画了两幅画]\!], \\ [\![李四画了两幅画]\!], \\ [\![张三和李四_{Dist}画了两幅画]\!]\text{(与"都"结合的句子)}\end{array}\right\}$

我们以(33a)为例来具体说明,这里的"都"跟"张三和李四"搭配,暗示了当前语境中最有可能讨论的是关于"谁画了两幅画?"的一个问题,即(33b)中的"可能QUD";又因为(33a)提到了"张三"和"李四",该QUD里起码要包含"张三画了两幅画"和"李四画了两幅画";最后,因为"都"的"总括"要求,跟"都"结合的句子必须蕴涵该QUD里的所有命题。因此实际的QUD必须同时满足:(i)不含有跟张三和李四无关的命题,(ii)跟"都"结合的句子取分配解读（如果不取分配解读，"张三和李四画了两幅画"就不能蕴涵"张三画了两幅画"），如（33c）中的实际QUD所示①。（i）即我们一直讨论的"都"对语境的要求，也即陆庆和（2006）的"用'都'，谈话排除了其他人或事物"。（ii）即文献中经常讨论的"都"的分配作用。（33）说明，我们的分析既可以解释（33a）对语境的要求，又可以解释加了"都"后对某些句子真值条件的影响，换句话说，我们的分析既关注了"都"的语用，又关注了其语义。

在我们的分析中，分配解读并不是由"都"贡献的："都"只是要求与之结合的句子蕴涵QUD下的所有命题，是这个"总括"的要求导致该句子取分配解读。换句话说，分配解读另有其"法"。这个"法"有可能是语义公设（meaning postulate）、语义规则，也有可能是各种各样的（隐性）分配算子[见Champollion（2021）的综述]。为明确起见，我们采用文献中最常见的Link（1987）提出的隐性分配算子，即（34）中的Dist，并认为汉语中存在Dist，可以导致分配解读。不难发现，（34）正是Lin（1998a）对"都"的分析[见前文（27b）]。与之相反，在我们的分析中，"都"并不直接表示分配，为了满足"都"的总括的要求，Dist才必须出现在与"都"结合的句子中[如（33c）中的Dist]，造成了句子的分配解读。

---

① 一位《当代语言学》审稿人问及"张三和李四合画了两幅画"是否也应该在（33c）中，并指出如果是的话，那么"张三和李四画了两幅画"即使取分配解读也无法蕴涵（33c）中的所有命题。我们认为"张三和李四合画了两幅画"不在（33c）中，基于两点理由。首先，从事实来看，当我们用"张三和李四画了两幅画"来回答"谁画了两幅画？"时，该答句最自然的解读是分配解读[即便该句在单说的情况下最自然的是取集体解读；另见下文对（35）的讨论]，说明该问句可能本身不含"张三和李四合画了两幅画"这样的命题。其次，如果我们考虑命题集的构建过程，就会发现这些命题在组合过程中都有同样的谓语（更专业的说法是有同样的λ-abstract 或question nucleus）。如果我们认为分配解读在谓语部分发生（Link，1987；Schwarzschild，1996），那么命题集中只要有一个命题是分配解读，所有命题就都是分配解读（因为有同样的谓语），因而"张三和李四合画了两幅画"不可能在已经含有分配命题的（33c）中。换种直观的说法，"总括-都"的出现表示其QUD是一个分开问的问题。

（34）隐性分配算子：$[\![Dist]\!] = \lambda P \lambda x \forall y [y \leq_{ATOM} x \to P(y)]$

通过引入（34）中的隐性分配算子，我们可以解释为什么一些不含任何分配标记词的句子如"张三和李四画了两幅画"也可以有歧义[同样的语感见董秀芳（2002，(2a)）、Xiang（2008，(7)）、徐烈炯（2014，(24)）]。"张三和李四画了两幅画"既可以表示张三和李四合画了两幅画（集体解读），也可以表示他俩分别画了两幅画（分配解读）。在我们的处理中，该句有第二种解读正是因为我们可以在句子中插入一个隐性的分配算子Dist。Liu（2017）进一步指出在某些语境下分配义是最自然的解读，如（35A）作为答语的"张三和李四画了两幅画"[另见前文对（11）及（12）的讨论]，这些例子均表明分配解读在汉语可以不依赖于"都"或其他分配标记词（如"各/分别"等）而存在，支持汉语中有隐性分配算子或其他产生分配解读的机制。①

---

① 周韧（2019、2021）指出不含"都"的句子如"小王和小李捐了1000元"在"不考虑语境的中性环境中"一般做集体解读。我们不否认这种语感，实际上，很多语言（英语、德语、荷兰语等）中类似句子的分配解读都不是人们最倾向的解读[见 Dotlačil（2010）第二、三章的讨论]。这种倾向性跟我们认为有隐性分配算子的观点并不冲突：加了隐性分配算子的句子在结构上会更复杂，而人们在"中性环境"中可能更倾向于用更简单的结构理解一个句子，因而会倾向于集体解读。另一方面，范晓蕾（个人交流）指出，像"张三和李四画了两幅画"这样的句子如果要取分配解读，重音/焦点要在主语上，而如果认为句子的默认焦点是在谓语/宾语上，那么这些句子在"中性环境"下自然不会是分配解读。当然，重音对分配解读的影响值得另文探讨。最后需要强调的是，在方法论上我们同意下面Simons et al.（2017：196）的说法，认为即使在"中性环境"中语境同样存在，即脱离语境的句子解读并不存在："We suspect that there is a belief that judgments about uncontextualized sentences provide evidence about purely linguistic aspects of meaning, judgments untarnished by real world knowledge relating to contextual information. We strongly contest this belief. We find it much more plausible that *all* interpretation takes place against some assumed context, and hence that when a reader (of a linguistics article or of an experimental stimulus) is presented with an uncontextualized sentence and required to provide a judgment about its interpretation, he or she implicitly imagines that sentence uttered in some context—one whose properties the author or experimenter is unfortunately unable to discover."

（35）Q: 哪些小朋友画了两幅画？

A: 张三和李四画$_{Dist}$了两幅画。

最后值得注意的是，在本章的分析中，分配义（或语义层面的全称量化）不是"都"带来的，所以我们的分析可以避免"双重量化"的问题（徐烈炯，2014；袁毓林，2005a），即"都"可以和其他表示（全称）量化的表达同时出现在一个句子里，如"每匹快马上都有一个凶悍的枪手"。关于如何采用本章对"都"的分析处理"每-都"共现这一问题，请参见本书第三章及 Liu（2021）。

2.3.2 "甚至"和"超预期"

本节简要说明如何从（31）[稍加改动后重复于（36）]中对"总括-都"的分析出发，理解"都"的"甚至"用法及 2.2.3 节中提到的"都"的超预期用法。

（36）$[\![都 S]\!]^{QUD} = [\![S]\!]$ 仅当 $\forall p \in QUD[p \neq [\![S]\!] \rightarrow [\![S]\!] \Rightarrow p]$ （"总括-都"）

首先，上面的（36）跟之前的（31）完全等价。（31）说的是"都"要求与之结合的句子 S 蕴涵 QUD 中的所有命题，（36）说的是"都"要求与之结合的句子 S 蕴涵 QUD 中所有不等于自己的命题。因为任何一个命题都蕴涵自己，所以"蕴涵 QUD 中所有不等于自己的命题"跟"蕴涵 QUD 中的所有命题"完全等价，即（31）和（36）说的是同一回事。我们之所以对（31）进行表达形式上的改动，是因为这样能更清楚地反映"总括"和"甚至"的关系。

如果我们把"蕴涵"看成是一种逻辑上的强度（p 蕴涵 q 且 p 与 q 不等价，则 p 在逻辑上比 q 强），那么（36）[以及与之等价的（31）]说的其实是"都"要求与之结合的句子比 QUD 里所有不等于自己的命题在逻辑上都要强。另一方面，"甚至-都"大致表示了英语 even 的语义，借鉴 Karttunen and Peters（1979）对英语 even 的经典分析，我们认为"甚至-都"表示了与"都"结合的句子是当前语境话题下最不可能的那个命题（崔希亮，1990）；换句话说，即与"都"结合的句子比 QUD

所有不等于自己的命题在可能性上都强（p比q在可能性上强，即p比q更不可能）。至此，我们可以清楚地看到"总括-都"与"甚至-都"的关系：从"总括"到"甚至"，"都"均表示了与之结合的句子是当前语境话题下最强的那个，发生的变化仅仅是从逻辑上的强度变成了可能性的强度。（37）给出了本章对"甚至-都"的处理（Liao, 2011; Liu, 2017），我们可以清楚地看到其与（36）的高度平行。具体来说，根据（37），"（连）张三都笑了"要求张三笑在当前语境下比任何一个人笑都不可能，这符合我们的语感。

（37）$[\![都S]\!]^{QUD} = [\![S]\!]$ 仅当 $\forall p \in QUD[p \neq [\![S]\!] \rightarrow [\![S]\!] <_{likely} p]$（"甚至-都"）

更进一步，我们可以从（36）和（37）抽象出一个对"都"的统一分析，即（38）。（38）只说了"都"所在的句子比QUD中的所有命题都强（>）（我们也可以从直观上理解"强"为传递的信息多或显著），但没有规定在什么方面强。如果我们用蕴涵理解强度，那么得到的就是"总括-都"；如果用可能性来理解强度，那么得到的就是"甚至-都"。当然，具体使用中人们有各种方法来标识当前语境中到底哪种强度在起作用，包括使用"连"和重音等。

（38）$[\![都S]\!]^{QUD} = [\![S]\!]$ 仅当 $\forall p \in QUD[p \neq [\![S]\!] \rightarrow [\![S]\!] > p]$

（对"都"的统一分析）

（38）可以帮助我们解决2.2.3节的一个遗留问题[见该节（23）—（26）]，即"都"有的时候似乎不表示总括，而表示"超预期"。这里我们具体讨论（39）这个例子[重复自（23）]。根据我们在2.2.3节中对这一例子的讨论，（39）用选择问表达了问话人预料答话人会只选一个套餐（快餐店点餐的场景），但答话人回答的套餐数超出了问话人的预期，因此选择用"都"表达这种"超预期"。

（39）Q: 你要套餐A、B还是C？
　　　A: A和C都要吧，我今天比较饿。

我们认为（38）可以解释"都"为什么可以出现在这种"超预期"的语境中。根据（38），"都"要求与之结合的句子比QUD中其他所有命题都强，因此我们先来看（39）的QUD是什么。根据（39Q）中的选择问，我们认为这里的QUD如（40）所示，只含有"答话人要套餐A""答话人要套餐B""答话人要套餐C"三个命题（Biezma and Rawlins, 2012），这可以解释为什么这个选择问表示了问话人预期答话人会只选一个套餐。展开来说，假设每一个合格的问题中都有且只有一个蕴涵其他所有真命题的"最佳命题"[从语用的角度来看，问一个问题代表着问话人让答话人从该问题所代表的集合中挑一个最好的作为答案告诉自己，"最好"即含有最多信息且为真的命题，见Dayal（1996）]，那么从问话人的角度来看，（40）中的集合（及它代表的选择问）就不应该出现在答话人想要多于一个套餐的情形下，因为在这样的场景下，（40）的集合里一定有多于一个命题为真，也就不会有一个蕴涵其他所有真命题的"最佳命题"，因此，这样的问题在这样的场景中就不是一个合格的问题。换句话说，（40）中这个集合所代表的问句只有在答话人只要一个套餐的场景下才是一个合格的问句，这解释了问话人问这个问句的时候一定预设了答话人只要一个套餐。

(40)

（39）的QUD： $\begin{Bmatrix} [\![答话人要套餐A]\!], \\ [\![答话人要套餐B]\!], \\ [\![答话人要套餐C]\!] \end{Bmatrix}$

观察（40）中的QUD，我们发现答话人实际回答的答案，即"答话人要A和C"并不在该QUD中，我们认为这一点恰恰对应着"超预期"的语感：答话人的回答不在问话人所设想的可能答案中，因此跟问话人的预期相左；同时，答话人回答的套餐数量超出了问话人所设想的可能答案中所涉及的数量，因此是"超"预期。

最后看"都"为什么能出现在这种情况下。根据（38），"都"要求与之结合的句子比QUD中其他所有命题都强，（40）正好满足了

"都"的这一要求。特别是，如果我们把强度理解成所涉数量的多少，那么确实"答话人要A和C"所涉套餐数量多于因此强于（40）中的所有命题，"都"的要求得到了满足，所以可以出现。总的来说，我们认为"都"的"超预期"用法多出现于这种情况，即与"都"结合的句子不在语境中的QUD里，且在某个方面强于QUD中的所有命题[见徐烈炯（2014）与吴义诚、周永（2019）的相关论述]。由此我们也可以清楚地看到"总括"与"超预期"之间的关系[试对比（33c）与（40）中QUD的不同]："总括"指的是与"都"结合的句子在QUD里且在逻辑上蕴涵所有其他命题，而"超预期"指与"都"结合的句子不在QUD列出的可能答案之内，且在某方面强于QUD里的所有命题。

总结一下本小节讨论的内容。在2.3.2这一节我们指出2.3.1节提出的对"总括-都"的分析可以轻而易举地扩展到"都"的其他用法，并解决了2.2.3节的一个遗留问题，即"都"的超预期用法。在我们的分析中，不管是"总括""甚至"还是"超预期"，"都"总是表示其所在的句子在某方面比QUD里所有的命题都要强，强度的不同以及"都"所在句子所表达的命题是否在QUD之内决定了"都"的不同语用效果。值得注意的是，限于篇幅，本章没有讨论表示"已经"的"都"["已经"义的"都"可以看成是在时间的纬度上衡量"都"所在的句子；另见蒋严（1998）]，也无法对"甚至-都"和"超预期-都"做出更加详尽的描述和讨论。下文我们还是回过头来看本章关注的重点，即"总括-都"及其语境适用条件。

2.4 预设和强制预设

前文对"总括-都"语境适用条件的分析遗留了一个重要问题，即虽然我们解释了为什么"总括-都"可以出现在完整回答当前语境QUD的情况下，但没有解释为什么当跟"都"结合的句子独立完整地回答了当前语境的QUD时，"都"必须出现，即（9）的前半部分。要解决这个问题，我们需要讨论"都"贡献预设这一性质。

首先，我们在前文的分析中将"都"的语义贡献统一处理为预设，即"总括-都"预设了与之结合的句子是一个总括句，"甚至-都"预设了与之结合的句子在当前语境最不可能。现在我们给出证据证明"都"的语义贡献确实是一个预设。众所周知，预设信息多是背景信息（Stalnaker, 1974），所以询问、猜测、否定、假设等针对句子主要信息（at-issue meaning）的操作均不会影响预设信息。这在语言事实上的表现就是预设可以投射（project），特别是不会被问句、认识情态、否定词及条件从句前句等取消，这与句子主要信息的表现很不一样，因此投射通常被认为是判定预设的一个主要测试手段（Chierchia and McConnell-Ginet, 2000）。下面（41）（42）表明"都"的"总括"义和"甚至"义都具有投射性，前者体现为（41）中的各句都传递了语境中只有三个学生的信息（如前文所述，"总括"的具体体现之一便是"排除谈话中的其他人或事物"的直观），后者体现为（42）中的各句都传递了张三买特斯拉最不可能。

（41）均表达：语境中只有三个学生
　　a. 三个学生都买了五本书吗？
　　b. 好像三个学生都买了五本书。
　　c. 并非三个学生都买了五本书。
　　d. 如果三个学生都买了五本书，那……

（42）均表达：张三买特斯拉最不可能
　　a. 张三都买了一辆特斯拉吗？
　　b. 好像张三都买了一辆特斯拉。
　　c. 我不觉得张三都买了一辆特斯拉。
　　d. 如果张三都买了一辆特斯拉，那……

关于预设有一类特殊的现象，即"强制性预设"现象（Amsili and Beyssade, 2010）。这种现象指的是某些预设触发语（presupposition triggers）在其预设得到满足的语境下会被要求强制出现。请观察（43）中英语的例子。

（43）a. John went to the party. Bill went to the party, # (too).

b. Mary went swimming yesterday. She went swimming #(again) today.

c. Sam was in New York yesterday. He is #(still) there today.

d. {The/#A} sun is shining.

e. I washed {both/#all} of my hands.

f. Sam {knows/#believes} that Paris is in France.

我们拿上面的（43b）来具体说明，这里的预设触发语是again，它触发了一个该句所描述的事件之前就已经发生过的"重复"的预设。具体来说，again出现在（43b）的第二个小句，预设了玛丽游泳这个事件之前发生过；同时，因为第一个句子说的正是玛丽昨天游了泳，这个信息使后面again的预设在第二个句子里得到了满足（文献中的术语一般是locally satisfied或者bound），因而这里的again必须出现。再看（43d），因为定冠词the比不定冠词a多了一个唯一性的预设，而这个预设在现实世界得到了满足（因为现实世界有且只有一个太阳），所以the必须出现。还有（43e），语言使用者在此处可以使用both或者all，但both在跟all的竞争中取得了胜利，正是因为前者比后者多了一个预设，而这个预设在跟hands结合时得到了满足。以及（43f），其中的know比believe多了一个事实性（factive）的预设，所以当一个句子描述的是一个事实的时候，该句子要选择know，而不是believe。"强制性预设"现象在汉语中也广泛存在，上面对英语的讨论也基本适用于下面（44）中展示的汉语的相关现象。

（44）a. 张三参加了聚会，李四??（也）参加了聚会。

b. 张三昨天去游泳，今天#（又）去游泳。

c. 李四昨天（就）在纽约，今天#（还）在。

d. 我两只手#（都）洗了。

e. 李四{知道/# 相信}巴黎在法国。

f. 除了张三，李四#（也）来了。

值得注意的是，（44d）显示了汉语可以用"都"来翻译英语中的both，从侧面证明了前者和后者一样，都是预设性的[见Heim and Kratzer（1998）6.7.1节关于both预设性的讨论]。另外，（44f）中的"除了"既可以表示"排除"，也可以表示"追加"，当其表示追加的时候，会满足"还、也"等追加类副词的预设，因此后面经常要出现"还、也"（吕叔湘，1980）。

文献中通常认为上面展示的各种"强制性预设"现象体现了一个更广泛的语用原则，即（45）中的预设最大化原则（Heim，1991）。

(45) 预设最大化

Make your contribution presuppose as much as possible.

（会话中要尽可能多地表达预设。）

预设最大化原则作为一个类似Grice会话原则的语用原则，要求说话人在语义上等价的不同表达中选择使用含有更多预设的那个表达（当然，是在这个预设被满足的情况下）。这其实在某种程度上也体现了一个竞争的观点，一个表达不好，不一定是它的句法、语义有什么问题，而是语言使用者有更好的表达。具体到预设最大化原则，我们猜测符合预设最大化的句子是"更好的表达"，因为它更清楚地指明了该句子所处的语境[参见对预设的动态语义学处理，如Heim（1983）]。

显而易见，上述各类"强制性预设"现象都可以用预设最大化原则进行解释。例如（44a）。这里的"也"加在第二个小句上，给这个句子增加了一个追加的预设，而这个预设在（44a）中"也"出现的小句得到了满足（因为第一个小句已经说了"张三参加了聚会"），所以根据预设最大化原则，人们会使用"李四也参加了聚会"，而不是"李四参加了聚会"（前者跟后者表示的主要信息相同，但比后者多了一个追加的预设）。简而言之，因为"也"表示追加，而这个"追加"是个预设，因此根据预设最大化原则，在追加的语境中有"也"的句子比没有"也"的句子好，即"也"必须出现。

我们认为"都"在跟其结合的句子完整回答问题的情况下必须出

现的原因也是如此。我们上面已经证明了"都-总括"的要求是一个预设，那么如果一个句子是总括句，就会满足"都"的预设，根据上面的预设最大化原则，"都"就必须出现。举例来说，对（46）[重复自（3b）]中的问题来说，"张三和李四笑了"总括性/完整地回答了当前的问题，或者更准确地说，该回答蕴涵了（46Q）中的所有命题，因此满足了"都"的预设，根据预设最大化原则，"都"必须出现。因此，必须用"张三和李四都笑了"而不是"张三和李四笑了"来回答该问题。

(46) Q: 张三和李四谁笑了？
A: 张三和李四都笑了。vs. #张三和李四笑了。

最后，我们简单说一下普通复数性名词成分和遍指/任指/极性类成分与"都"搭配时的区别。文献中普遍的看法是后者比前者更需要"都"的出现，如（47）（48）[重复自（5）和（6）]所示。

(47) a. 学生们（都）笑了。
b. 他们（都）笑了。
c. 张三和李四（都）笑了。
d. 那几个老师（都）笑了。

(48) a. 每个/所有学生*（都）笑了。
b. 他谁*（都）认识。
c. 任何观众*（都）可以笑。
d. 他一个人*（都）不认识。

这种总体的倾向性从本章所持的角度很容易理解：含有普通复数性名词成分的句子只在某一些语境表达总括，而含有遍指/任指/极性类成分的句子因为表示全量，几乎在任何语境下都表达总括。因此前者只在某些语境下满足"都"的预设，而后者在几乎所有语境下都满足"都"的预设。按照预设最大化原则，前者只要求"都"在某些语境下出现，而后者要求"都"几乎在所有语境下均出现，所以我们感觉后者比前者更需要"都"的出现。本书的第三章及第四章将进一步发展这一观点，对遍指和任指成分与"都"的搭配进行详细的讨论。

2.5 小结

本章从"张三和李四笑了"与"张三和李四都笑了"的区别出发，试图对"都"表示"总括"这一传统观点做出新的阐释。本章发现，"总括"能否成功，即"都"能否出现，与语境中的话语话题密不可分，并由此提出"都"总括的不是句内成分，而是语境中正在讨论的问题。"总括"说的是跟"都"结合的句子包含了该问题下的所有命题。更进一步，本章认为"都"的"总括"义跟"也"的"追加"义一样，是一个预设义。这可以统一解释"都"和"也"在一些环境下必须出现的"强制性预设"现象。

进一步，本章对"都"的分析特别是对"都"的强制出现所做的分析，也将为本书的其他章节提供理论基础，尤其是为第三章将要讨论的"每"与"都"的搭配，以及第四章将要讨论的任指疑问代词与"都"的搭配，提供分析手段。

第三章 "都"与全称量化

现代汉语表达全称量化的成分如"每-NP"在动词前通常需要"都"。以往的研究普遍认为这是一个句法语义现象。例如，根据Lin（1998a），汉语没有真正的名词性全称量化表达，"每-NP"在语义上相当于一个定指名词短语，其本身没有完整的全称量化义，因此需要"都"作为一个分配算子[或副词性全称量化词，见Lee（1986）、潘海华（2006）等]来辅助其实现英语的every所能表达的量化义。

本章另辟蹊径，在上一章对"都"语用研究的基础上，提出"每-都"共现是一个语用现象。首先，我们列举大量事实论证"每-NP"是像英语every-NP那样货真价实的全称量化表达，而"都"并非分配算子或副词性全称量化词。我们进而采用Liu（2017）及本书第二章的看法，认为"都"并不增加断言义（或称truth-conditionally vacuous），而是预设性质的。具体来说，"都"预设了其所在的句子是选项中最强的那个。这个额外的预设会触发预设最大化（maximize presupposition，Heim，1991）这一语用原则。预设最大化要求我们在满足"都"的预设的情况下必须使用"都"，正如我们在第二章所看到的，这给我们解释"都"的强制出现提供了方案。同时，我们认为"每-NP"作为全称量化词可以激活个体选项，又因为一个全称量化句蕴涵组成该全称句的个体陈述句，所以满足了"都"的预设，根据预设最大化，"都"必须出现。本章将详细讨论这一分析，并给出我们的理据。特别是，根据这一分析，我们发现"每-都"共现受语境特别是句子焦点结构的制约，这支持了我们用语用来分析这一现象。

3.1 "每-都"共现与Lin的解释

现代汉语表达全称量化的成分如"每/所有-NP"[①]在动词前通常需要与"都"共现,如(1a)所示。这是一个困扰汉语学界多年的难题(Lee,1986;Lin,1998a;Huang,1996;张蕾、潘海华,2019;黄师哲,2022)。特别是,一般认为汉语的"每"相当于英语的every,而这里的"都"一般跟英语的all作对比(王还,1983)。但奇怪的是,英语的every不能加 all,如(1b)所示。如果汉语的"每-NP"是像英语every一样的全称量化词,那么它为什么必须加"都"呢?如果"每-NP"不是全称量化词,那么它是什么?现代汉语究竟有没有名词性的全称量化词?本章将以"每-NP"为重点关注对象讨论这些问题。

(1) a. {每个/所有}三年级学生 *(都)来了。

(　"都"必须出现)

b. {Every/all} third-grade student(s)（*all）came.

(all 不能出现)

关于"每-都"共现,Lin(1998a)提出了一种很有影响的分析[另见张蕾、潘海华(2019)]。首先,Lin 认为汉语的"每/所有-NP"不是真正的量化性成分(non-quantificational),而是跟复数定指性名词成分(plural definites)一样的指称性(referential)成分。例如,"每个三年级学生"对Lin来说,指称了由语境中所有三年级学生所组成的

[①] 我们需要对"每-NP"这种说法做两点说明。首先,"每"与其后的名词性成分之间通常还需要一个量词,如"每个三年级学生"中的"个"。所以,更严格的说法是"每-量词-NP"。本章主要讨论"每"字短语的整体语义,而不关注其内部构造(包括量词在其中所起的作用),因此采用更简便的"每-NP"的说法。其次,"每"与量词之间还可以出现数词,如"每一个三年级学生""每两个三年级学生",且当数词为"一"的时候,"一"可有可无,并不影响意思。本章同样不关注数词在"每-NP"中的作用,并且主要讨论数词为"一"时(即可以省略数词)的"每-NP"。关于数词不为"一"的"每-NP",见袁毓林(2012),牛长伟、潘海华(2015)等的讨论。

最大复数个体，即（2a）中的"⊕三年级学生"[①]，而这其实跟文献中对英语复数定指性名词成分的经典分析一致（如〚the students〛= ⊕学生）（Sharvy, 1980; Link, 1983）。更进一步，Lin认为"每"跟英语的 the（具体来说，跟复数名词结合的the）类似，负责把NP所关涉

[①] 本章采用Link（1983）的经典做法，用加合（sum）来处理复数个体。在这种框架下，自然语言能指称的个体不仅包括单个个体（atom），也包括复数个体（sum）。复数个体由单个个体加合（即⊕）而成，如（i）所示。举例来说，约翰与玛丽加合的结果就是一个复数个体j⊕m。自然语言中的"约翰和玛丽"即可以指称这个复数个体，如在"约翰和玛丽是夫妻"中，"是夫妻"描述的就是这个复数个体的性质，而跟约翰和玛丽作为单个个体的性质并不直接相关。值得注意的是，跟我们的做法稍有不同，Lin（1998a）用集合来描述复数个体（Schwarzschild, 1996），如（ii）所示。在这种框架下，加合j⊕m相当于集合的并集操作（union，∪）。本章采用Link（1983）的框架，因为：（a）两种框架等价，更准确地说，由加合所构建出的结构 ⟨De, ⊕⟩ 跟用并集所构建出的结构 ⟨℘(Atoms(De))\∅, ∪⟩ 同构（isomorphic）；（b）该框架在文献中更常用[见Krifka（1989）、Landman（1989、2000）、Champollion（2017）等，另见李旭平（2021）在此框架下对汉语"们"的分析]。

(i) 用加合描述复数个体　　　　　(ii) 用集合描述复数个体

更准确地说，加合必须满足（iii）中的性质，才能正确描述我们对复数个体的直观。根据加合，我们可以进一步定义什么是个体之间的部分（part-of）关系，即（iva）中的≤，什么是单个个体（ATOM），以及什么是一个个体的单体部分（≤ATOM）。这三个概念在我们讨论分配算子[即Lin（1998a）对"都"的分析]的时候将起到作用。

(iii) a. a⊕b = b⊕a　　　　　　　交换性（commutativity）
　　　b. a⊕(b⊕c)=(a⊕b)⊕c　　　可结合性（associativity）
　　　c. a⊕a = a　　　　　　　　幂等性（idempotence）
(iv) a. a ≤ b iff a⊕b = b
　　　b. ATOM(a) iff ∀b ≤ a[a = b]
　　　c. a ≤ATOM b iff a ≤ b & ATOM(a)

最后，广义加合算子（generalized sum）就是把一个集合的每个元素逐个加合起来得到的结果，即⊕{a1...an} = a1⊕⊕{a2...an}且对任何单元素集合{a}来说⊕{a} = a。

的对象加合起来，是一个（广义）加合算子①。举例来说，如果在当前语境c_1下有不多不少三个三年级学生张三、李四和王五，而且说话人正指着这三个三年级学生，那么按照Lin（1998a）的观点，"每个三年级学生"和复数定指短语如"这些三年级学生"应该有同样的指称，两者都指向"张三⊕李四⊕王五"这个复数个体，如（2c）所示（上标c_1表示我们在c_1语境下阐释该表达）。正如Lin（1998a：241）所说，"Summarizing, I have proposed to account for the cooccurrence between *dou* and universal NPs with *mei* by treating the latter as denoting the same kind of entity as NPs of the form *the N*"，这清楚地表达了Lin将"每-NP"等价于复数定指性名词短语的观点。

（2）a. 〚每个三年级学生〛= ⊕ 三年级学生
　　b. 〚每〛= ⊕
　　c. 〚每个三年级学生〛^{c_1} = 〚这些三年级学生〛^{c_1} = 张三⊕李四⊕王五

　　进一步，Lin（1998a）认为"都"是一个分配算子，跟英语的each相似。如（3）所示，"都"先跟一个动词短语结合（即λP），再跟其分配对象结合（即λx），得出的句子为真当且仅当该总括对象的每一个最小部分都具有该动词短语所表达的属性②。（4）体现了"都"的这一分配作用：（4a）倾向于表示张三和李四合着画了一幅画，但加了

---

　　① （2b）中的语义跟Lin（1998a）所给出的稍有不同，这是因为Lin（1998a）用集合来描述复数个体，而我们用加合（见上一条脚注）。Lin（1998a）赋予"每"的语义如下，跟（2b）等价。
　　（i）〚每〛= that function f such that for all $P \in D_{\langle e,b \rangle}$, $f(P)= \cup P$　　[Lin, 1998a, (68)]
　　② 正如我们在第二章提到的，以刘月华等（2001）《实用现代汉语语法》为代表的传统语法持有类似的观点："'都'主要表示范围，用来总括它前面提到的人或事物，在句法结构上是状语，修饰它后面的动词或形容词，表示'都'所限定的事物没有例外地发生动词所表达的行为动作或具有形容词所表示的性状。例如……'咱们都不要客气'的'都'总括的是'咱们'。"这里的"表示'都'所限定的事物没有例外地发生动词所表达的行为动作或具有形容词所表示的性状"说的就是分配（或全称量化）。

（转下页）

"都"的（4b）一定表示二人各画了一幅画（即一共有两幅画）。Lin（1998a）认为正是"都"导致了（4b）中的分配解读，将"都"看成是（3）中的分配算子直截了当地刻画了这一点。

（3）⟦都$_{Lin}$⟧= $\lambda P\lambda x\forall y[y \leq_{ATOM} x \to P(y)]$

[对比Link（1987）的 D 算子]

（4）a. 张三和李四画了一幅画
　　b. 张三和李四都画了一幅画。

接下来，因为"都"是分配算子，所以它很自然地可以对"每-NP"所指称的复数个体进行分配。以"每个三年级学生都来了"为例，"每个三年级学生"指称由当前语境下所有三年级学生所组成的复数个体，即"⊕三年级学生"，而"都"将"来了"表示的性质分配给该复数个体的每个单个个体，得到的结果如（5）第一行所示，这跟英语句子 "Every third-grade student came" 所表达的语义等同。后者因为every 表示全称量化（即⟦every⟧=$\lambda P\lambda Q\forall x[P(x)\to Q(x)]$），所以语义如（5）第二行所示，表示的也是语境中每个单个三年级学生都有"来了"的性质。

（5）$\forall y[y \leq_{ATOM} \oplus$三年级学生$\to$来了$(y)]$（每个三年级学生都来了）
　　　$\equiv \forall y[\text{THIRD.GRADE.STUDENT}(y)\to \text{CAME}(y)]$

(Every third-grade student came)

（接上页）

另外，传统的全称量化跟分配算子的一个区别是，全称量化是对一个集合进行的量化，而分配算子是对一个复数个体的部分所做的量化。Lin（1996：123）举出（i）中的差异说明两者的不同。（ia）说明量化副词如"通常/有时候/总是"可以对"一个二次方程式"引入的集合（或变量）进行量化，但（ib）表明"都"不可以。Lin（1996、2014）认为这说明"都"不是全称量化算子，而是分配算子。见本书第四章4.2节对（i）的进一步讨论。

（i）a. 一个二次方程式通常/有时候/总是有两个不同的解。
　　b. *一个二次方程式都有两个不同的解。　　　　　[Lin, 1996, (64)(65)]

最后，Lin（1998a）还讨论了如何将"最小部分"[即（3）中的$\leq_{ATOM}$]改进为"语境中的显著部分"（不一定最小），从而处理"都"和一些集体性谓词如"是同学"之间的搭配。

最后，Lin（1998a）认为，正因为"每-NP"没有量化义，所以需要"都"的辅助来表达全称量化的语义。但值得注意的是，这其实只解释了"每"为什么可以跟"都"共现，并没有解释"每"为什么在很多情况下必须跟"都"共现。换句话说，"每-NP"没有量化义并不意味着"每-NP"必须表达量化义。正如复数定指性名词短语也是指称性的，但在很多情况下就不需要"都"而可以跟动词短语直接组合。实际上，按照Lin（1998a）对"每-NP"的分析，"每个三年级学生"指称"⊕三年级学生"（语义类型为e），在语义上跟"来了"（即λx.来(x)，语义类型为et）组合完全没有问题。

Lin（1998a）意识到了上述问题，并提出了一个句法的解决方案。具体来说，Lin（1998a）依据Beghelli and Stowell（1997）[①]，认为"都"在句法上是一个"分配短语"（distributive phrase）的中心语另[见Li（1997）、Wu（1999）]，而像"每-NP"一样的全称量化短语在句法上有一个Q的特征，该特征导致"每-NP"必须移到"都"的标识语（Spec）位置进行核查（check），而正是这个句法的要求解释了"每-都"的共现[见Lin（2020b）对这一理论的进一步发展]。换句话说，"每-NP"虽然在语义上没有量化义，却在句法上有量化性，因而需要"都"的辅助来完成全称量化。

Lin（1998a）的这一分析十分有影响，很多跨语言研究的学者都认可这一分析，并将其纳入针对跨语言量化现象的普通语言学理论的一部分，甚至有学者[如Matthewson（2001）]认为英语的every也应如此分析。[②]

我们认为Lin（1998a）的分析面临以下两个问题。首先，有不少证据显示"每-NP"的实际表现跟复数定指性名词短语很不一样，更像

---

① Beghelli and Stowell（1997）及Beghelli（1995）等的基本观点是不同的量化表达会在LF上移到某些特定的位置进行解读，其主要证据是不同量化表达的辖域表现并不一样。

② 以下列出了一些有影响力的学者对Lin（1998a）的认可。

a. Cheng believes (p.c.) that *mei* simply gives a reading of a "collection" of the individuals from a particular domain; that is why the distributive *dou* is needed. （转下页）

真正的全称量化词[见 Liu（2017）的初步讨论]，因此不能简单地认为"每-NP"没有量化义从而需要"都"。其次，用句法语义的手段处理"每-都"既有过强的问题，也有过弱的问题。过强是因为，正如不少学者（曹秀玲，2006；张静静，2009；陈振宇、刘承峰，2019；等等）所指出的，在实际语料中动词前"每-NP"与"都"的共现并不绝对，甚至两者共现的频率并不高[①]，难以视为一种严格的句法语义现象。过弱是因为，正如我们在第二章所看到的，"都"强制出现的现象不局限于"每-NP"等全称量化表达，在合适的条件下，即使是普通复数性名词成分如"张三和李四"也必须加"都"。尤为值得注意的是，我们在第二章发现，对普通复数性名词成分来说，加不加"都"受语境制约，是一种语用现象。更进一步，我们将在本章看到"每-都"共现也在一定程度上受语境制约，特别是受句子焦点结构的制约，这说明这类现象更应该被统一分析为一种语用现象（陈振宇、刘承峰，2019）。

  本章进而提出我们应该用第二章所提出的语用分析法来解释"每-都"共现。具体来说，我们认为"每-NP"是真正的全称量化词，而"都"不是。"都"并不增加句子断言义，而是施加了一个预设。该预设要求跟"都"结合的句子要比语境中所有相关选项都强[强度可以用蕴涵或可能性来衡量，见 Liu（2017）及本书第二章]。进一步，该预

（接上页）

  This analysis of *mei* could be adopted to deal with English *every*. *Mei* would correspond to English *every*, while the distributivity operator, *dou* in Chinese, simply happens to be null in English.   (Matthewson, 2001)

  b. If Chinese quantifiers generally quantify over pluralities, as Lin and Yang have argued, we expect *dou* to co-occur with quantifiers and create the distributivity effects that come with them. Those distributivity effects are not properties of the Chinese quantifiers themselves.   (Kratzer, 2008)

  ① 曹秀玲（2006）对相关语料的调查结果是，"每-NP"做主语时，"都"的出现率为71.7%。张静静（2009）统计了所有出现在动词前的"每"（包括状语），发现之后出现"都"的频率只有36.1%（即使只看主语，也只有38.2%）。张静静（2009）的统计结果与陈振宇、刘承峰（2019）相近，后者统计了出现在动词前的"每"，发现只有35%加了"都"。

设会触发预设最大化这一语用原则。预设最大化要求在满足"都"的预设的情况下必须使用含"都"的句子。同时,"每-NP"作为典型的全称量化表达可以激活个体选项[见Zeijlstra（2017）对荷兰语全称量化表达的研究],因为全称量化句比由个体选项组成的句子都强,所以满足了"都"的预设,根据预设最大化,"都"必须出现。用第二章的话来说,"都"预设了总括,而"每-NP"通常表示总括,因此满足了"都"的预设,预设最大化要求"都"必须出现。

值得一提的是,上述分析因为不依赖于"每"的某种特有性质[试对比上文提到的Lin（1998a）的 Q 特征],因而可以将各种"都"强制出现的现象统一起来（见本书第二章的初步讨论）,进而对"都、也"等预设性虚词强制出现的现象做出统一解释。同时,因为什么是"语境中的相关选项"受语境制约,因此,这一分析可以帮助我们理解"每-都"共现跟语境的互动,以及为我们解释"每-都"在实际语料中的共现比例不高提供新的视角。

本章的剩余部分组织如下。3.2节主要讨论"每-NP",论证"每-NP"跟复数定指性名词成分的语义表现截然相反,而与典型全称量化表达（如英语的every-NP）表现相似,这也暗示了与"每"共现的"都"可能不表示全称量化。3.3节主要讨论"都",指出"都"不是一个（个体层面的）全称量化词,而是一个带有预设性质的跟QUD相关的焦点/话题副词。3.4节讨论预设最大化及其造成的强制性预设现象,并指出"每-都"共现也是这样一种现象。3.5节为结语。

3.2 "每-NP"具有量化性

回顾Lin（1998a）对"每-NP"的分析,Lin 认为"每-NP"应该跟复数定指性名词短语有同样的分析。因此,本节对两者进行详细的对比（主要比较"每-NP"和"这些NP"及复数性指代成分"他们"）。我们发现,不管是否跟"都"共现,两者的表现都大相径庭。同时,我们发现汉语的"每-NP"和英语的"every-NP"在很多地方都有相似之处。因此,种种迹象表明,"每-NP"更像是量化性表达,而非指称性表达。

3.2.1 动词后没有"都"的"每-NP"

首先，一个显而易见的事实是，"每-NP"在动词后面出现时，不与"都"共现①。这其实很好理解，"都"作为一个副词且通常只能向左关联[见马真（1983），蒋严（1998），蒋静忠、潘海华（2013）等对"都"右向关联的讨论]，自然不能向右作用于宾语位置的"每-NP"。进一步，我们可以利用"每-NP"的这一特点，比较宾语位置的"每-NP"与复数定指性名词短语。因为两者在此环境下都没有"都"，所以它们如果有不同的语义表现，那么几乎可以肯定是由它们本身语义的不同所导致的。事实证明，"每-NP"与复数定指性名词短语在宾语位置确实有很大的不同，我们分两方面讨论。

3.2.1.1 "每-NP"非同质且永远最大化

我们先来看宾语位置的"每-NP"与复数定指性名词短语在否定之下的表现。先来看"每-NP"。（6a）最自然的解读是全称量化在否定之下（即 $\neg > \forall$），即该句子多用在我把这件事告诉了一些但不是所有三年级

---

① Lin（1998a）似乎认为动词后面出现的"每-NP"不自然[Cheng（2009）表达了相似的语感]。例如，（ia）这样的句子被标注了"??"，且Lin认为这样的句子中的"每-NP"应该移前加"都"，如（ib）所示。我们不否认这种语感，即认为（ib）比（ia）自然。但另一方面，我们并不认为（ia）完全不能说[见Lee（1986：105）的相似语感]。尤其是，当"每-NP"被定语修饰如（iia），或本身音节数就比较多如（iib）的时候，动词后的"每-NP"十分自然。本节所用的例子均涉及音节数比较多的"每-NP"。

（i）a. ?? 我看了每一本书。　　　　　　　　　　　　　　[Lin, 1998a, (29a)]
　　　b. 我每一本书都看了。　　　　　　　　　　　　　　[Lin, 1998a, (29c)]
（ii）a. 我看过金庸写的每一本书。
　　　b. 我请了每一个三年级学生。

我们在（iii）中进一步列举了一些语料库中"每-NP"出现在动词后的例子。

（iii）a. 从书稿可以看出，作者用好了访谈中的每一分钟，问题直达要害，让总编辑们毫无保留地说出积累了几十年的办刊经验。
　　　b. 吉列抓住这个大好时机，和政府达成协议，以特别优惠的价格大批量向政府提供安全剃须刀，通过政府发给每一位士兵。
　　　c. 我想了想，当场就挽起袖子走上了跳舞机，随着节拍的节奏，我精准地踩下了每一个箭头。　　　　　　　　　　　　　　　　　　　（转下页）

学生的场景下①。换句话说，没有"都"的"每-NP"在否定下仍然保持其全称义。这一点跟英语类似，（6b）最自然的解读跟（6a）一致。

（6）a. 我没有把这件事告诉每一个三年级学生。　　　　（¬ > ∀）

　　　b. I did<u>n't</u> tell this to <u>every</u> third-grade student.　　（¬ > ∀）

再来看复数定指性名词短语在否定下的表现。跟（6a）不同，（7a）很明显是一个存在量化在否定之下（¬ > ∃）的解读，即我没有把这件事告诉任何一个这些三年级的学生。这跟（6a）截然不同，要使（6a）为真，只需要找到有一个说话人没有告诉这件事的三年级学生，而要使（7a）为真，所有这些三年级学生都必须是说话人没有告诉的三年级学生。同样，汉语复数定指性名词短语这方面的表现跟英语类似。（7b）表达的也是 ¬ > ∃ 解读。

（7）a. 我没有把这件事告诉这些三年级学生。　　　　　（¬ > ∃）

　　　b. I did<u>n't</u> tell this to <u>the</u> third-grade students.　　　（¬ > ∃）

这种复数定指性名词短语在否定之下取存在解读的表现在文献中被称为复数定指性名词短语的同质性[homogeneity，见 Schwarzschild（1994）、Löbner（2000）等]②。所谓同质性，直观上说的是复数定指

（接上页）

　　d. 她们真诚的笑容打动和感染着每个读者。

　　e. 她把自己最美的时刻留在了2002年盐湖城的那个冬天，也留在了每一个中国人的心灵深处。

　　f. 而6岁左右的孩子的眼光扫瞄基本上涉及了图形的每个部位。

① 对我们调查的大多数母语使用者来说，这句话只有 ¬ > ∀ 这一种解读，另见白鸽、刘丹青（2016）的不同观点。

② 更准确地说，同质性指的是复数定指性名词短语在肯定环境取类似于全称的解读，但在否定环境取存在解读，如（ia）和（ib）所示。值得注意的是，（ib）并非来源于将 the books 移至否定之上解读，即 ¬ > ∀，因为同样的解读在（ic）仍然存在，而在（ic）中由于 his presents 含有一个被约束的代词，因而不可能移至否定表达 no boy 之上。关于同质现象的研究，请见 Križ（2016）、Križ and Spector（2020）及 Bar-Lev（2021）。

（转下页）

性名词短语所指称对象的各个部分的表现应该一致；对（7）来说，即要求对"这些三年级学生"的每一个组成部分来说，他们在是否知道这件事上应保持一致，要么都知道，要么都不知道（因而在否定下都不知道等价于没有一个知道，即 $\neg > \exists$）。（7a）与（7b）的相同表现说明汉语和英语的复数定指性名词短语具有同质性，而（6a）与（7a）的不同表现则说明"每-NP"并不具有复数定指性名词短语的这一典型特征，其关涉对象（即NP指称的集合中的元素）无须同质。

（6a）与（7a）的反差清楚地说明"每-NP"并非复数定指性名词短语。同时，"每-NP"在否定之下仍然没有同质性，且仍然保持其全称量化义，这些都跟英语every-NP的表现一致，说明"每-NP"即使在没有"都"的情况下，也仍然表达全称量化义。

上述（6a）与（7a）所体现的"每-NP"与复数定指性名词短语的差异十分普遍。（8）展示了两者在"没有人"之下的不同：如果每个人都会请一些但不是所有的三年级学生，那么（8a）为真，但（8b）为假。

（8）a. 没有人会请每一个三年级学生。　　　　　（没有人 $> \forall$）
　　　b. 没有人会请这些三年级学生。　　　　　　（没有人 $> \exists$）

同样，（9a）与（9b）表达的意思截然不同。（9a）表达李四请了所有三年级学生，但其他人没有请全（也有可能没请）；而（9b）表达李四请了这些三年级学生中的一些（不一定是所有），且其他人一个也没请。

（9）a. 只有李四请了每一个三年级学生。　　　　（只 $> \forall$）
　　　b. 只有李四请了这些三年级学生。　　　　　（只 $> \exists$）

（接上页）

  (i) a. Mary read the books on the reading list. ≈ Mary read all of the books on the reading list.

   b. Mary didn't read the books on the reading list. ≈ Mary didn't read any of the books on the reading list.

   c. No boy found his presents. ≈ No boy found any of his presents.

值得一提的是，上述的差别也不局限于"每-NP"与"这些-NP"。"所有-NP"的表现跟"每-NP"类似，它们也没有同质性，且在没有"都"的情况下仍然在否定及"只"之下保持其全称量化义，如（10a）所示。这表明"所有-NP"也不能看作是指称性的复数定指性名词短语。而复数指代词如"他们"，其表现不出意外跟"这些-NP"一致，如（10b）所示。

（10）a. 只有李四请了所有三年级学生。　　　　　　（只 > ∀）
　　　 b. 只有李四请了他们。　　　　　　　　　　　（只 > ∃）

下面我们再来看复数定指性名词短语的另一个典型性质，即非最大化解读[non-maximality，见 Krifka（1996）、Malamud（2012）等的讨论]。先来看（11a）。假设在场景c中，说话人指着当前语境下所有的三年级学生说出了（11a）这句话，这时候即使这些被指的三年级学生中有一些是李四没有请的，但（11a）仍然可以为真（特别是重音在"请"上时）。这跟英语的情况一致，（11b）在李四没有请所有这些被指的三年级学生时依然可以为真。换句话说，复数定指性名词短语允许非最大化解读[见Xiang（2008）的相关讨论]，即含有复数定指性名词短语的句子允许例外。

（11）a. 李四请了这些三年级学生。　　　（允许非最大化解读）
　　　 b. Lisi invited these third-grade students.

"每-NP"的表现截然相反。要使（12a）为真，李四必须请了所有当前语境下相关的三年级学生，没有例外。这一表现跟英语every-NP一致，如（12b）所示。这再次说明"每-NP"自带全称量化义，在没有"都"的情况下仍然不允许非最大化解读。

（12）a. 李四请了每一个三年级学生。　　（不允许非最大化解读）
　　　 b. Lisi invited every third-grade student.

我们对上述讨论做两点补充。首先，不出所料"所有-NP"的表现跟"每-NP"一致，也跟英语的 all 一致，在没有"都"的情况下仍然不允许非最大化解读，如（13）所示。

（13）a. 李四请了所有三年级学生。　　（不允许非最大化解读）
　　　 b. Lisi invited all the third-grade students.

其次，鉴于非最大化解读通常对语境十分敏感[见 Krifka（1996）、Malamud（2012）等]，我们下面提供了一个语境来突出"每-NP"与复数定指性名词短语的这一区别，该语境如（14）所示。在（14）所描述的语境下，即使李四实际上只请了这八个三年级学生中的五个，但因为他确实接触了这些三年级学生[①]，所以仍然可以自然且真切地说"不好！我昨天请了新闻里说的这些三年级学生"。反之，李四在该语境并不能真切地说"不好！我昨天请了新闻里说的每一个三年级学生"，这反映了"每-NP"拒绝非最大化解读，总是呈现全称义。

（14）[语境：八个三年级学生被证实新冠核酸阳性，卫生防疫部门正在播放新闻，设法确认谁跟这些三年级学生有接触]
　　　a. 李四[实际上只请了这些三年级学生中的一部分，看到新闻]：
　　　　 不好！我昨天请了新闻里说的这些三年级学生。
　　　b. 李四[实际上只请了这些三年级学生中的一部分，看到新闻]：
　　　　 #不好！我昨天请了新闻里说的每一个三年级学生。

总结本小节的内容。本小节对比讨论了"每-NP"与复数定指性名词短语在动词后的两个不同。我们发现，在没有"都"的情况下，"每-NP"的表现依旧像一个典型的全称量化词，特别是，"每-NP"不具有复数定指性名词短语跨语言来看总是具有的两个典型特征，即同质

---

① 我们在这里可以自然地说"他确实接触了这些三年级学生"，也是因为复数定指性名词短语的非最大化解读。而我们在这里不能说"他确实接触了每一个/所有三年级学生"，同样是因为"每/所有-NP"不允许非最大化解读。

性与允许非最大化解读。相反,"每-NP"与英语every-NP一致,总是保持其全称量化解读,不管是在肯定还是否定环境下。

3.2.1.2 对量化敏感的表达

在判断一个表达是不是量化性表达以及具有什么样的量化义时,文献中经常会用到一些对量化敏感的表达(quantifier-sensitive expression)作为测试。例如,排除性表达(exceptives)[如英语的 but/except(von Fintel,1993)]和近乎性表达(approximatives)[如英语的 almost(Penka,2006)]基本上只跟全称性量化表达相合,所以经常被用来作为测试全称量化的工具(Carlson,1981; Kadmon and Landman,1993)。在(15)中,我们可以清楚地看到排除性表达 but/except 和近乎性表达 almost 可以跟真正的全称量化搭配,而不能跟复数定指性名词短语搭配,因此可以作为区分两者的手段。

(15) a. I invited {every boy/*the boys} but John.
b. I invited almost {every boy/*the boys}.

回到汉语,我们发现动词后的"每-NP"虽然没有"都",但仍可以跟表排除的"除了"以及表近乎的"几乎"搭配,如(16)所示。

(16) a. 除了李四,我请了每个三年级学生。
b. 李四几乎请了每个三年级学生。

与之相反,没有"都"的复数定指性名词短语却不能允准排除性"除了"和近乎性"几乎",如(17)所示[①]。

(17) a. *除了李四,我请了这些三年级学生。
b. *李四几乎请了这些三年级学生。

上述(16)与(17)的对比再次说明"每-NP"不同于复数定指性

---

① (17a)也可以加"还",如"除了李四,我还请了这些三年级学生",但这时"除了"表示的是追加(即表示我请了李四,还请了这些三年级学生),而非排除。见Liu(2019)对"除了"这一表现的讨论。

名词短语。同时，如果我们认为"除了"和"几乎"需要一个量化性成分在句中出现[根据von Fintel（1993），排除性表达的作用正是将一个元素从一个量化词的量化域中排除出去]，那么（16）恰恰表明"每-NP"在没有"都"的情况下仍然贡献了一个量化义，这支持"每-NP"是量化性表达，而非指称性表达。

值得一提的是，"所有-NP"的表现再次跟"每-NP"一致。（18）显示它在没有"都"的情况下依然允准"除了"和"几乎"，这说明"所有-NP"也是量化性表达。

（18）a. 除了李四，我请了所有三年级学生。
　　　b. 李四几乎请了所有三年级学生。

最后，值得注意的是复数定指性名词短语在有"都"的情况下是可以跟上述对量化敏感的表达搭配的，如（19）所示。这并不影响我们根据（16）与（17）的对立所做出的结论，即"每-NP"自身就带有量化义，因此可以在没有"都"的情况下依然允准这些对量化敏感的表达。另一方面，（19）表明复数定指性名词短语在跟"都"搭配时整个结构确实传递了量化义，而这实际上跟本章3.3节将要讨论的分析是匹配的。大致来说，3.3节将提出（另见第二章2.3.1节的相关讨论），"都"虽然自身没有断言义，但由于"都"的预设，含有"定指-都"的句子一定有一个隐性的分配算子，恰恰是该隐性算子赋予了整个句子量化的含义，允准了（19）中对量化敏感的表达。

（19）a. 除了李四，这些三年级学生我都请了。
　　　b. 这些三年级学生李四几乎都请了。

另外，"几乎"的位置也支持我们上述的观点。在"定指-都"中，如果要加"几乎"，那么"几乎"最好紧贴在"都"之前，而不大能放在复数定指性名词短语之前，如（20a）（20b）所示。这与"每-都"不同，对"每-都"来说，"几乎"最好加在"每"之前，如

(20c)(20d)所示。①如果我们认为"几乎"在(20)中是某种修饰全称量化的成分,那么"几乎"的位置恰恰透露了真正全称量化的蛛丝马迹。具体来说,在"每-都"中,"几乎"最好放在"每"之前,说明"每"可能是全称量化义的提供者;而在"定指-都"中,"几乎"最好紧贴着"都"却不能直接放在定指短语之前,说明真正的全称量化(即我们上面说的隐性分配算子)可能是在离"都"比较近的地方。3.3节将具体讨论"定指-都"中的全称量化到底从何而来这一问题。

(20) a. 这些三年级学生李四几乎都请了。
　　　b. ?? 几乎这些三年级学生李四都请了。
　　　c. ?? 每个三年级学生李四几乎都请了。
　　　d. 几乎每个三年级学生李四都请了。

总结本小节的内容。整个3.2.1节详细地比较了"每-NP"与复数定指性名词短语在动词之后,即在没有"都"的情况下的具体表现,我们发现两者表现截然不同:前者并没有定指表达的典型性质,且在没有"都"的情况下仍然允准量化敏感表达,更像是一个量化成分;而后者在各方面的表现都像是一个典型的指称性成分。我们在下一小节进一步比较"每-NP"与复数定指性名词短语在有"都"的情况下的表现。事实证明,在与"都"搭配时,两者仍有不同的表现。

---

① Li(2014)讨论了一个相似的对比,如(i)所示。(i)同样说明,"几乎"能放在"每-都"的"每"之前,却不能放在"定指-都"的定指名词短语之前。
　(i) a. (*几乎)那些人都来了。
　　　b. (几乎)每个/所有/全部的人都来了。　　　　　　　　　[Li, 2014, (12)]
另一方面,对"每-都"来说,有的母语者可以将"几乎"放在"每"之后"都"之前,语料库中也有相关的例子,如(ii)所示。我们认为这是由"每-NP"的话题化移位所造成的,如"海南几乎每个市县都有糖厂"经过"每-NP"的移位可以变成"海南[每个市县]ᵢ几乎 tᵢ 都有糖厂"。请见3.2.2节对相关移位的讨论。
　(ii) a. 其实,变压器在每个家庭里几乎都有。
　　　b. 阮崇武说,海南每个市县几乎都有糖厂,发展已有一定基础。
　　　c. 儿童村每一个孩子几乎都有一段辛酸的经历。

3.2.2 动词前有"都"的"每-NP"
3.2.2.1 部分量

因为复数定指性名词短语是指称性的，且指称一个满足该名词短语所描述性质的最大复数个体（即 $\oplus[\![NP]\!]$），因此我们可以用一个表示部分量的表达（partitive）来挑出这个复数个体的一部分跟动词短语所代表的性质进行组合。事实确实如此，（21a）展示了英语中的复数定指表达可以跟部分量表达自然地结合。另一方面，（21b）显示every-NP却不行[即Jackendoff（1977）所说的部分量限制，partitive constraint]。据此我们可以很自然地得出结论，正是因为every-NP是一个全称量化表达，所以不能提供部分量所需要的复数个体[见Ladusaw（1982）的分析]。

（21）a. Many of the boxes were stolen.

b. * Many of every box were stolen.

我们再来看汉语的事实。（22a）显示汉语的复数定指性名词短语即使在有"都"的情况下，仍然能跟部分量表达搭配，表达英语most of these students/them的语义①，但（22b）表示相应的"每-NP"却不行。这一差别不仅说明复数定指性名词短语和"每-NP"不同，更说明"每-NP"根本无法提供一个可供部分量作用的复数个体，因而不可能是指称性成分，而一定是量化性表达。

（22）a. 这些学生/他们很多/大多都喜欢金庸。

b. * 每个学生很多/大多都喜欢金庸。

值得注意的是，"所有-NP"跟"每-NP"的表现再次一致，如

---

① Liu（2017）认为"很多/大多"是量化性副词，我们现在认为这种观点并不正确。相反，我们发现这些词可以跟复数定指性名词成分组合，并表示部分量，其结构有可能是[$_{NP}$ 他们（中）很多/大多]。我们提供两个证据。首先，"很多/大多"可以直接跟名词短语结合，如"很多/大多（的）学生"，这说明它们不可能是副词。其次，"很多/大多"不可以约束并量化"一量名"，跟典型量化副词"通常"很不一样，如（i）所示。请见Jin（2018）对汉语表部分量的结构的相关讨论。

（i）a. 一个二次方程通常有两个解。

b. *一个二次方程大多/很多有两个解。

（23）所示，这说明它可能也不是指称性的，而是量化性的。

（23）*所有学生很多/大多都喜欢金庸。

3.2.2.2 量化辖域

我们先来看 Liu（2017）讨论的跟"都"相关的辖域现象。Liu（2017）认为在"每-都"中，决定语义层面∀之辖域的是"每"的表层位置，而非"都"，并据此得出结论，认为是"每-NP"而非"都"贡献了全称量化义。主要证据如（24）所示。（24a）与（24b）的对比说明在"每-都"共现的情况下，如果想得到一个否定在全称量化之上（¬ > ∀）的解读，否定必须出现在"每-NP"之前，如（24a），而不能仅仅出现在"都"之前，如（24b）[相关观察见 Huang（1995）、Li（1997）、Shyu（2004）等]①。

（24）a. 不是每个学生都喜欢金庸。
　　　b. *每个学生不（是）都喜欢金庸。

与"每-都"相反，对"定指-都"来说，如果想得到一个否定在全

---

① 我们在（i）中给出 Li（1997）和 Shyu（2004）的相关例子。值得注意的是，对于（i）中不好的例子，如果把其中的否定移到"每个人"前（并换成合适的否定表达，如"没"换成"不是"），句子就会变得合法，具有 ¬ > ∀ 的语义，符合我们在正文中的讨论。

（i）a. *每个人没都报名。　　　　　　　　　　　　　　(Li, 1997: 154)
　　　 对比，不是每个人都报了名。
　　 b. *每个人没有都看恐怖电影。　　　　　　　　　　[Shyu, 2004, (21b)]
　　　 对比，不是每个人都看恐怖电影。

另一方面，Li（2014）发现"每"和"都"之间可以出现"sentential negation"。Li（2014）举出的两个例子如（ii）所示，从这些例子和我们的语感来看，似乎 Li 所说的"sentential negation"是用在反问句/偏向问句（bias question）中的否定，一般认为这些否定的位置比较高（Romero and Han, 2004）。我们暂时还不清楚这些否定为什么可以出现在"每"和"都"之间。一个可能的解释是这些高位置的否定出现在句子命题之外，因而不受控制量化表达辖域的一般规则[即（29）]的制约，请见下文讨论。

（ii）a. 每个人不/没都做了吗？　　　　　　　　　　　　[Li, 2014, (44a)]
　　　b. 每个人不是都来了吗？　　　　　　　　　　　　[Li, 2014, (54)]

称量化之上的解读,(25b)是最自然的说法,即将否定放在定指性名词短语与"都"之间①。(25b)因而与(24b)形成鲜明的对比。

(25) a. ?不是这些学生/他们都喜欢金庸。
　　　b. 这些学生/他们不(是)都喜欢金庸。

我们在 Liu(2017)的基础上认为,(25b)与(24b)所展现的差异恰恰体现了汉语中指称性和量化性表达的不同,特别是,只有后者决定量化辖域。具体来说,"每-NP"是量化性的,而定指性名词短语是指称性的;又因为汉语是一个典型的表层位置决定量化辖域的语言[即 scope-isomorphic 或称 scope-rigid,见 Huang(1982)以来的讨论],既然只有"每-NP"是量化性的,可以决定辖域,因而只有"每-NP"的表层位置决定语义辖域,即我们所观察到的,如果想获得一个否定在全称量化之上的解读,否定必须在表层置于"每-NP"之上,而对相应的复数定指性名词短语来说,否定无需(甚至不可以)在定指短语之上,只需在"都"之上即可。下面我们更具体地对这一观点进行展开。

先明确我们的句法假设。首先,根据 Shyu(1995)、Li(1997)、Lin(1998a)、Wu(1999)、Constant and Gu(2010)等,我们认为"都"在句法上是一个功能性投射(functional projection)的中心语,且"都"要求其关联的对象移到"都"的指示语(Spec)位置,如(26)所示。

(26)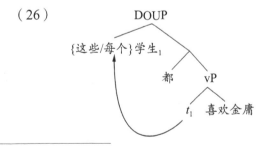

---

① 在我们的调查中,有的人认为(25a)不自然,有的认为可以说,但表达对比含义,如"不是这些学生,而是那些学生,都喜欢金庸",或表达对"是"字句的否定,如"不[是 [这些学生都喜欢金庸]]"。这种偏向性根据下文的讨论可以这样解释:(25b)是由(25a)通过话题化"这些学生"而来;汉语是话题显著型语言,很多人可能倾向于对"这些学生"做话题化,因而对大多数人来说,(25b)比(25a)好。

其次，"都"可以在表层与其关联对象隔开，如（27）中的主语"李四"。我们认为这是因为"都"的关联对象可以进一步进行话题化至更高位置[见Lin（1998a：218）、Constant and Gu（2010，注2）等]，如（28）中的句法树所示①。

（27）a. 这些学生李四都喜欢。
　　　b. 每个学生李四都喜欢。

（28）

```
           TopicP
          ╱    ╲
{这些/每个}学生₁
          李四₂  DouP
              ╱   ╲
             t₁
                都   vP
                   ╱  ╲
                  t₂
                    喜欢  t₁
```

进一步，我们认为"都"的关联对象必须在LF层面（即logical form，语义阐释层面）处于"都"的辖域内②，这在句法上可以实现为

---

① 我们采取句子主语在 vP 内部生成的假设（即 VP-internal subject hypothesis），因此（28）中的主语"李四"在"都"之下生成，并通过移位移至其表层位置，见Lin（1998a）等的讨论。同时，因为该移位与我们正在讨论的话题关系不大，所以没有用箭头将"t₂"与"李四"连起来。

② 本书将"都"看作是only/even/also类的焦点/话题算子[另见Liao（2011）、Xiang（2020）等]，焦点算子总体上需要其关联对象处于其辖域之内（Jackendoff, 1972）。更准确的表述见（i）中的"词汇关联原则"。

（i）Principle of Lexical Association　　　　（Aoun and Li, 1993; Tancredi, 1990）
　　"An operator like *only* must be associated with a lexical constituent in its c-command domain"，即only类算子必须跟其辖域内的某个词汇成分关联。

文献中讨论的支持（i）的例子包括下面的（ii）和（iii），尤其是（iiic），说明虽然even可以向左关联，但其关联对象必须是从even的辖域内移到even的左边的。换句话说，我们也可以认为even要求其关联对象必须在LF层面处于even的辖域内才能被解读。

（转下页）

要求"都"的关联对象必须回移（reconstruct）至"都"的标识语位置进行解读[①]。

（接上页）

（ii）only只能向右关联

　　a. John only will give$_F$ his daughter a new bicycle.

　　b. John only will give his$_F$ daughter a new bicycle.

　　c. John only will give his daughter$_F$ a new bicycle.

　　d. *John$_F$ only will give his daughter a new bicycle.

(Erlewine, 2014; Jackendoff, 1972)

（iii）even可以向左关联，但关联对象的语迹必须在even的辖域内

　　a. John$_F$ will {even/*only} give his daughter a new bicycle.

　　b. John$_F$, they {even/*only} consider intelligent.

　　c. * John$_F$ said that Bill even read *Syntactic Structures*.

(Erlewine, 2018; Nakanishi, 2012)

"都"的相关表现跟even类似。（iv）表明不管是"总括-都"还是"甚至-都"，都需要其关联对象的初始位置在"都"的辖域内。这可以通过对比（iva）与（ivb）及（ivc）与（ivd）得出，前者不好都是因为"都"的关联对象的初始位置并不在"都"下。见Lin（1998a）及Shyu（1995）的相关讨论。

（iv）"都"的关联对象必须有一个语迹在"都"下面

　　a.*这些人说王五都请过李四。　　　　　　　[基于Lin（1998a），(22)]

　　b.这些人，李四说王五都请过。

　　c.*连张三说李四都不喜欢王五。

　　d.连乔姆斯基的书，李四说王五都没读过。

① 除了回移，文献中还有多种句法手段可以使"都"的关联对象在"都"的辖域之内，如Liao（2011）认为"都"的表层位置之上另有一个隐性的EVEN，该隐性EVEN决定"都"的辖域；Liu（2017）认为"都"可以隐性移位[见Karttunen and Peters（1979）、Nakanishi（2012）及Erlewine（2018）关于even移位的讨论]。本章采取的处理方法更类似于Xiang（2020）将"都"前"一量名"回移至"都"后的做法（另见第五章5.3.2节关于"一量名-都/也"的讨论），不同之处在于我们只要求将"都"的关联对象置于"都"的标识语位置，而非其初始位置。进一步，我们可以赋予"都"一个二元的语义[可对比only和even的二元语义，见Wagner（2006）及Crnič（2017）]，这样，"都"的标识语位置便也在其辖域之内。我们在此不过多讨论这些句法细节，感兴趣的读者可以参看Liu（2021，注10）及该文提到的文献。本章（及本书）为展示方便，将"都"处理为句子层面的算子（sentential operator），因此我们实际用于语义组合的LF总是将"都"置于其关联对象之上，如"[都[他们[喜欢金庸]]]"。

我们认为恰恰是该回移操作，即"都"要求其关联对象处于其辖域之内的要求，导致"每-都"与"定指-都"在（25b）与（24b）中有不同的表现，即上文提到的，宽域否定需要放在"每"之前，却可以放在定指成分和"都"之间。具体来说，我们上文已经提到，汉语是一个典型的表层位置决定量化辖域的语言。根据Huang（1982）最早提出的对辖域的制约原则，对两个量化性成分A和B来说，如果A在表层比B高，那么A在LF上也比B高[见（29）；另见Lee（1986）、Aoun and Li（1989）等]①。而这恰恰区分了"每-NP"与定指成分：根据我们的观点，前者是量化性成分，后者不是，因而前者受（29）限制，后者不受限制。

（29）The General Condition on Scope Interpretation
Suppose A and B are both QPs or both Q-NPs or Q-expressions, then if A c-commands B at SS, A also c-commands B at LF.
(Huang, 1982: 220)

更进一步，两者的区别如（30）（31）所示。

（30）

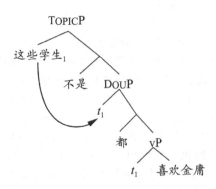

---

① 该原则在Aoun and Li（1989）被称为句法同构原则（the Isomorphic Principle）。

（31）

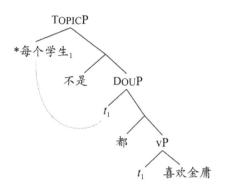

在（30）[即（25b）对应的结构]中，表层的"这些学生"需要在LF层面回移至"都"的标识语位置（即箭头所指t_1位置），而因为"这些学生"不是量化性成分，所以不受（29）限制，来去自由。"每-NP"则与之不同，在（31）[即（24b）对应的结构]中，"每个学生"同样需要在LF层面回移至"都"的标识语位置，但因为"每个学生"是量化性的，所以越过否定回移会造成其LF位置比否定低，但在表层"每个学生"比否定高，这违反了（29），所以该结构不好。换句话说，（31）体现了"每-都"的一种量化阻隔现象。

最后，值得注意的是，根据上述分析，对"每-都"来说，如果要表达否定在全称量化之下的解读（$\forall > \neg$），那么否定一定要出现在"都"之后。这是因为：首先，如上所述"每"和"都"之间不能出现量化性成分，又根据（29），否定如果想在LF层面上出现在"每"之下，就必须在表层也出现在"每"之后，而表层可以出现在"每"之后的位置便只有"都"之后了。这一点也符合事实。在"每-都"中，"每-都-否定"是最自然的表达$\forall > \neg$的方式，如（32）所示。

（32）我们班上每个学生都不喜欢金庸。　　　　　　（$\forall > \neg$）

下面我们给出四点证据支持上述分析，首先，按照上述分析，非量化性表达应该可以出现在"每"和"都"之间，因为越过非量化性表达对"每"进行回移并不会违反(29)。事实确实如此,我们上文给出的(27b)(即"每个学生李四都喜欢","每"与"都"中间隔着专名"李四")已经证明了这一点,(33)中的例子也是如此,且(33b)中出现在"每"与"都"之间的"这些学生"并不阻碍两者的关联,(33b)与(33a)在意义表达上没有什么差别。(34)展现了类似的情况,其中的"每"可以越过"我们"以及"小张、小王、小李和我"与"都"关联。

(33) a. 这些学生每本书都喜欢。
　　　b. 每本书这些学生都喜欢。
(34) a. 奥运期间每天我们都在北京。　　　(李文浩,2013)
　　　b. 奥运期间每天小张、小王、小李和我都在北京。

其次,根据上述量化阻隔的观点,其他量化性成分也应该跟否定一样,不能出现在"每"和"都"之间。事实的确如此,如(35)—(38)所示。这些例子涉及"只有、很少、有、经常"等量化性表达,正如这些例子所体现的,如果要表达Q>∀的解读,该量化成分需要放在"每"前,如以下a例所示。而如果要表达∀>Q的解读,该量化成分需要放在"都"后,如以下中b例所示。将量化成分放在"每"和"都"之间的句子,即以下c例,都不自然。

(35) a. 只有三个学生每本书都喜欢。　　　　(Q>∀)
　　　b. 每本书都只有三个学生喜欢。　　　　(∀>Q)
　　　c. ?? 每本书只有三个学生都喜欢。
(36) a. 很少有人每部电影都看过。　　　　　(Q>∀)
　　　b. 每部电影都很少有人看过。　　　　　(∀>Q)
　　　c. ?? 每部电影很少有人都喜欢。
(37) a. 有人每天都迟到。　　　　　　　　　(Q>∀)
　　　b. 每天都有人迟到。　　　　　　　　　(∀>Q)
　　　c. ?? 每天有人都迟到。

(38) a. 经常每个学生都迟到。　　　　　　　　　　（Q > ∀）
　　　b. 每个学生都经常迟到。　　　　　　　　　　（∀ > Q）
　　　c. ??每个学生经常都迟到。

再次，因为复数定指性名词短语不是量化性的，所以"定指-都"中间应该可以插入除否定以外的量化性成分，而且得到的解读应该跟该量化成分在定指成分前出现时所得到的解读一致。事实的确如此，如（39）所示。

(39) a. 这些书，只有三个学生都喜欢。≈ 只有三个学生这些书都喜欢。
　　　b. 这几部电影，很少有人都喜欢。≈ 很少有人这几部电影都喜欢。
　　　c. 这几天，有人都迟到了。≈ 有人这几天都迟到了。
　　　d. 这些学生，经常都迟到。≈ 经常这些学生都迟到。

最后，上述"每-都"与"定指-都"在辖域上的区别，实际上反映了量化性表达和非量化性表达作为"都"的关联对象所体现的更普遍的差异[见Li（2014）的相关讨论]。下面（40）—（43）的众多例句体现了"所有-都""很多-都""任何-都"以及"任指性疑问代词-都"的表现跟"每-NP"一致，都不允许有量化性成分出现在它们和"都"之间，这表明"所有""很多""任何"以及任指性疑问代词可能都是量化性成分。特别是任指性疑问代词，第四章将指出它们不是变量，而是自带量化义的存在量化词，任指义来源于作用于其量化域的任选增强，这恰恰符合它们在（43）中的表现。另一方面，（44）说明，不管是在定指解读下还是在通指（generic）解读下，光杆名词的表现都跟典型定指性名词短语如"这些学生、他们"相似，这也符合本书的分析，特别是，光杆名词按照Chierchia（1998）的经典分析指称类（kind），正是指称性表达。

(40) "所有"
　　　a. 并非所有人都喜欢这篇文章。

　　　　　对比，所有人都不喜欢这篇文章。
　　　　　对比，??所有人不都喜欢这篇文章。
　　　　　　　　　　　　（对比，他们不都喜欢这篇文章）
　　　　b. 只有三个学生所有书都喜欢。
　　　　　对比，所有书都只有三个学生喜欢。
　　　　　对比，??所有书只有三个学生都喜欢。
　　　　　　　　　　　（对比，这几本书只有三个学生都喜欢）
（41）"很多"
　　　　a. 并非很多人都喜欢这篇文章。
　　　　　对比，很多人都不喜欢这篇文章。
　　　　　对比，??很多人不都喜欢这篇文章。
　　　　　　　　　　　　（对比，他们不都喜欢这篇文章）
　　　　b. 只有三个学生很多书都喜欢。
　　　　　对比，很多书都只有三个学生喜欢。
　　　　　对比，??很多书只有三个学生都喜欢。
　　　　　　　　　　　（对比，这几本书只有三个学生都喜欢）
（42）"任何"
　　　　a. 李四不是任何人都能请。
　　　　　对比，任何人李四都不能请。
　　　　　对比，??任何人李四不（是）都能请。
　　　　　　　　　　　（对比，这些人李四不（是）都能请）
　　　　b. 只有三个学生任何一门课都可以选。
　　　　　对比，任何一门课都只有三个学生可以选。
　　　　　对比，??任何一门课只有三个学生都可以选。
　　　　　　　　　　（对比，这几门课只有三个学生都可以选）
（43）任指性疑问代词
　　　　a. 李四不是什么肉菜都喜欢。
　　　　　对比，什么肉菜李四都不喜欢。

对比，?? 什么肉菜李四不都喜欢。

（对比，这几样肉菜李四不都喜欢）

  b. 只有三个学生哪门课都喜欢。

   对比，哪门课都只有三个学生喜欢。

   对比，?? 哪门课只有三个学生都喜欢。

（对比，这几门课只有三个学生都喜欢）

（44）光杆名词

  a. 书我没都看。　　　　　　　　　　　　　（定指）

  b. 题目只有三个人都做对了。　　　　　　　（定指）

  c. 一来是委员们都没在这儿，二来委员不都是由你我荐举的，开了会倒麻烦。　　　　　　　　　　（定指）

  d. 熊并非都体积很大。　　　　　　　　　　（通指）

  e. 笑若为表现幽默而设，笑只能算是废物或奢侈品，因为人类并不都需要笑。　　　　　　　　　　　（通指）

  f. 北平人也不都是窝囊废！　　　　　　　　（通指）

  上述跟辖域有关的语言事实表明，在有"都"出现的句子里，我们并不能直接说"都"决定了全称量化的辖域[①]，而这似乎正是Lin（1998a）的理论所预测的。相反，在"都"字句的辖域问题上，我们更赞同Li（2014：229）对事实的描述："QPs in Chinese, even when they are paired with *dou*, are still scope-bearing elements, entering into scope relations with other elements, just as in other languages. At the same time, *dou* also bears scope."换句话说，Li认为如果有跟"都"关联的量化性成分QP在"都"字句中，语义上的辖域由QP和"都"共同决定。我们上述的讨论恰恰解释了QP是如何和"都"一起决定辖域的。

---

  ① 文献多讨论（i）这样的对比，并因此认为"都"决定全称量化的辖域（尹洪波，2011）。我们的讨论说明事实实际上更为复杂，如（ia）如果加了"所有"，就必须说"不是所有闪光的都是金子"，而不大能说"?? 所有闪光的不都是金子"。

（i）a. 闪光的不都是金子。　　　　　　　　　　（沈家煊，1999：73）

  b. 闪光的都不是金子。

具体来说，QP才是真正的量化性成分，是实际决定辖域的因素，但同时，因为QP跟"都"关联，要在LF层面出现在"都"的附近（即其标识语位置），所以"都"的表层位置也在一定程度上体现了QP被语义解读的地方，即反映了其量化辖域。再加上汉语表层位置决定量化辖域的特点，我们得以成功解释"都"与量化性成分关联时的复杂表现。

3.2.2.3 真分配性全称量化

我们继续讨论"每-都"和"定指-都"的不同。我们发现，虽然两种结构都表达全称量化，但这两种全称量化的能力大不相同，具体来说，"每-都"表达真正的分配性全称量化，因而可以允准一些真分配性全称量化才能允准的语言现象，如量化内部的指代现象（quantifier-internal anaphora, Brasoveanu, 2011）；而"定指-都"虽然也表达直观上的全称量化义，但却不能允准此类现象，所以不是真正的分配性全称量化。又因为"每-都"和"定指-都"都有"都"，所以造成两者不同的一定是"每-NP"和复数定指性名词短语自身的区别，因此我们可以得出结论是"每-NP"贡献了真正的分配性全称量化义。

我们先从英语的different来看。（45a）表明英语的every作为典型的分配性全称量化词可以允准单数different的句内解读。所谓句内解读，指的是所有比较对象都出现在句子内部，即我们在比较各个男孩彼此之间所读的书[①]。与every不同的是，复数定指性名词短语如（45b）中的the boys，并不能允准单数different的句内解读，要想得到句内解读，含有different的名词短语必须是复数性质的，如（45c）所示。尤其值得注意的是，跟every不一样，all虽然也表示直观上的全称量化（即"Every

---

[①] 我们可以比较（45a）与（ia）。（ia）是典型的different的句外解读，即其比较对象在它所在的句子之外，在（ia）中是前面句子提到的The Raven。同时需要注意，（45a）也允许句外解读，如（ib）。（ib）说的是每个男孩读的书都跟老师要求的不一样，在这种解读下，这些男孩们读的书彼此之间无须不同。

(i) a. John read The Raven. Then, Bill read a different poem.
　　b. The teacher asked the boys to read The Raven, but every boy read a different book.

boy read a book"跟"All the boys read a book"基本同义），但并不能允准单数 different的句内解读，如（45d）所示[见Carlson（1987）、Brasoveanu（2011）、Bumford（2015）等对相关事实的刻画]。据此，Brasoveanu（2011）及Bumford（2015）等认为every才是真正的分配性全称量化，而all和定指性名词短语虽然也可以表示直观上的量化义，但并不是真正的分配性全称量化表达。

（45）a. Every boy read a different book. （可以有句内解读）
　　　b. The boys read a different book. （不可以有句内解读）
　　　c. The boys read different books. （可以有句内解读）
　　　d. All (of) the boys read a different book.
　　　　　[不可以有句内解读，见 Brasoveanu（2011），(18)]

下面我们来看汉语的事实。我们发现，"每-都"和"定指-都"也体现类似的差异。具体来说，在（46a）中，语义上单数性质的"一本不同的书"可以在"每-都"之下很自然地取句内解读，即（46a）可以很自然地表达，对每两个学生a和b来说，a和b选的书都不同。与之不同的是，在（46b）中，相应的"定指-都"之下的"一本不同的书"很难取得句内解读，即（46b）最自然的解读是这些学生都选了一本跟语境中已经讨论过的书不同的书（他们彼此选的书可能相同也有可能不同）。如果想让"不同"在"定指-都"句中有句内解读，相应的含有"不同"的名词短语必须是语义上的非单数，如（46c）。换句话说，"每-都"和英语的every类似，而"定指-都"和英语的all类似。

（46）a. 每个学生都选了一本不同的书。 （可以有句内解读）
　　　b. 这些学生/他们都选了一本不同的书。 （很难有句内解读）
　　　c. 这些学生/他们都选了不同的书。 （可以有句内解读）

（47）体现了类似的现象。（47a）很自然地表达李四每天去的馆子都不同，而（47b）不能表达这个意思，相同的意思只能用（47c）

表达。

(47) a. 李四每天都去一家不同的馆子吃午饭。（可以有句内解读）
　　　b. 李四这些天都去一家不同的馆子吃午饭。（没有句内解读）
　　　c. 李四这些天都去不同的馆子吃午饭。（可以有句内解读）

我们在(48)中进一步给出了语料库中的一些例子。这些例子中的单数性质的"不同"在"每-都"下都很自然地表达了彼此不同的句内解读。而且，根据我们的语感，这些"每-NP"都不可以换成定指性名词短语，如"?? 这些图画都是一个不同倾斜角度的R""?? 这几次抢救，都是一个不同的故事"。如果一定要用"定指-都"，必须用非单数性的"不同"，如"这些图画都是不同倾斜角度的R""这几次抢救，都是不同的故事"。

(48) a. 每幅图画都是一个不同倾斜角度的R，有正有反。
　　　b. 每一个叠加都是一个不同的计算，当所有这些计算都最终完成之后，我们再对它进行某种纠正运算，把一个最终我们需要的答案投影到输出中去。
　　　c. 每一次抢救，都是一个不同的故事。
　　　d. 事实上我们每个人都是一个不同的词。
　　　e. 云南的藏族除夕晚餐家家吃面团（类似于饺子），在面团里分别包有石子、辣椒、木炭、羊毛，每一种东西都有一种不同的说法，比如吃到包石子的面团，说明在新的一年里他心肠硬；而吃到包羊毛的面团，表示他心肠软。
　　　f. 波音公司在13个制造阶段中的每一个阶段里，都有一个不同的电脑系统跟踪飞机部件。
　　　g. 说起过节和观灯，每人都有一份不同的经验。
　　　h. 社会生活的每一个部分，都好像是由一组具有不同特性的人们居住的。

上述(46)—(48)说明在汉语中只有"每-都"才能允准单数性

"不同"的句内解读,"定指-都"并无此能力。既然英语中只有every等真正的分配性全称量化词(包括each, one by one, whatever等)才可以允准单数性different的句内解读[如(45)所示[①]],这表明只有"每-都"才相当于英语的every。又因为"每-都"和"定指-都"都有"都",所以"每-都"的这一能力只能来自"每",也就是说,汉语的"每"贡献了真正的分配性全称量化义。

我们再举出一些额外的事实来证明上面的观点。首先,"定指-都"句中还可以再加一个表示分配的成分,如"各自"(Xiang, 2020)。我们发现,加了"各自"的"定指-都"句可以很自然地跟单数性"不同"结合且表达彼此不同的句内解读,如(49a)所示。同时,如果我们把(46b)(即"这些学生都买了一本不同的书")中的"都"直接换成"各",那么得出的句子也可以很自然地表达彼此不同的句内解读,如(49b),而这跟英语用each的句子相似,如(49c)。这从侧面说明"各"才更像是分配算子[见李宝伦等(2009)对"各"的讨论],"都"不是。这也符合前人用"总括"(吕叔湘,1980)而非"分配"来描述对"都"的语感。

(49) a. 这些学生各自都选了一本不同的书。 (可以有句内解读)
    b. 这些学生各选了一本不同的书。 (可以有句内解读)
    c. They each bought a different book. (可以有句内解读)

其次,单数"不同"的句内解读实际上属于一种更普遍的分配量化所

---

① Brasoveanu(2011:165)更是从跨语言角度证实了这一现象。(i)是匈牙利语的例子,(ia)显示该语言典型全称量化词minden可以允准单数mas-mas'不同'的句内解读,但如果是定指性名词短语,那mas-mas所在的名词短语须是复数,如(ib)所示。

(i) a. Minden fiu mas-mas verset szavalt el.
       Every boy other-other poem.Acc recite away.
       '每个男孩都朗诵了一首不同的诗。'
    b. A fiuk mas-mas verseket szavaltak el.
       The boys other-other poem.pl.Acc recite away.
       '这些男孩都朗诵了不同的诗。'

特有的量化内部的指代现象（quantifier/distributivity-internal anaphora）。大致来说，Brasoveanu（2011）等认为只有分配性量化才能在全称量化内部同时引入两个所指对象（discourse referent），如"学生$_1$""学生$_2$"，从而允许我们比较这两个对象所关联的对象（即买的书）是否相同。①除了"不同"，还有一些形容词的内部比较义也需要用到两个所指对象，因此也只能出现在真正的分配量化之下（Beck, 2000; Brasoveanu, 2011; Bumford, 2015）。我们在汉语中也发现了同样的现象。下面的几个例子均说明"每-都"可以允准单数名词短语中形容词的内部比较解读，但"定指-都"却不可以。例如，（50a）说的是小米今年推出的手机每一款都比前一款用了一块更大的屏幕，而（52a）说的是李四每天的想法都比前一天的新。如以下各b句所示，这些解读均不能用相应的"定指-都"。

（50）a. 小米今年推出了不少新手机，每款都采用了一块更大的屏幕。　　　　　　　　　　　　　　　　（可以有句内解读）
　　　　b. 小米今年推出了不少新手机，这些手机都采用了一块更大的屏幕。　　　　　　　　　　　　　　（没有句内解读）
（51）a. 李四写过不少关于"都"的文章，每篇文章都提供了一个新的视角。　　　　　　　　　　　　　　（可以有句内解读）
　　　　b. 李四写过不少关于"都"的文章，这些文章都提供了一个新的视角。　　　　　　　　　　　　　　（没有句内解读）
（52）a. 李四每天都有一个新想法。　　　（可以有句内解读）
　　　　b. 李四这些天都有一个新想法。　　（没有句内解读）

上述有关形容词内部比较义的语言事实进一步证实了"每-都"与"定指-都"的不同。更广泛地看，本小节讨论的内容说明虽然"每-都"与"定指-都"都在直观上表示全称量化，可以有相同的真值条件（如"学生们都买了两本书 ≈ 每个学生都买了两本书"），但两者涉

---

① 我们在此不打算展示这些分析的技术细节，请见Brasoveanu（2011）和Bumford（2015）用动态语义学（dynamic semantics）的方法对这些现象的处理。

及不同类型的全称量化。实际上，根据Brasoveanu（2011）的说法，我们讨论的单数"不同"正是一种对分配敏感的表达（distributivity-dependent item），并可以用来测试不同类型的全称/分配量化，从而揭示相关全称/分配量化的本质。我们在本小节正是运用了这一测试，测试的结果证明"每"才与every类似，贡献了真正的全称量化义，是汉语真正的全称量化词。

总结整个3.2节的内容。3.2节讨论了大量语言事实，这些事实均指向一个结论，即现代汉语的"每-NP"是具有真正量化义的全称量化表达。我们在（53）对相关事实进行了总结。

（53）支持"每-NP"量化性的证据

a. "每-NP"不具有复数定指性名词短语的两大特性，即同质性与允许非最大化解读；相反，即使在没有"都"的情况下，"每-NP"也始终保持其最大化全称量化义，不管是在肯定环境还是在否定环境，都跟英语的every-NP一致。

b. 即使在没有"都"的情况下，"每-NP"仍然可以跟对量化敏感的表达搭配。在这一点上，"每-NP"跟英语的every-NP一致，跟复数定指性名词短语的表现截然相反。

c. 跟英语的every-NP一致，"每-NP"不能跟表示部分量的成分搭配；与之相反，复数定指性名词短语即使在有"都"的情况下依然可以跟表示部分量的成分搭配。

d. 即使在有"都"的情况下，"每-NP"仍然决定了语义上∀的辖域，与"定指-都"截然不同。

e. 跟"定指-都"不同，"每-都"可以自然地允准单数"不同"的句内解读及其他量化内部之指代现象，而这些现象跨语言来看都需要真正的分配性全称量化。

在上述语言事实的基础上，我们认为现代汉语的"每-NP"跟英语的every-NP一样，是典型的全称量化表达。另一方面，如果"每-NP"是量化性的，那么"都"就不大可能是量化个体的全称量化词（包括分配算子），否则就会出现双重量化的问题（袁毓林，2012；徐烈炯，2014；吴义诚、周永，2019）。这恰恰符合我们在本书第二章得出的结论，即"都"不表示全称量化义，而是一个总括话语话题的预设性质的焦点/话题副词。为使本章内容完整自洽，下一节简要介绍这一分析[基于Liu（2017）及本书第二章]，并举出更多事实支持这一分析。

3.3 "都"是预设性的最强算子

我们根据Liu（2017）及本书第二章的内容，认为"总括-都"是一个总括话语话题的"总括算子"，话语话题即当前句子针对的问题，即QUD（question under discussion）。我们也讨论了如何从"总括-都"到"甚至-都"，提出两者均表达跟"都"结合的句子S在QUD中是最强的可能答案，前者表明S在逻辑上蕴涵其他命题，而后者表明S最不可能。同时，QUD跟句子因焦点/话题而激活的选项集有密切关系（Roberts，2012；Büring，2003），因而，从形式的角度来看，"都"是一个对句子选项敏感的算子（alternative sensitive operator），在这一点上我们跟Liao（2011）及Xiang（2020）的观点一致。

具体来说，我们认为"都"的语义如（54）所示，"都"加在一个句子S上，虽然没有增加断言义（即常说的truth-conditionally vacuous），但贡献了一个预设，"都"预设与"都"结合的句子（即 S）是当前语境下最强的选项，也即比其他所有相关选项（即C里的命题）都强[①]。换句话说，"都"是一个表示句子强度的最强算子。从这个角度来看，

[①] （54）中的 C 即第二章用的[[都]]^{QUD}的上标QUD，也是我们常说的语境中相关的选项集。第二章为了表达直观的需要，将QUD作为一个决定句子语义的参项，即语境的一部分，所以放在上标的位置。本章遵循选项语义学的一般做法，将语境中相关的选项集作为选项敏感算子的一个论元，即其量化域，放在其下标位置，也即（54）"都$_C$"中的C。

我们的分析继承了徐烈炯（2014）的"都"表示程度的主要观点[另见吴义诚、周永（2019）的相似观点]。

（54）$[\![都_C S]\!] = [\![S]\!]$ 仅当 $\forall p \in C [p \neq [\![S]\!] \rightarrow [\![S]\!] > p]$
　　　　断言　　　预设
　　（$>$ 可以是 $<_{可能性}$ 或 $\Rightarrow_{蕴涵}$）

更进一步，（54）表明至少有两种方式可以衡量句子的强度，即可能性或逻辑蕴涵[1][2]。而正如我们在第二章所提到的，这恰恰对应着"都"的两种主要用法："甚至-都"表示在可能性维度上，"都"所在的句子最强，即该句子比当前语境下其他选项句都更不可能；而"总括-都"表示在逻辑蕴涵上，"都"所在的句子最强，即该句子蕴涵当前语境下所有相关选项句。

我们以（55）为例说明这一分析。（55a）体现了"甚至-都"的典

---

[1] 值得注意的是，（54）中的$>$和$<_{可能性}$的箭头方向看起来不一致，这是由于我们采用了文献中常用的"可能性"而非"不可能性"来表达该关系。直观上，越不可能为真的句子提供的信息越显著，所以越强。也就是说，如果$A <_{可能性} B$，那么其实是A比B强，也即$A > B$。$\Rightarrow_{蕴涵}$也是类似，$A \Rightarrow_{蕴涵} B$ 表示 A 蕴涵 B，也即$A > B$。

[2] 我们在3.2.2.2小节提到可以给"都"一个二元的语义。该语义如（i）所示。（i）大致说的是，"都"有两个论元（即二元），分别为其后的动词短语[即（i）中的B]和其左边的关联对象[即（i）中的A]。"都"跟B和A结合后，要求（即预设）B和A组合的结果比B和A的选项[即（i）中的$[\![A]\!]_{alt}$]组合的结果都要强；如果该要求被满足，则整个句子的意思等于B和A组合的意思[即（i）中的$[\![B]\!]([\![A]\!])$]。

　　（i）$[\![A [都 B]]\!] = [\![B]\!]([\![A]\!])$ 仅当 $\forall A' \in [\![A]\!]_{alt} [B(A) > B(A')]$

（i）中的二元语义基本和（54）中给出的"都"的语义等同。而且二元语义的好处是可以解释为什么"都"的关联对象基本在左边，因为正如二元的及物动词一样，两个论元要分别跟其组合，因此一右一左。值得一提的是，Lin（1998a）对"都"的分析（即将"都"看成是分配算子），以及传统的全称量化分析都是将"都"看成是二元算子。本书为了表述方便，且基于（54）和（i）基本等同，还是采取（54）这样的语义。

型用法[①]。根据（54），这里的"都"预设了"李四读五本书"比语境中其他选项句如"张三读五本书"更强，而这里的强度显然是可能性（因这些句子之间没有蕴涵关系）。因此，（55a）预设了"李四读五本书"比其他选项句更不可能，即李四读五本书比语境中相关的其他人读五本书更不可能，这直截了当地刻画了此句中"都"的甚至义，实际上也正是Karttunen and Peters（1979）对even的经典分析[②]。

（55）a.（连）李四都读了五本书。　　　（重音在"李四"）
　　　b.张三和李四都读了五本书。　　　（重音在"都"）

再来看（55b）。（55b）代表了"都"的总括（或称分配）用法。具体来说，这里的"都"预设了与之结合的句子蕴涵了当前语境下的所有选项。如果假定这里的选项是"张三读了五本书"与"李四读了五本书"[③]，那么跟"都"结合的句子，即"张三和李四读了五本书"，必须在分配解读下才能蕴涵这两个选项，也即"张三和李四（各）读了五本书"蕴涵"张三/李四读了五本书"。换句话说，"蕴涵-都"因为

---

① 我们遵循Paris（1979）、Shyu（1995）、李文山（2013）、Xiang（2020）等的做法，认为"连-都"中的"连"并不贡献甚至义。证据之一是"连"总是可以省略，但只要有重音，整个句子仍然可以表达甚至义。证据之二是有些情况"都"虽不能加"连"，但仍然可以表示主观甚至义。如陈小荷（1994）观察到的"人家六岁都上学了"不能加"连"但仍然表示主观大量。又如表"已经"的"都$_3$"，一般认为和表"甚至"的"都"是一个"都"（王红，1999；张谊生，2005；周韧，2019），都表示"主观低概率的实现"（周韧，2019），但"都$_3$"多向右关联，所以基本上不能加"连"，如"他都买了十几件了"，无处加"连"，但仍然表达主观上的甚至义。根据上述两点证据，我们认为甚至义来源于"都"而非"连"。

② Karttunen and Peters（1979）认为even还有一个追加性预设（additive presupposition），即[even S]要求有一个不同于S的选项为真，如"Even John came"预设有一个不是约翰的人来了。对于even是否有该预设，文献中多有争议[见Francis（2019）第三章的讨论]。下文将讨论"甚至-都"是否有该追加义，另见本书第五章5.2.1节对"也"的讨论。

③ 根据选项语义学的一般做法，"张三和李四"作为合取可以激活其合取支作为选项（即domain alternatives），见本书第四章及第五章的相关讨论，另见本书第二章对相关例子的讨论。

它的预设，要求分配解读的出现，这造成了"都"在（55b）所体现的"分配效应"[对比Szabolcsi（2015：181—182）对日语 mo 的分配效应的分析]。

上述对"都"的分析说明，"都"虽然没有贡献真值条件，即没有贡献分配义，但仍然能通过其预设来影响句子的真值条件义。我们现在来看文献中经常提到的一类支持"都"有量化作用（分配或全称量化）的例子，即（56）。（56）中"都"与否定的相对位置决定了句子的真值条件义。具体来说，（56a）的"都"在否定之下，整个句子取¬ > ∀的解读，而（56b）的"都"在否定之上，整个句子取∀ > ¬的解读，这似乎表明"都"是量化表达，因而可以决定辖域①。

（56）a. 他们没都读五本书。　　　　　　　　　　　（¬ > ∀）
　　　b. 他们都没读五本书。　　　　　　　　　　　（∀ > ¬）

事实证明，我们的分析同样可以很好地刻画（56），道理十分简单：既然"都"的预设可以影响句子的解读，那么在什么地方核查"都"的预设也可以影响句子的解读。特别是，"都"在句中实际出现的位置决定了我们应该在什么地方核查"都"的预设以及"都"所关联的选项集，我们称之为"都"的辖域（对比even/only/also的辖域）。对（56a）来说，因为"都"出现在否定之下，所以其预设在否定之下被核查，又因为如上文所述，"都"的预设会要求分配解读，因此分配义也出现在否定之下，这也是（56a）得到¬ > ∀解读的原因。至于（56b），因为"都"在否定之上，所以当我们核查"都"的预设时，特别是计算相应的选项集的时候，要包括否定，也正因如此，只有该句子取∀ > ¬才能蕴涵一个个含有否定的选项，满足"都"的预设。

我们现在进一步展开上述的观点。首先，因为"都"不贡献分配义，所以我们要明确分配义是怎么来的。我们采取第二章的观点[基于Liu（2017）]，认为是一个隐性的分配算子导致了分配义。该隐性分配

---

① 3.2.2节讨论了有"每"及其他量化表达的"都"字句如何决定量化辖域，但未讨论"定指-都"句中辖域如何确定，这里我们讨论的正是这一问题。

算子如（57）所示，不难发现，这其实就是Lin（1998a）对"都"的分析[对比本章3.1节中的（3）]，只不过在我们的分析中，"都"并不直接贡献分配义，而是通过其预设要求句中必须有一个隐性的Dist。

（57）$[\![Dist]\!] = \lambda P \lambda x \forall y[y \leq_{ATOM} x \to P(y)]$

我们在第二章举出了一些证据说明，汉语的一些句子即使没有"都"，也有分配义，如（58A），作为对（58Q）的回答，该句很自然地可以有张三和李四各买了五本书的解读，该分配义可以通过让（58A）带一个隐性Dist直截了当地处理。

（58）Q: 谁买了五本书？

A: 张三和李四买了五本书。

有了隐性Dist，我们可以更清楚地描述蕴涵性"都"对分配义的要求，这其实相当于蕴涵性"都"要求有一个分配算子在其辖域内。

接下来，我们具体来看怎么确定"都"的辖域。我们从"甚至-都"入手来看[①]。Shyu（2018）发现，汉语的"甚至-都"跟英语的even有一个很重要的不同，即汉语的"甚至-都"从来不会越过一个更高的否定成分被解读，即其辖域永远不会超过一个在其之上的否定。我们以（59）为例来看这一点。

（59）a. Nobody even understands *Syntactic Structures*.

→《句法结构》简单

b. 没有人连《句法结构》都懂吧。→《句法结构》难

c. 连《句法结构》都没有人懂吧。→《句法结构》简单

首先，（59a）中的even很明显地表达了《句法结构》很简单。而

---

① 正如第二章所述，我们认为只有一个"都"[遵循Shyu（1995），蒋严（1998），Xiang（2008），蒋静忠、潘海华（2013），徐烈炯（2014），Xiang（2020），吴义诚、周永（2019）等]，所以默认"甚至-都"和"总括/分配-都"具有同样的性质。

这可以通过让even在否定之上被解读来解释①。因为even预设了其所在的句子比该句子的选项句都更不可能，所以在否定之上解读意味着其辖域包括否定，即"没有人懂《句法结构》"比"没有人懂其他书"更不可能，换句话说，有人懂《句法结构》是最可能发生的，而这恰恰意味着《句法结构》是一本很简单的书，正确地解释了我们对这句话的语感。

再来看汉语跟（59a）相应的句子（59b），即"没有人"在表层处于"甚至-都"之上。我们发现（59b）跟（59a）表达完全不同的量级含义，（59b）非但不表示《句法结构》简单，反而表示《句法结构》难，而这恰恰对应在否定之下核查"都"的预设，即"都"表达"有人懂《句法结构》"最不可能发生，即《句法结构》难。在汉语中要表达《句法结构》简单的意思，必须将"都"在表层放在否定之上，如（59c）。

换句话说，汉语的"甚至-都"跟英语的even不同，其表层位置就是其LF位置。如果"都"在表层处于否定之下，那么其阐释位置（即LF位置）也在否定之下。这一点我们也可以通过对比（60）中的两句话来得出，这两句话中（60a）有否定，（60b）没有否定，但两句表达同样的量级含义，即《句法结构》难，而这意味着（60a）中"都"上面的否定对"都"表达什么样的甚至义并不起作用。换句话说，（60a）

---

① 这在文献中被称为关于even的辖域理论，即假设even可以取不同辖域，见Karttunen and Peters（1979）。除了辖域理论，还有Rooth（1985）的歧义理论，即认为有两个even，两者有不同的预设。我们通过（i）来稍微说明这两种理论。

（i）I refuse to believe that Bill even understands [Syntactic Structures]$_F$。

（i）有歧义，既可以表示"我不相信比尔连《句法结构》都懂"（即《句法结构》难），也可以表示"我连《句法结构》都不相信比尔懂"（即《句法结构》简单）。按照辖域理论，这两种意思源于既可以在refuse（相当于一个否定成分）之下解读even，也可以在refuse之上解读even，也即even可以有不同的辖域。按照歧义理论，英语有两个even，一个出现在肯定环境，表示其所在的句子比其他选项句都更不可能，另一个出现在否定环境，表示其所在的句子比其他选项句都更可能。对（i）来说，我们既可以在that从句内处理even，也可以在整句处理even，前者对应着（局部）肯定even，后者对应着否定even。见Nakanishi（2012）及Erlewine（2018）关于这一话题的不同观点。

中"都"的辖域不包括否定,"都"在否定之下被解读。

(60) a. 没有人连《句法结构》都能看懂吧。 →《句法结构》难
b. 李四连《句法结构》都能看懂吧。 →《句法结构》难

我们认为"甚至-都"和"总括-都"具有同样的辖域特征。回到(56)(重复如下),这意味着,(56a)中"都"的辖域不包括否定,其LF如(56a)中的LFa所示。根据该LF,"都"因为其预设,要求与之结合的句子即"他们读五本书"蕴涵其选项如"张三读五本书"(张三是他们中的一员①),而为了满足该预设,"他们读五本书"中必须有一个隐性Dist,如LFa所示。因为Dist引入全称量化,且在否定之下,所以整个句子取 ¬>∀ 解读。

(56) a. 他们没都读五本书。
LFa: [没[都[他们[Dist 读五本书]]]]   (¬>∀)
b. 他们都没读五本书。
LFb: [都[他们[Dist [没读五本书]]]]   (∀>¬)

再来看(56b)。该句中否定在"都"之下,所以"都"的辖域包括否定,其预设要求"他们没读五本书"蕴涵其选项如"张三没读五本书",而这一预设只能通过在否定之上添加Dist满足,如(56b)中LFb所示,因此整个句子取 ∀>¬ 解读。至此,我们解释了"定指-都"中的辖域如何确定。

我们简单总结一下,上述讨论展示了"都"虽然没有真值含义,但仍可以通过其预设来决定句子的解读。具体来说,在复数定指性名词短语跟"都"搭配的句子里,"都"的预设会迫使其辖域出现一个隐性分配算子,而正是该分配算子改变了句子的真值条件,即施加了分配义(或称全称量化义)。又因为"都"的表层位置决定了我们应该在什么地方核查其预设,所以其表层位置影响了句中隐性分配算子的位置,因

---

① 关于复数定指性名词短语可以激活选项的假设,请见Malamud(2012)及Križ and Spector(2020)等。

而造成"都"决定量化辖域的表象。换句话说,前人认为"都"是全称量化副词,我们认为主要根据的便是"都"看起来似乎有量化表达的两大特点,即有"量化力"(force)与"量化辖域"(scope)。而上述讨论显示,"都"的量化力与量化辖域都可以被我们的分析所解释。而且,我们的分析的优点是不仅能刻画"都"跟复数定指性名词短语搭配时所展现的量化力与量化辖域,而且能刻画"都"跟真正的量化表达如"每-NP"搭配时的表现,正如我们在3.3节所看到的,在"每-都"中,决定量化力与量化辖域的都不是"都",而是"每"。

除了上述优点(以及第二章我们讨论的优点,即该分析不仅可以描述"都"的语义,还能描述其语用),我们的分析还在某种程度上结合了形式语言学文献中两种对"都"的很有影响的分析,即"都"的分配算子观和"都"的最大化算子观。我们前文已经介绍了Lin(1998a)将"都"看成是分配算子的分析[①],在这种分析下,"都"大致跟英语的each类似。除了"都"的分配算子观,还有一些学者,如Giannakidou and Cheng(2006)、Xiang(2008)、Cheng(2009)等,将"都"看成是一个最大化算子,跟英语的the类似[②]。我们用(61)来说明这两种分析。

(61) a. 三个学生都买了五本书。　　　　　　(重音在"都")

　　　b. The three students each bought five books.

首先,正如(61a)对应的英语句子(61b)所示,这里的主语NP"三个学生"须取定指解读[③],且VP"买了五本书"须取分配解

---

① Li(1997)、Yang(2001)、Portner(2002)、Chen(2008)、Zhao(2019)、周韧(2021)、Chen(2021)等都持这种观点(或类似的观点)。

② Giannakidou and Cheng(2006)给"都"的语义如(i)所示,这基本上是将"都"看成是ι算子,而ι经常被用来分析定冠词如英语的the。正如Giannakidou and Cheng(2006: 175—176)所明确提出的:"In our analysis, ... dou is the iota operator (like the definite article o in Greek)."

　(i) $[\![都]\!] = \lambda P_{<s,et>} \; \iota \; (\lambda w \lambda x.P(x)(w))$　　　　[Giannakidou and Cheng, 2006, (76)]

③ 见Cheng and Sybesma [1999,(57b)]与Constant and Gu [2010,(16)]对"数量名"跟"都"关联表定指的观察,另见我们第二章讨论的徐颂列(1993)的观察。

读。前者体现了"都"的最大化效应（即"三个学生"是当前语境下最大的由学生组成的组合，即唯一的由三个学生组成的组合），相当于（61b）中the的作用；后者便是"都"的分配效应，相当于（61b）中each的效果。

但（61a）带来的问题是，其中的"都"既贡献了the的语义，也贡献了each的语义。如果我们把"都"看成是分配算子（即each），明显无法解释其the的贡献；而如果我们把"都"看成是最大化算子（即the），则明显无法解释其each的贡献。

我们的分析恰恰解决了（61a）的问题，它既解释了"都"的分配效应，同时也解释了其最大化效应。具体来说，我们认为（61a）（在当前讨论的解读下）中的"都"是基于蕴涵的"都"①，即该"都"要求与其结合的句子蕴涵当前语境下的所有相关选项。我们进一步认为（61a）中的选项由"都"的关联对象即"三个学生"激活，而其他选项跟不同数量的学生有关，即"（有）两个学生买了五本书""（有）五个学生买了五本书"。这时我们发现，如果想让"（有）三个学生买了五本书"（即跟"都"结合的句子）蕴涵所有选项，那么这些选项之间必须要有蕴涵关系，而这要求该 VP 必须取分配解读："有三个学生各买了五本书"才会蕴涵"有两个学生各买了五本书"。反之，在合取解读下（包括collective/cumulative解读），如"有三个学生一起买了五本书"，不会蕴涵"有两个学生一起买了五本书"。这解释了（61a）中"都"的分配效应，也跟我们在前文对"都"的分配效应的处理一致。

同时，要使跟"都"结合的句子蕴涵所有相关选项，语境中只能有不多不少三个学生。我们可以对比（62）与（63）。（62）代表了语境中只有三个学生的情况。正是因为语境中只有三个学生，所以相关选项不可能有"（有）四个学生买了五本书"（及四个以上的学生），因而与"都"结合的句子得以蕴涵相关选项集中的所有选项，从而满足

---

① 当然，"三个学生都买了五本书"也可以取"甚至"解读，这时重音通常放在"三"上，表示学生虽少，买的书却不少的意思，这个意思涉及了"甚至-都"，即基于可能性的"都"。

"都"的预设，如（62）所示。

（62） $C_{=3}$ $\begin{cases} 有三个学生买了五本书（与"都"结合的句子，最强），\\ 有两个学生买了五本书，\\ 有一个学生买了五本书 \end{cases}$

（63） $C_{=4}$ $\begin{cases} 有四个学生买了五本书(q)，\\ 有三个学生买了五本书（与"都"结合的句子，并非最强），\\ 有两个学生买了五本书，\\ 有一个学生买了五本书 \end{cases}$

（63）则不同，这时语境中有多于三个学生，具体来说有四个学生。因此相关选项集中不仅有"（有）一/两/三个学生买了五本书"，而且有"（有）四个学生买了五本书"，即（63）中的q。不难发现，此时与"都"结合的句子并非蕴涵该选项集中的所有选项，因此"都"的预设不能得到满足，这表示（61a）在该语境中并不合适（infelicitous）。

换句话说，上述（62）与（63）的区别说明要满足"都"的预设，（61a）中的句子，即"三个学生都买了五本书"只能出现在只有三个学生的语境，而这正相当于文献中所讨论的最大化/定指效应（对比 the three students 预设了语境中只有三个学生）。①

---

① 值得注意的是，像（61a）这样"都"前表示定指的"数量名"不能加"有"。"有三个学生都买了五本书"只能表示买了五本书的学生数量多，超过了说话人的预期，而语境中学生总数一定要超过三个，也即这里的"有三个学生"不能用在定指环境下。这也是一种预设最大化现象（见本书第二章及本章3.4节的讨论）。正如英语的 three students 在语境中只有三个学生的情况下不能说，要用 the three students，因为后者比前者多了一个唯一性的预设。同样，"有三个学生都买了五本书"在语境中只有三个学生的时候也要让位于"三个学生都买了五本书"。更具体一点，我们根据 Jenks（2018）及 Dayal and Jiang（2021）的分析，认为汉语中有一个隐性的定冠词，即常说的 ι。ι 有一个唯一性预设[Jenks, 2018, （22）]，而"三个学生都买了五本书"实际上包含了ι，即该句子实际的LF为"[都[[ι 三个学生] [Dist 买了五本书]]]"，因为ι增加了一个额外的唯一性预设，所以在语境中只有三个学生时，我们一定要用"[都 [[ι 三个学生] [Dist 买了五本书]]]"，而不是"[都 [有 [三个学生] [Dist 买了五本书]]]"（我们认为"有"没有预设，表示存在量化，且存在句有定指效应）。当然，这里的讨论还很初步，现代汉语"数量名"作定指的问题十分复杂，我们留待另文讨论。

总结上文的讨论，我们发现将"都"看成是句子层面的最强算子（基于蕴涵或可能性，我们当前讨论的情况涉及基于蕴涵的"都"），不仅可以解释其分配效应，也可以解释其最大化效应。具体来说，有了前者才能满足选项之间的蕴涵关系，而后者确保了跟"都"结合的句子蕴涵所有选项。换句话说，句子层面的最强即等于对VP的分配解读加上对NP的最大化解读（strongest = distributivity+maximality）[①]，从这个意义上来说，我们的分析融合了前文所提到的两种看法，即"都"的分配算子观和"都"的最大化算子观。

综合上文的讨论，我们认为将"都"看成是最强算子的做法（i）可以将"都"的不同用法统一起来[②]，（ii）同样可以刻画"定指-都"句中"都"的分配效应和决定分配/量化辖域的现象，（iii）既可以刻

[①] 需要注意的是，这里讨论的"都"的最大化效应是一种定指现象，跟文献中讨论的另外一种最大化现象，如（i）所示（Xiang, 2008；徐烈炯, 2014；冯予力, 2018），并不一样。大致来说，我们讨论的最大化效应是外部的（external），跟"都"关联的对象在语境中的地位有关；而（i）体现的最大化解读是内部的（internal），跟"都"的关联对象内部的组成部分有关。

（i）a. 孩子们去了公园。
　　b. 孩子们都去了公园。　　　　　　　　　　[Xiang, 2008, (30) (31)]
具体来说，（ia）其实体现了我们在3.2.1节讨论的复数定指名词短语的非最大化解读，即在不是所有孩子们都去了公园的情况下，（ia）也可以为真。与（ia）相反，（ib）并没有这种非最大化解读，这便是Xiang（2008）所说的"都"强制性地要求最大化解读的现象。在这一现象上我们同意李文山（2013）的观点，认为（ib）所体现的最大化解读并非直接来自"都"，证据之一来自否定句，如（ii）。（ii）没有"都"，但也只有最大化解读，即只要有一个孩子去了公园，（ii）便为假。

（ii）孩子们没去公园。
我们初步认为（ib）和（ii）的最大化解读都来源于一个隐性的分配算子[见Bar-Lev（2021）的讨论]，而（ib）中分配算子的出现，如前文所述，是由"都"的预设所致。当然，这种观点还很初步，有待进一步发展。

[②] 文献中有一种流行的看法，即认为将"都"看成是全称量化可以将其各种用法纳入统一的分析之中（蒋严, 1998；潘海华, 2006；蒋静忠、潘海华, 2013；Feng and Pan, 2022）。我们认为这种观点有待商榷，尤其是，将传统意义上的全称量化扩展至"甚至-都"会有语义过强的问题[见周韧（2019）3.3.4节的讨论]。我们举出（i）来说明这一点（另见第五章的讨论，特别是5.2.1节对"连-都"和"连-也"的对比）。

（转下页）

画"数量名-都"句中"都"的分配效应,也可以刻画其最大化效应,而且(iv)既刻画了"都"的语义,也刻画了其语用(见第二章内容)。更进一步,这种分析可以跟我们在3.2节得出的结论有机地结合起来:因为"都"不是个体层面的全称量化词,当然可以跟"每"这个真正的全称量化词搭配。我们在下一节具体看根据该观点"每"如何跟"都"结合,以及按照预设最大化这一语用原则,"每"为何通常必须跟"都"结合。

(接上页)

(i) [语境:小朋友们去徒步旅行,路过一条小溪,大家都不敢跳。突然,平时最胆小的李四纵身一跃,跳了过去。老师鼓励大家说:]
　　快跳吧,(连)李四都跳过去了。

按照全称量化的观点,"(连)李四都跳过去了"中的"都"对"李四"的选项进行全称量化[见蒋静忠、潘海华(2013,(14a))的相关讨论],因此整个句子表示语境中相关的小朋友都跳过去了。但根据(i)中所描述的语境,只有李四跳过了小溪。因此,按照全称量化的观点,该句子在当前语境下为假。而这明显不符合我们的语感。根据我们的语感,"(连)李四都跳过去了"可以很自然地出现在该语境,而且为真。换句话说,"(连)李四都跳过去了"只要求李四跳过去为真,且表示李四跳过去最不可能,这符合我们采取的分析,即"都"并没有增加句子的真值义,只增加了一个量级甚义。

即使那些直观上表示全称量化的"甚至-都",我们认为其全称量化义也不来源于"都"。请见(ii)[第五章讨论杉村博文(1992)关于"疑问代词-也"的观点时将详细讨论这类句子)。

(ii) 李四连最难的题都会做。

(ii) 直观上表示李四所有的题都会做,即全称量化。这似乎支持了将"都"看成是全称量化的观点。但仔细观察,我们发现全称量化不可能来自"都"。首先,没有"都"的"李四连最难的题也会做"也有这种全称量化义。其次,也是更重要的,(ii) 的全称量化义和语义上真正的全称量化表现并不一样。我们可以拿3.2.1节讨论的对量化敏感的表达来测试,如"除了"。(iiia) 和 (iiib) 的对比显示,虽然(ii) 直观上表示全称量化,但该全称量化并不能允准对量化敏感的表达,不是真正的全称量化[见 Veloudis(1998)对英语中(ii) 这类句子的讨论,Veloudis 认为(ii) 表达的全称量化义是语用义]。

(iii) a. 除了第四题,李四这些题都会做。
　　　b. ?? 除了第四题,李四连最难的题都会做。

综上,我们认为将全称量化推广至"甚至-都"困难重重。

3.4 "每-都"共现是一种强制性预设现象

3.4.1 对"每-都"共现的解释

首先值得注意的是,在我们的分析中,"都"是预设性质的,即"都"预设了其所在的句子比该句子的所有选项都强。我们在第二章已经指出这一说法符合事实。预设的典型特征是具有投射性(projective),而"都"的语义贡献确实具有投射性(Chierchia and McConnell-Ginet,2000)。我们在(64)(65)重复第二章讨论的事实,即(64)中所有句子均表达李四买五本书最不可能,表明"都"的甚至义具有投射性,而(65)中所有句子均表达语境中只有三个学生,表明"都"的总括义也具有投射性。

(64)下列句子均表达:李四买五本书最不可能
    a.(连)李四都买了五本书吗?
    b.好像(连)李四都买了五本书。
    c.我不觉得(连)李四都买了五本书。
    d.如果(连)李四都买了五本书,那……

(65)下列句子均表达:语境中只有三个学生(重音在"都")
    a.三个学生都买了五本书吗?
    b.好像三个学生都买了五本书。
    c.我不觉得三个学生都买了五本书。
    d.如果三个学生都买了五本书,那……

正如我们在第二章所看到的,"都"的预设性可以让我们用预设最大化原则解释"都"的强制出现现象,进而将其归入更普遍的"强制性预设"现象(Amsili and Beyssade,2010)。我们在(66)中再次给出预设最大化这一语用原则。

(66)预设最大化(Heim,1991)
    Make your contribution presuppose as much as possible.
    (会话中要尽可能多地表达预设。)

正如我们在第二章所讨论的,预设最大化要求说话人在真值条件义上等价的不同表达中,选择使用带有更多预设的那个语言表达(在该预设被满足的情况下)。正是由于预设最大化,所以对于一个含有预设触发语(presupposition trigger)的句子来说,如果该预设触发语的预设在当前语境下得到了满足,那么该预设触发语经常必须出现,即强制性预设现象,如(67)和(68)[相关例子重复自第二章;另见Kaplan(1984)、Heim(1991)、Chemla(2008)、Amsili and Beyssade(2010)、Eckardt and Fränkel(2012)等对相关英语例子的讨论①]。

(67) a. 张三参加了聚会,李四??(也)参加了聚会。
　　　b. 张三昨天去游泳,今天#(又)去游泳。
　　　c. 李四昨天(就)在纽约,今天#(还)在。
　　　d. 我两只手#(都)洗了。
　　　e. 除了张三,李四#(也)来了。

(68) Q: 张三和李四谁笑了?
　　　A: 张三和李四#(都)笑了。

(67)表明当"也、又、还"等预设性副词的预设被满足的时候,这些副词必须出现。如(67b)中的"又"表示事件的重复,而这个重复义正是一个预设(如"张三又去游泳吗?"仍旧表示张三游泳的事件之前发生过,表明"又"的重复义可以投射)。同时,在(67b)中,

---

① 值得注意的是,对(67a)这样的例子,特别是英语的"John went to the party, Bill went to the party, #(too)",文献中有不同的处理方法,有学者认为这里的 too 是因为满足预设最大化所以必须出现(Amsili and Beyssade, 2010; Chemla, 2008; Eckardt and Fränkel, 2012)。但有学者,如Bade(2016)及Aravind and Hackl(2017),认为这里too的强制出现是为了避免一个强制的排除义(obligatory exhaustive implicature)。简单来说,根据后一种观点,"Bill went to the party too"如果不加too就表示只有比尔去了派对,而这跟前一句"John went to the party"会发生冲突,因此too必须出现来避免这种冲突。我们认为,这种分析无法应用于处理"都"的强制出现,因为正如第二章我们所讨论的,"都"的关联对象通常总括语境中所有的讨论对象,如(68)中的"张三和李四都笑了"就包括了当前问句所关涉的所有对象。而对这样的句子来说,本就不可能有排除义,正如我们不能说"只有所有人来了"一样。

因为前一个小句已经表达了张三去游泳的事件之前发生过，所以后一个小句的"又"的预设得到了满足（locally satisfied），因而这里的"又"根据预设最大化原则必须出现。换句话说，含有"也"的句子 [也S] 因为多了一个预设，而该预设又在当前语境下被满足，因而在与不含"也"的句子 [S] 竞争时胜出，导致我们必须用"也"。

（67d）与（68）更是跟我们本章讨论的话题直接相关。在（67d）中，因为正常人有且只有两只手，所以洗了两只手肯定是对洗手的总括，因而满足了"都"的预设，根据预设最大化"都"必须出现。而（68）恰恰是我们第二章讨论的核心例子之一：（68Q）告诉我们当前语境下只讨论张三和李四谁笑了，而（68A）中跟"都"结合的句子既蕴涵了张三笑了，又蕴涵了李四笑了，因而蕴涵了当前相关选项集里的所有命题，满足了"都"的预设，根据预设最大化"都"必须出现。

回到本章讨论的主要内容，即"每-都"的共现。我们认为"每-都"共现也是一种由预设最大化导致的强制性预设现象。具体来说，根据3.2节讨论的内容，汉语的"每-NP"自带量化义，是典型的全称量化词，因此跟"都"结合的句子本身就是一个全称量化句，如（69b）所示。同时，根据3.3节讨论的内容，"都"没有真值条件义，且预设与之结合的句子比当前语境下所有相关选项都强。假设一个全称量化句的选项是体现该全称量化的、跟每个个体有关的句子，如（69c）所示，那么跟"都"结合的句子自然蕴涵这些个体选项，这满足了"都"的最强预设，因而按照预设最大化"都"必须出现。

（69）对"每-都"共现的预设最大化解释
  a. 每个学生 *（都）来了。 （"都"强制出现）
  b. ∀x[学生(x)→ 来了(x)] （跟"都"结合的句子）
  c. $C = \begin{Bmatrix} 学生A来了, \\ 学生B来了, \\ …… \end{Bmatrix}$
  d. 跟"都"结合的句子蕴涵了C中的所有相关选项，满足了"都"的预设，因而根据预设最大化原则，必须使用[每个学生都来了]，而不是[每个学生来了]

上述分析用到了一个假设，即"每-NP"会激活个体选项[即全称量化句如（69b）会激活（69c）这样的选项]。我们下面提供一些证据来支持这一假设。首先，这些个体选项实际上属于量化性表达的范围选项（domain alternatives）。而因为量化表达总是带有一个量化范围（即其量化域，contextually restricted domain of quantification），因而文献中普遍认为量化性表达可以激活范围选项（Chierchia，2013b）。（70）中给出了"每"作为全称量化词（D 即其量化范围）所能激活的范围选项，如（70b）所示，这些范围选项其实也是全称量化词，只不过有不同的范围[①]。（70c）进一步给出了这些选项在句子层面的体现，即其他拥有不同范围的全称量化句。值得注意的是，$\forall x[x\in\{A\} \to 来(x)]$其实就相当于（69c）中的学生A来了，而（70c）更是完全等价于（69c），如果后者包括复数个体（即 $\forall x[x\in\{A,B\} \to 来(x)]$ 等价于学生A和B来了）。

（70）a. $\llbracket 每_D \rrbracket = \lambda P\lambda Q\forall x \in D[P(x)\to Q(x)]$

b. $\llbracket 每_D \rrbracket_{alt} = \{\lambda P\lambda Q\forall x \in D'[P(x)\to Q(x)] \mid D' \subseteq D\}$（范围选项）

c.（69a）整个句子的范围选项

$$\begin{cases} \forall x[x \in \{A\} \to 来(x)], \\ \forall x[x \in \{B\} \to 来(x)], \\ \forall x[x \in \{A,B\} \to 来(x)], \\ \forall x[x \in \{A,B,C\} \to 来(x)], \\ \cdots\cdots \end{cases}$$ 假设语境中 A，B，C 为学生

在形式语义学文献中，特别是在对析取表达及不定代词的分析中，范围选项的应用十分广泛[见 Kratzer and Shimoyama（2002）、Sauerland（2004）、Fox（2007）等；本书第四至第六章讨论任指性疑问代词的时候会详细讨论这些应用]。同时，当前一个很有影响的对极性敏感

---

① （70b）中给出的选项在文献中被称为子范围选项（sub-domain alternatives），见 Chierchia（2013b：138）的相关定义。

词的分析即认为，跨语言的极性敏感词，如英语的any，其实就是存在量化词（existential quantifier）且总是激活范围选项（Krifka，1995；Chierchia，2013b）。既然存在量化词可以激活范围选项，那么全称量化词（universal quantifier）从理论上来说也可以激活选项[见Chierchia（2013b：138）及Xiang（2020，（25））关于量化词的选项的定义]。实际上，Zeijlstra（2017）根据荷兰语全称量化词iedereen'每个人'的某些肯定极性表现，认为iedereen便是一个必须激活范围选项的全称量化词，这跟本章对汉语"每-NP"的论断有相似之处。

同时，我们可以采取用结构来定义选项的理论框架[structure-based theory of alternatives，见 Katzir（2007）及Fox and Katzir（2011）][①]。在这种理论框架里，一个语言表达的选项在很大程度上由该语言表达的语言形式所决定，且可以用形式化的手段来定义，该定义见（71）。

（71）ALT (φ) = {φ can be transformed into φ' by a finite series of deletions, contractions, and replacements of constituents in φ with constituents of the same category taken from the lexicon.}

（形式选项，formal alternatives；Katzir，2007）

（71）大致说的是，一个语言表达φ的选项（即ALT(φ)）可以由一系列形式操作得来，这些形式操作包括将φ的某一部分删除，或缩减，或替换为词库中跟该部分相似的成分。如对John and Mary这样的表达来说，John和Mary都可以通过删除John and Mary的某一部分得来，因此都是该表达的选项，而John or Mary可以通过将其中的and替换为词库中的or，因而也是选项。回到全称量化的形式选项，根据这个定义，全称量化的范围选项是理所当然的选项，因为它们正是将全称量化的范围论元（von Fintel，1994）替换为词库中的其他范围代词而得来的。

---

① 这种理论跟Rooth（1985、1992）的经典选项语义学理论稍有不同，按照Rooth的理论，选项由语义类型所决定，而在用结构来定义选项的理论框架中，顾名思义，选项由具体语言表达的形式决定。

为了更清楚地展现我们的分析，本章采用Katzir（2007）的基本框架，认为汉语的"每-NP"可以激活个体选项（即范围选项的一部分）作为其形式上的选项。另一方面，不是所有的形式选项都是当前语境下的相关选项（contextually relevant alternatives）。我们进而采取Fox and Katzir（2011）及Katzir（2014）的做法，认为一个选项敏感算子最终所作用的选项既要在形式上被激活（即形式上合格），又要在语境中相关。具体来说，这表示当我们在计算一个选项敏感算子最终所作用的选项时，要看形式上被定义的选项集（即$[\![\cdot]\!]_{alt}$）与语境中相关的选项集（即Rooth的C）的交集。我们据此给出在这种观点下"都"的语义，如（72）所示（我们做了一定的简化，即只考虑跟我们当前讨论的"每-都"相关的蕴涵性的"都"）。根据（72），"都"预设与其结合的句子要强于$[\![S]\!]_{alt} \cap C$，即那些既在形式上合格又在当前语境下相关的选项。

（72）$[\![都_C S]\!] = [\![S]\!]$ 仅当 $\forall p \in [\![S]\!]_{alt} \cap C [p \neq [\![S]\!] \to [\![S]\!] \Rightarrow_{蕴涵} p]$

（72）带来的一个结果是，当一个"每-NP"需要"都"时[如（69）中讨论的例子]，该"每-NP"所激活的个体选项（即该"每-NP"按照形式上的定义所激活的选项）一定与当前语境下所讨论的话题是相关的，也即在C之中。这在一般情况下确实如此。我们可以想象语境中相关的选项其实代表着当前语境下的QUD（见第二章的讨论）。而对一个全称量化句而言，一般来说，其直接相关的QUD就是该量化句是否为真[即Lewis（1988）讨论的the least subject matter]，而该问题又大致等同于让我们检验组成该全称量化的一个个个体选项是否为真。直观上，对（69）中跟"都"结合的全称量化句"每个学生来了"来说，要想判断这个句子是否为真，我们的确需要检验学生A来了是否为真，学生B来了是否为真，正是在这个意义上我们说"每-NP"所激活的个体选项在一般情况下是相关的。

简单总结上面讨论的内容。我们发现我们假定的"每-NP"所激活的个体选项其实相当于文献中广为应用的范围选项，因而十分自然。我们进一步采取Fox and Katzir（2011）和Katzir（2014）对选项的处理方式，区分了形式上合规的选项和语境中相关的选项，并认为"都"的预设涉及两者的交集。这一区分有实际的意义，因为如果"每-NP"按照形式的定义所激活的个体选项在语境中并不相关，那么有可能"都"就不需要出现（因为此时形式上合规的选项和语境中相关的选项的交集是一个单元集，因而"都"并无可作用的选项）。正如我们在下一节所讨论的，事实确实如此。

3.4.2 "每-都"共现受语境制约
3.4.2.1 个体选项不相关导致"都"无需出现

"每-NP"在一些情况下并不需要"都"的出现，其中一类情况即包括"每-NP"所关涉的个体对象在当前语境下并不相关。请见（73）。这里需要注意的是，同样一句话"每本10元"，在第一次出现的时候很自然地不加"都"（甚至不能加），但在第二次出现的时候必须加。这说明"每-都"共现受语境制约，而这种对语境的敏感性是前人文献所不曾注意到的。

(73) [在二手书店里]
  老板：本店大减价，每本10元！　　　　（重音在"10"）
  小明（拿起一本崭新的漫画书）：这本书也10元？
  老板：每本都10元。　　　　　　　　（重音在"每"）

在当前的分析下，这种对语境的敏感性十分容易理解。语境可以通过影响当前讨论的话题（即QUD）从而影响C，即当前语境下相关的选项集，而正如我们在上一节所看到的，C可以决定"每-NP"所激活的个体选项是否相关，从而决定"都"是否需要出现。具体来说，在（73）中，当老板第一次说出"每本10元"时，他关注的焦点是价钱，这从该句的重音自然地落在"10"上也可以看出；同时，我们可以自然地假设，作为书店的老板，他已经假定了每本书都有同样的价钱，因而语境中的QUD是"一本多少钱？"。在这样的语境下，某本具体的书的价钱在直观上是跟QUD无关的（换句话说，老板关注的是每本书的价钱，而非个体书的差异），因此个体书籍，如书a、书b、书c等，并不在C中。同时，"每本（书）"又会激活个体选项，即书a、书b、书c等。这导致形式上合规的选项集与语境中相关的选项集C的交集是一个单元集，（在句子层面）里面只有"每本10元"本身[我们遵循选项语义学的一般做法，认为一个句子永远在其激活的选项集里，见Rooth（1992）等]。如果我们进一步假设"都"跟其他对选项敏感的算子一样，要求其关联的选项集不是一个单元集[见Xiang（2020）所讨论的"都"的non-vacuity预设]，那么"都"在该语境下不出现就得到了解释。

另一方面，在（73）中，通过对某一本书进行提问，小明将QUD变成了"哪些书卖10元？"。在这个新的语境中，单本书的价钱显然是相关的（正如我们在第二章看到的，个体选项如"这本漫画书卖10元"正是该QUD的一个元素），因此C里含有以"x卖10元"为形式的句子，如"书a卖10元""书b卖10元"等。这导致的结果是，由"每本10元"所激活的形式上合规的选项集与C的交集包括了"书a卖10元""书b卖10元"这样的个体选项句。因为这些个体选项句都被"每本10元"所蕴涵，所以这满足了"都"的预设，根据预设最大化，"都"必须出现，因而解释了（73）最后一句"都"的出现。

这里可以将我们的看法与Huang（1996）关于"每-都"共现的一个很有影响的观点作比较。Huang（1996）认为在"每"之下如果有一个不定名词短语出现，那么"都"就是可选的[另见Lin（2020b）]。（73）说明这种看法并不准确："每本10元"中的"10元"似乎可以看作是一个不定名词短语，但同一个"每本10元"，在（73）中第一次出现时不大能加"都"，第二次出现时必须加"都"，两句中的"都"均不可选（一个不能加，一个必须加），且受语境制约。

再来看（74）。Huang（1996）用这样的例子说明，当有一个不定名词短语在"每"的辖域内时，"每"不需要"都"。

（74）每一个厨师做一个菜。　　　　　　（Huang，1996：3）

对于（74）这样的例子，我们的看法跟Huang（1996）有所不同。具体来说，我们的语感是（74）仍然需要语境支持才能不加"都"。Cheng（2009：62）也表达了相似的语感："It should be noted that native speakers tend to consider the variant without *dou* incomplete (and should be preceded by statements such as 'Our restaurant has a policy')"。虽然Cheng（2009）没有明确指出该句需要什么样的语境，但这种对语境的依赖性显然支持了本书基于语用的分析。我们进而给出（75）中的各例来试图明确（74）到底需要什么样的语境。总的来说，这些例子支持了我们上文得出的结论，即当"每-NP"的个体选项跟当前语境讨论的话题无关的时候，（74）可以很自然地出现且不需要"都"。

（75）a. 每一个厨师做一个菜，我们一共可以有八道菜。
　　　b. 平均每一个厨师做一个菜，我们一共可以有八道菜。
　　　c. 请每一个厨师做一个菜。

例如，（74）可以很自然地用在说话人正在计算总的菜品数量的时候，这时，说话人要么认为每个厨师做同样数目的菜品，即（75a），要么忽视了各个厨师之间的不同，如用了"平均"的（75b）。（74）也可以用在祈使句中，如（75c），而这时，说话人似乎在用（74）来给整个餐馆的厨师下达指令，而并没有在意厨师间彼此的不同[该种场景和Cheng（2009）给的语境相似]。总的来说，我们的语感是，（74）可以自然使用的场景均是厨师之间的不同可以被忽视的语境，而这些语境正是"每-NP"的个体选项跟当前语境讨论的话题无关之时，因而按照当前的分析，"都"不出现。

另一个值得注意的地方是，正如我们在（73）中所观察到的，即使"每"后面有一个不定名词短语，语境也可以导致"都"的强制出现。因此，对Huang（1996）的例子（74）来说，我们也可以构造一个语境，其中"每"的个体选项明显相关，那么按照我们的分析"都"就应该出现。事实确实如此，如（76）与（77）所示。（76Q）与（77Q）均明确问到了个体厨师，说明个体厨师在当前语境下直接相关，而同时，回答中的"每一个厨师做一个"根据我们的语感必须加"都"。这再次表明"每"是否加"都"不是一个句法语义现象，更与"每"后是否有不定名词无关，而在很大程度上受语境制约，这支持了我们的看法。

（76）Q: 哪些厨师做一个菜？哪些厨师做两个？
A: 每一个厨师#（都）做一个。
（77）Q: 帮厨也要做一道吗？
A: 每一个厨师#（都）做一个。

最后，我们来看刘林（2019）的一个相关的发现。刘林（2019）发现当"每-NP"中的量词是表示度量衡的单位量词（如"米""升"等）时，"每"通常不加"都"，相关例子如（78）所示。这些例子同样支持了我们的分析。对（78a）来说，我们在计算声音的速度时通常无需检测声音这一秒的速度与下一秒的速度的不同，这时秒与秒之间的具体差别并不对解决当前的速度问题造成影响，因而根据上述讨论不加"都"。（78b）更是预设了每斤大米都是一个价，所以各斤之间并无差别，因而个体选项不相关，不能加"都"。

（78）a. 声音每秒大约传播三百四十米。
b. 每斤大米三块七。

3.4.2.2 焦点与焦点副词的影响

焦点与焦点副词作为语境的一部分也可以造成"每-NP"不加"都"。先来看（79），这里的"都"似乎必须出现。

（79）每本书*（都）很贵。

如果将（79）置于更大的语境中，如（80），"都"则不必出现。进一步，我们发现（80）的两句话均含有焦点副词，（80a）有"还"，而（80b）有"只"。

（80）a. 这家书店不怎么样，书又破又旧，而且每本还很贵。

b. 我只说每本书很贵，没说别的。

从本章提出的语用视角来看，（80）在直观上很容易理解。（80a）表明当前语境正在讨论整个书店，尤其是，"每本还很贵"中的"还"表明其所在的小句整个作为对书店的一个追加的评价，因此在该句中每本具体的书的情况并不十分相关，因此"都"无需出现。同样，（80b）中的"只"跟"很贵$_F$"关联，说明"每本书"的个体选项也不是当前说话人关注的中心。换句话说，额外的焦点副词及其关联的焦点可以通过表明新的QUD，从而指明"每"引入的个体选项并不是当前语境关注的对象，因而根据上文的讨论"都"可以不出现。

同样，Li（2014）发现，对焦点敏感的"是"也可以影响"每-都"共现，如（81）所示。这跟（80）所展现的情况类似。

（81）是所有的/全部的/每个男孩喜欢书，不是……

（重音在"男孩"）

最后，我们在（82b）中给出了一个涉及"只"的例子。该例子与Li（2014）给出的（81）相似，说明这样的例子十分普遍。更具体一点，（82a）表明"每个做了作业的学生都得了高分"中的"都"不能省，但如果加一个额外的"只有"，如（82b），"都"便不需要出现了。

（82）a. 每个做了作业的学生*（都）得了高分。（重音在"每"）
　　　b. 只有每个做了作业的学生得了高分。（重音在"作业"）

从当前语用的角度来看，（81）（82）跟我们上面讨论的（80）并无不同之处。尤其值得注意的是，在所有这些例子中，"每"后并无不定名词短语[对比Huang（1996）的概括]，但焦点和焦点副词仍旧能够影响"都"的有无。从理论上来看，这一事实支持了我们用语用特别是语境中相关的选项来解释"每-都"共现。在当前分析下，一个额外的焦点和焦点副词可以表明，在当前语境下关注的重点并非"每-NP"所激活的个体选项，因此，"每"所在的全称量化句很有可能并没有蕴涵这些新的选项,"都"的预设不能得到满足,"都"自然不出现。例如,对(82b)来说,焦点副词"只"跟"学生"的修饰语相关联,表明语境中的相关选项集很有可能是 {每个做了作业的学生得了高分,每个没做作业的学生得了高分}。这样一个选项集显然不能满足"都"的预设,因而"都"不出现。

我们有两点需要补充说明。第一,对(80)—(82)中的例句来说,"都"也可以出现,如"只有每个做了作业的都得了高分"。这也跟我们的分析相符合,因为语境中也可以有多于一个QUD(即C),而且QUD也可以有复杂的结构(Büring,2003;另见本书第二章2.2.3节关于对比话题的讨论)。即使"每-NP"所激活的个体选项可能不是当前语境关注的主要对象,但也有可能是一个次话题的关注对象,跟"都"关联的选项集也有可能是该次话题,因此"都"也可以出现。这里我们可以对比第二章讨论的"张三和李四都笑了,王五没笑",其中"张三和李四"带的重音表示语境中有一个针对张三和李四的话题,而"都"可以针对这一分话题进行总括。

第二,本小节讨论的例子如"每本书都很贵",和上一小节讨论的例子如"每本都10元",确有不同之处。具体来说,对"每本书都很贵"来说,"都"似乎更难被省去,如果一定要省去,必须借助额外的焦点副词;而对"每本都10元"来说,很容易就可以找到"都"不出现的情况。这表明"每-都"共现确实跟句子中是否有数量表达有关。但是,我们不认为动词短语内的"数量名"可以在句法语义上"允准"动词前的"每-NP"(Huang,1996;Lin,2020b)。相反,数量表达的作用是间接的,它们可以通过吸引焦点(一个句子中数量表达通常是人们关注的焦点,不少学者认为它们自带焦点①)来改变句子的焦点结构,从而改变句子的QUD,因而自然可以影响"都"的有无。

最后,我们必须承认当前的语用分析还有很大的改进空间。特别

---

① 例如,Spector(2013)认为数量表达是"intrinsically focused, in the sense that they automatically activate their alternatives (i.e. other numerals)";Krifka(1999b)也提到数量表达"can introduce alternatives without the help of focus"。

是,我们还无法综合各种因素(焦点、焦点副词、常识等各种可以影响语境的因素)来对每一个"每"字句的QUD进行准确的形式的刻画,而只能通过在LF上增加一个变量C来尝试刻画语境对"每"字句的QUD的影响,进而对"都"有无的影响。换句话说,我们只说了C受语境影响,且影响"都"的有无,但并没有描述C如何受语境影响。虽然有这方面的不足,我们的分析还是预测了"每-都"共现的两种表现。首先,因为焦点与焦点副词可以影响QUD,所以"每-都"共现在理论上应该与焦点及焦点副词产生互动。其次,当语境中的话题很明显跟"每-NP"的个体选项相关时[如(76)(77)],"都"必须出现。正如我们在前两个小节所看到的,事实确实如此。

3.5 小结

本章讨论了汉语中全称量化表达"每-NP"通常需要和"都"共现的问题,指出这不是一个纯粹的句法语义现象,而是一个语用现象。具体来说,我们一方面用语言事实证明"每-NP"具有完整的全称量化义,在语义上并不需要"都"的辅助;另一方面,我们指出"每-都"的共现受话语语境制约。这两点均支持了我们所提出的语用分析法。根据该语用分析,"都"在某些环境下必须出现是一种强制性预设现象:"都"预设了其所在的句子蕴涵了当前问题下的所有命题,当这一预设被满足时,在预设最大化这一语用原则的要求下,"都"就必须出现。通俗地说,"都"预设了总括,而全称量化的句子总是表示总括,满足了"都"的预设,预设最大化因而要求"都"必须出现。

总的来说,本章为解释"每"为什么需要"都"共现这一经典问题提供了新的视角。该视角将"每-都"共现与我们在第二章看到的"都"和普通复数性名词成分的强制出现现象系统地结合了起来,且能跟其他焦点副词的强制出现现象产生联系,比如"也"在某些环境中的强制出现。另外,本章提出"每-都"共现是一个语用现象,这一分析不仅能很好地解释相关语言事实,也符合汉语"语用优先"这一整体特色。在研究方法上，本章把形式语义学与功能分析有机结合起来，基于形式语义学对量化成分的判定，提出了一系列可操作的验证方法；基于功能分析，揭示了"每"是否需要"都"共现受语境制约，从而揭示了"每"需要"都"共现的真正原因。

第四章 "都"与任指性疑问代词

本章进一步讨论疑问代词与"都"的搭配,并以此详细讨论现代汉语疑问代词的任指用法以及"都"在该用法中所起的作用。我们认为任指性的疑问代词本质上是表存在的不定代词,任指义来源于语用增强,增强恰恰满足了"都"的预设,因而"都"的出现跟前文讨论的"强制性预设"现象有关。本章进一步运用Fox(2007)、Chierchia(2013b)等提出的任选增强理论(free choice strengthening)对任指性疑问代词进行了明确的分析,该分析帮助我们认识了重音和焦点在疑问代词任指用法中所起的作用,以及汉语中任指性疑问代词与任选性"或者"之间的相同与不同之处。

4.1 引言

汉语的疑问代词除了疑问用法外,还有各种非疑问用法[见吕叔湘(1985),邵敬敏、赵秀凤(1989)等的详细描述;另见Lin(2014)的综述]。以(1)为例,其中的疑问代词"谁"展现了疑问、虚指、任指、承指等多种用法。本章主要讨论(1c)中跟"都"搭配的疑问代词的任指用法,简称"疑问代词-都"结构。

(1) a. 张三请了谁? （疑问）
　　b. 张三肯定请了谁。 （虚指）
　　c. 张三谁都请了。 （任指）

d. 张三请谁，李四就请谁。　　　　　　　　（任指+承指）
（2）a. ? x [张三请了 x]
　　b. 肯定 [∃x [张三请了 x]]
　　c. ∀_都x [张三请了 x]
　　d. ∀x [张三请 x → 李四请 x]

　　由于汉语疑问代词用法多变，不少形式学派的学者很自然地认为它是一种变量[variable，见Cheng（1997）、Shi（1994）、Tsai（1999）等]。作为变量，疑问代词本身没有量化能力，可以受各种外在算子的约束，这也就解释了它们的多种用法。具体来说，（1a）是一个疑问句，是因为如（2a）所示，其中的疑问代词作为变量被一个隐性的疑问算子所约束。同样，（1b）中的疑问代词受隐性存在算子[即（2b）中的∃]的约束，从而整个句子呈现存在解读。这种处理方法尤其广泛地被应用到对（1c）和（1d）的分析中。对（1c）来说，其中的"都"经常被认为是一个全称量化副词[即（2c）中的∀_都；见Lee（1986），蒋严（1998），潘海华（2006），蒋静忠、潘海华（2013），Feng and Pan（2022）等]，因而可以很自然地约束作为变量的疑问代词并给出正确的语义。（1d）似乎更支持了这一观点，其中的两个疑问代词可以受同一个隐性全称量化算子[一般认为由条件句引入，见 Lewis（1975）、Kratzer（1981）、Heim（1982）等]的约束，因而呈现出同指的表现，如（2d）所示[见Cheng and Huang（1996）、Pan and Jiang（2015）等对这一现象的分析]。
　　本章质疑这种经典的"变量+算子"分析。具体到"疑问代词-都"这一结构来说，我们认为其中的疑问代词并非变量，"都"也不是可以约束变量的全称量化词，4.2节将给出我们的理据。概括来说，"都"并不像其他典型量化副词（如"通常、一般"及英语的 always，often等）一样可以直接约束真正的不定指名词性成分（Lin，1996），因而不是量化副词；而任指性疑问代词只能表示任指（即某种形式的全称量化），其量化力不随其他量化副词的出现而改变（即没有quantificational variability effect，文献中经常称之为QVE），因而也不是变量；最后，传统"变量+全称量化"的分析也无法解释为什么任指性疑问代词必须重读（Chao，1968；朱德熙，1982），以及任指性疑问代词和任选性"或者"的相似与不同之处，特别是，两者都可以跟"都"搭配。

4.3—4.5节进一步给出我们对"疑问代词-都"的分析。具体来说，在4.2节的基础上，4.3节提出任指性疑问代词属于一种更广泛的任指[或任选（free choice）]现象，任指义来源于对存在/析取成分的一种语用增强（Fox，2007；Chierchia，2013b）。这种增强既可以出现在析取表达（disjunction）上，也可以出现在表存在的不定成分（indefinites）上，增强的结果是将逻辑析取/存在量化变成了相应的逻辑合取/全称量化，因而可以用来解释疑问代词的任指义[另见Liao（2011）、Chierchia and Liao（2015）、Xiang（2020）]。4.4节进一步提出"都"的出现跟预设和"强制性预设现象"有关，属于全称量化需要"都"这一更普遍的现象。同时我们指出这一分析也可以推广至任指性疑问代词与"也"的共现。最后，4.5节讨论虚指性疑问代词和任选性疑问代词的关系，以及重音在任选增强中所起的作用，并指出任指性疑问代词需要重音这一现象支持了我们的分析。

本章讨论的现象支持了本书对"都"的一贯看法，也体现了我们如何从"都"出发，对疑问代词的任指义乃至疑问代词的各种用法，提出了新的认识和系统性的分析。

4.2 传统分析的问题与挑战

我们先来看语义学文献中最早促使学者将不定成分看成是变量的例子（Lewis，1975；Kamp，1981；Heim，1982）[①]。如（3a）所示，英语中含有不定名词性成分的句子可以根据句中量化副词的不同传递不

---

① 除了（3）以外，Lewis、Kamp、Heim 还认为驴子句，如"If a farmer owns a donkey, he often beats it"，也应该这么分析。这里的 often 可以同时约束 a farmer 和 a donkey 引入的变量，如often$_{x,y}$[a farmer(x)& a donkey (y) & x owns y, x beats y]，大致表示大部分拥有驴子的农民 x 及其拥有的驴子 y 都处于一种 x 打 y 的关系中。

同的量化义：如果用always，（3a）表示所有的一元二次方程都有两个不同的解，而用sometimes则表示有些一元二次方程有两个解。换句话说，这里的量化副词似乎直接作用于不定成分，描述代表一元二次方程的集合与代表有两个解的方程的集合的各种关系。据此，Lewis、Kamp和Heim等学者认为像a quadratic equation这样的不定成分应该被处理为变量，可以直接受各种量化副词的约束和量化。

（3）a. A quadratic equation always/usually/sometimes/never has two different solutions.
　　　b. $Q_{all/most/some/no}$x[x 是一个一元二次方程，x 有两个解]

汉语典型的不定成分，如（4a）中的"一个一元二次方程"，也有同样的表现。（4a）基于Lin（1996：123），说明汉语中"一量名"这样的不定成分确实可以被处理为变量，可以受"通常、一般"等这些典型量化副词的量化。但Lin 同时发现，如果将这些量化副词换成"都"，句子反而不合法，如（4b）所示。据此，Lin（1996）认为"都"并非典型的全称量化副词，并不能直接对变量进行约束和量化。这也说明在"疑问代词-都"中，即使疑问代词是变量，也可能并非被"都"所约束[①]。

（4）a. 一个一元二次方程总是/通常/一般/有时候/很少有两个解。

---

① Lin（1996）认为"疑问代词-都"中的"都"是一个分配算子[见Lin（1998a）对"都"是分配算子的经典分析及本书第三章对其理论的讨论]，而疑问代词在这里指称个体集合的集合（a set of sets of entities）。同时，Lin 认为"疑问代词-都"中一直有一个可以是隐性的"无论"。"无论"可以把疑问代词所代表的集合的集合合并成一个集合，然后"都"再作为一个分配算子将谓语的性质分配到这个集合的每个个体上去。具体分析如（i）所示（关于复数个体，见第三章3.1节相关讨论）。

（i）a. ⟦谁⟧ = {{a},{b},{c},...}, where {a}, {b}, {c}, etc., are individuals in the universe（论域中的个体）
　　　b. ⟦无论-谁⟧ = ∪⟦谁⟧ = {x: ∃y ∈ ⟦谁⟧ & x ∈ y} = {a, b, c, ...}
　　　c. ⟦都⟧= $\lambda P \lambda X. \forall y [y \in X \rightarrow P(y)]$

（转下页）

b. *一个一元二次方程都有两个解。

但Lin（1996）没有注意到的是，"都"其实是可以跟其他量化副词共现的，并且出现时不影响其他量化副词对句子中不定成分的量化①，如（5）中"一个一元二次方程通常都有两个解"仍旧表示大多数一元二次方程都有两个解；换句话说，该句子有没有"都"意思差别不大，说明始终是"通常/一般"在对"一个一元二次方程"引入的变量进行量化，进一步证明"都"并没有直接参与对不定成分的量化，不是典型的量化副词。更多类似的例子请见（6）②，这些例子去掉"都"也

（接上页）

在Lin（1996）的分析中，因为"都"不是一个量化副词，所以避免了（4b）的问题。但这一分析基本上是把"疑问代词-都"中的疑问代词看成了一个定指复数性成分，带来的问题是无法解释"疑问代词-都"和"定指成分-都"的不同，如"他们很多都喜欢金庸 vs. *谁很多都喜欢金庸"，以及"他们不都喜欢金庸 vs. *谁不都喜欢金庸"。最后，本节讨论的其他问题也对Lin（1996）提出的分析构成挑战。

① "都"只能与表主观大量的量化副词共现，如（i）所示。注意如果去掉（ib）中的"都"，句子就会变合格[如（ic）]，这说明这些表小量的量化副词本身可以量化不定成分，（ib）的问题出在"都"。这一点与"都"跟名词性量化成分的共现规律基本一致，如（ii）所示。关于"都"与不同名词性量化成分的共现，见张谊生（2003）、Chen（2008，第2.1节）以及Lin（2020a）的研究。关于对这一现象的解释，请见Liu（2021: 311—313）。

（i）a. 一个一元二次方程通常/一般都有两个解。

b. *一个一元二次方程有时/偶尔/很少都有两个解。

c. 一个一元二次方程有时/偶尔/很少有两个解。

（ii）a. 大部分/很多学生都来自法国。

b. *一些/很少学生都来自法国。

② （6）中的例子有的涉及"一量名"，有的涉及光杆名词。虽然这两类名词都可以被"通常"等量化副词量化，但两者表现有很多不一致的地方。比如光杆名词可以不需要其他量化副词，直接跟"都"共现，如（i）。另外，光杆名词可以跟表示部分的"大部分、大多"共现，"一量名"不行，见（ii）。我们认为这体现了光杆名词不仅可以像"一量名"那样引入变量从而受量化副词的量化，也可以直接（转下页）

都可以接受，并且意思不变，跟（5）表现一致。

（5）一个一元二次方程通常/一般都有两个解。
（6）a. 一个姑娘通常都是穿着衣服出现在人们面前。
　　 b. 麻子通常都很精明。
　　 c. 年轻人通常都喜欢TFboys。
　　 d. 一个正在吃醋的女人，通常都是没什么道理可讲的。
　　 e. 一只茶壶通常都要配几只茶杯的。
　　 f. 在多个力量斗争的格局中，赢得最后胜利的一方通常都非常重视并遵循以下几个原则。
　　 g. 我们的眼睛提供给我们的任何一种视觉信息通常都是模棱两可的。
　　 h. 鬼通常都是苍白的。
　　 i. 德国的浪漫主义者通常都是普鲁士人。

再来看任指性疑问代词，我们发现它们的表现与其他不定成分（即"一量名"或光杆名词短语）完全不同。具体来说，任指性疑问代词不能受典型量化副词的约束[试对比（7b）/（8b）与（4a）]，却可以直接与"都"共现[试对比（7a）/（8a）与（4b）]，而且它们在有

（接上页）指称类（kind），而类在语义上类似于定指名词[见Chierchia（1998）的经典分析]，因而可以有定指名词的一些表现，对比（i）（ii）与"这些孩子都来自法国""这些孩子大部分/大多来自法国"。关于定指名词与"都"，请见 Liu（2017、2021）及本书第二章。
（i）a. 一元二次方程都有两个解。vs. *一个一元二次方程都有两个解。
　　 b. 麻子都很精明。vs. *一个麻子都很精明。
　　 c. 德国的浪漫主义者都是普鲁士人。
　　　 vs. *一个德国的浪漫主义者都是普鲁士人。
（ii）a. 一元二次方程大部分/大多有两个解。
　　　 vs. *一个一元二次方程大部分/大多有两个解。
　　 b. 麻子大部分/大多很精明。vs. *一个麻子大部分/大多很精明。
　　 c. 德国的浪漫主义者大部分/大多是普鲁士人。
　　　 vs. *一个德国的浪漫主义者大部分/大多是普鲁士人。

"都"的情况下总是保持其全称的意义，跟其他量化副词并无互动[试对比（7c）/（8c）与（5）]。尤其值得注意的是，从（5）我们已经观察到"都"的存在并不阻碍其他量化副词对句内变量的量化，而（7c）/（8c）的不合法则说明任指性疑问代词并非变量。

（7）a. 哪个二次方程都有两个解。
　　　　对比，*一个二次方程都有两个解。
　　b. *哪个二次方程通常/一般有两个解。
　　　　对比，一个二次方程通常/一般有两个解。
　　c. *哪个二次方程通常/一般都有两个解。
　　　　对比，一个二次方程通常/一般都有两个解。
（8）a. 什么猫都会抓老鼠。
　　　　对比，*一只猫都会抓老鼠。
　　b. *什么猫通常/一般会抓老鼠。
　　　　对比，一只（能干的）猫通常/一般会抓老鼠。
　　c. *什么猫通常/一般都会抓老鼠。
　　　　对比，一只（能干的）猫通常/一般都会抓老鼠。

总结上面的讨论，我们发现（i）"都"的表现跟典型量化副词如"通常、一般"并不相同，（ii）任指性疑问代词和那些通常被认为是变量的不定成分（如"一量名"、光杆名词性成分）也有完全不同的表现，因此，"疑问代词-都"似乎并不能直接用"变量+算子"的方式进行处理。值得注意的是，任指性疑问代词在这方面与英语的任选词（free choice item）any有同样的表现，Dayal（1998：438）指出any同样不受量化副词约束，如（9）所示，并据此得出其不是变量的结论[关于any在通指句中是变量的观点见Kadmon and Landman（1993）]。

（9）a. A lion is usually majestic.
　　b. * Any lion is usually majestic.
　　c. A philosopher is sometimes wrong.

d. * Any philosopher is sometimes wrong.

下面我们来看任指性疑问代词的另一个显著特征，即需要重读（Chao，1968；朱德熙，1982）①。这也是"疑问代词-都"区别于其他"变量+算子"结构的另一个重要不同。比较上面的（4）（5）与（7）（8），我们很容易就发现受普通量化副词约束的不定成分基本不加重音，而与"都"共现的疑问代词全都需要加重音，这一不同进一步说明两者背后的机制似乎并不相同，不能用同样的方式处理。

这里还有两点需要注意，首先，文献中经常讨论的典型的"量化-都"，如（10a），不仅不要求重音在其"量化对象"上，反而要求重音在"都"上，这与（10b）中的"疑问代词-都"形成鲜明的对比，说明任指性疑问代词对重音的要求并非来自"都"，而是出于自身的某种要求，这也给我们之后的分析特别是疑问代词需要焦点才能表示任指的观点提供了理据。

（10）a. 他们都来了。　　　　　　　　　　（重音在"都"）
　　　b. 他们谁都来了。　　　　　　　　　（重音在"谁"）

其次，任指性疑问代词在这方面的表现跟任选词又颇为一致，Haspelmath（1997：123—124）指出，跨语言来看，任选词都需要重音，如英语的any和德语的irgendein。（11）及（12）都来自Haspelmath（1997：123—124）。（11）表明当任指性的any出现时，重音加在别的成分上就会使句子变得不自然（这里我们遵循Haspelmath的标识，用小体大写字母表示重音）。（12）更是说明虽然英语陈述句的默认重音多在宾语上[即（12a）]，但如果主语是任指性any，那么重音很自然地会转移到主语上[即（12b）]。

---

① Chao (1968: 662): "Like interrogatives of other parts of speech, *sheir* (谁), always stressed, usually followed by *dou* (都) or *yee* (也) before a verb, can refer to 'any or every member of a class', as in: 谁都来了."朱德熙（1982：93）："这样用的疑问代词必须重读。"

（11）a. You may invite ANYONE to our party.

　　　b. ?*You may INVITE anyone to our party.

（12）a. Ram may buy a BOOK.

　　　b. ANYONE may buy a book.

最后，我们来看跟"疑问代词-都"平行的两种结构，一个是文献中讨论很多的"疑问代词-也"，另一个是"或者-都"。我们指出，"变量+算子"的分析不能直接推广至这两种跟"疑问代词-都"相似的结构。

首先，任指性疑问代词除了与"都"共现，也可以跟"也"呼应，如（13）所示。这一现象虽为人熟知，但在形式学派对疑问代词量化的众多研究中基本没有讨论（本书第五章、第六章将详细讨论"疑问代词-也"）。"疑问代词-也"给"变量+算子"这一分析带来的问题是："也"作为一个普通的焦点副词，显然不是一个可以表达全称量化的算子。

（13）a. 谁也不知道这个事。

　　　b. 什么困难也能克服。

当然，"变量+算子"的支持者可能会提出在"疑问代词-也"中另有一个隐性的量化算子，但这样带来的问题是无法解释为什么疑问代词可以受这个隐性算子的量化，却不可以受"通常、一般"等显性量化副词的约束与量化，以及在"疑问代词-都"中为什么有了隐性量化算子却还需要一个显性"都"的出现。

其次，"或者"在"都"前也有任指表现。吕叔湘先生很早就指出在（14a）中"把'或者'换成'和'，不改变全句的意思"（吕叔湘，1979：67），这其实是困扰了哲学家多年的逻辑析取的任选现象[free choice disjunction，见自Kamp（1973）以来的讨论]，指的就是析取词如英语的or及汉语的"或者"在某些情况下可以取类似于合取（即可替换为and/"和/还有/而且"等)的解读,如(14)中各例所示①。尤其值得注意的是,"或者-都"和"疑问代词-都"有很大的平行性,例如(14a),如果我们限定"哪种"的范围是{动词,形容词},那么"哪种都可以做谓语"跟(14a)所表达的意思完全一致。实际上,疑问代词通常被认为是不定代词如[Haspelmath(1997)],而不定代词经常表达存在量化,后者其实就等价于逻辑析取(某人来了 ≈ 或者张三来了,或者李四来了,或者王五来了……)。

(14)a. 动词或者形容词都可以做谓语。
　　　 ≈ 动词可以做谓语 & 形容词可以做谓语。
　　b. 约翰或者玛丽都可以教基础汉语。
　　　 ≈ 约翰可以教基础汉语 & 玛丽可以教基础汉语。
　　c. 问老赵或小张都可以。≈ 问老赵可以 & 问小张可以。

粗看起来,(14)中各例似乎可以很容易地用"变量+算子"的方式进行处理,我们只需假设"或者"短语也可以指称集合,那么"都"作为一个全称量化算子就可以对这个集合进行量化并得出正确的语义。但这种分析的问题是无法解释"或者-都"的分布限制。Xiang(2020)指出,"或者-都"可以很自然地出现在含有可能情态的句子中,却不能出现于必然情态句或肯定现实句,如(15)所示[引自Xiang(2020,(54))]。

(15)a. 约翰或者玛丽都可以教基础汉语。　　　　(可能情态)

---

① 下面的(i)中列举了我们在语料库中找到的更多的此类例子。(i)中各例的"或者"都很自然地表达合取。
(i)a. 选民或者选举单位都有权罢免自己选出的代表。
　　b. 呼吸道、消化道或者皮肤都可能传染。
　　c. 婴儿奶制品、酵母或者食糖等都可能成为制造这些武器的材料。
　　d. 就寝前看看轻松的书,或者看看电视,都有助于你入睡。
　　e. 有了城市户口,上学或者混饭都要容易很多。
　　f. 成绩好的靠奖学金,成绩不好的靠打工或者贷款都能供自己上大学。
　　g. 用线图或者散点图都可以。

b. *约翰或者玛丽都必须教基础汉语。　　　　（必然情态）

c. *约翰或者玛丽都教过基础汉语。　　　　　（肯定现实）

更重要的是，这一分布环境跟英语 or 取得任选义的环境，以及任选词any的句法分布基本一致[见Dayal（2013）及Chierchia（2013b）对相关事实的总结]，如（16）与（17）所示。从（16）我们可以看出英语的or只在可能情态环境下等同于相应的合取，而（17）显示英语的任选性any能在可能情态句中出现，且出现时表达任选义，却不能出现在必然情态句和肯定现实句①。同时需要注意，主流语义学文献中对任选现象基本不采用"变量+算子"分析法[见Meyer（2021）对析取性任选的综述，另见 Alonso-Ovalle and Menéndez-Benito（2021）对跨语言任选词的综述]。因此，如果采用"变量+算子"来分析"或者-都"，不仅不易解释（15）中体现的"或者-都"的分布限制，而且忽视了这一现象与（16）（17）中任选现象的相似性和平行性。

（16）a. John can invite Anna or Betty.　　　　（可能情态）

　　　≈ John can invite Anna & John can invite Betty.

　　b. John must invite Anna or Betty.　　　　（必然情态）

　　　≠ John must invite Anna & John must invite Betty.

　　c. John invited Anna or Betty.　　　　　　（肯定现实）

　　　≠ John invited Anna & John invited Betty.

---

① 我们这里只简单地介绍了any的基本事实，实际上任选any的事实十分复杂。如any加上数词以后或作为补充语可以出现在必然情态句中（即文献中的numeral/supplementary any的问题），如（ia）与（ib），以及any加上一些后置修饰语可以出现在必然情态句和肯定现实句中（即文献中讨论的subtrigging 问题），如（ic）与（id）。见Dayal（2013）及Chierchia（2013b）对于any有关事实的详细总结。

（i）a. Bill must read any one book.

　　b. Bill must read a book, any book.

　　c. Bill must read any book he finds.

　　d. Bill read any book he found.

（17）a. John can invite anyone. （可能情态）
　　　≈ John can invite a & John can invite b & ...
　　　= ∀x[John can invite x]
　　b. * John must invite anyone. （必然情态）
　　c. * John invited anyone. （肯定现实）

综上所述，我们认为将"变量+算子"这一基于"疑问代词-都"所提出的分析推广至"或者-都"会有不少困难，因此，本章所做的尝试之一就是反其道而行之，将现有关于任选现象的理论推广至"疑问代词-都"[另见Liao（2011）、Xiang（2020）]，这恰恰符合我们在本节所得出的一系列结论，即任指性疑问代词与任选词any类似，均不受典型量化副词的约束，且均带重音。下一节将简要介绍本章所采用的Fox（2007）与Chierchia（2013b）的关于任选现象的理论。

4.3 什么是任选/任指

我们以英语的析取词or为例介绍这一理论。首先，Fox（2007）和Chierchia（2013b）认为or的任选义，即（16a）所体现的析取作合取的解读，是语用增强的结果，证据包括该任选义可以被取消，并倾向于在否定环境下不出现。前者请见（18a），其中加下划线的句子虽然跟（16a）是同一个句子，但在（18a）中却不能表达任选义（即不等同于"John can invite Anna & John can invite Betty"），否则就会跟后面的"I forgot which"相冲突；换句话说，这里的任选义被后续句即该句子出现的语境取消了，而这符合语用义可以被取消的基本特点（即implicature cancellation现象）。后者请见（18b），这里处于否定之下的"John can invite Anna or Betty"同样不能得到任选解读，否则整个句子就会表示约翰并非两个都能请[即（18b）中不等号右边的部分]，这显然不是（18b）该有的解读（该句的自然解读是约翰两个都不能请），说明任选义并没有出现在否定之下，而这进一步表明任选义是一种语用增强义（因为语用义多用于增强，而在否定之下出现会适得其反，使整个句子变弱，所以语用义多不出现在否定之下）①。上述两个证据均表明or的任选义来源于语用，是语用增强的结果。

（18）a. John can invite Anna or Betty; I forgot which.

↛ John can invite Anna.

b. John cannot invite Anna or Betty.

≠ NOT (John can invite Anna & John can invite Betty)

Fox（2007）和Chierchia（2013b）等进一步提出用选项语义学（Rooth，1985、1992）的一些技术手段来处理语用增强义（Chierchia et al., 2012）。我们从最简单的级差含义（scalar implicature）入手来看这一处理方式。以（19a）为例，这里含有or的句子（即"John will invite Anna or Betty"）很明显地表达了一个not both的级差含义，根据Chierchia、Fox等人的观点，这是因为or可以激活选项，而自然语言中有类似于only的隐性语用增强算子可以作用于这些选项，从而增强句子的意义，传递额外的级差含义。

（19）a. John will invite Anna or Betty. → John will not invite both.

b. C: {John will invite Anna or Betty, John will invite Anna and Betty}

c. LF: EXH_C[John will invite Anna or Betty]

具体来说，自Horn（1989）以来普遍认为or作为析取可以激活

---

① 任选义在某些特殊情况下也可以出现在否定之下。如（ia）[该例子来源于Chierchia（2013a）]中的否定直觉上否定的是"You can ask the rector & You can ask the vice rector"。这也符合语用义的特点，即在某些特殊环境可以被内嵌（embedded）。例如（ib），这里的否定实际上否定的是一个加了级差含义（scalar implicature）的命题，即NOT (John did the reading or the homework but not both)。同时需要注意，这种语用义的内嵌通常需要有某种特殊的语言形式标识，例如（ia）和（ib）中的or均需要重读。见Chierchia et al.（2012）及Fox and Spector（2018）对内嵌语用义的详细讨论。

(i) a. You cannot ask the rector *or* the vice rector. You must ask the rector; nobody else can provide an answer to that.

b. John didn't do the reading *or* the homework. He did both.

合取and作为其选项,因而整个句子激活的选项集如(19b)中的C所示。而一旦一个句子激活了选项,就要有算子作用于这些选项,Chierchia和Fox提出EXH作为这样一个对选项敏感的语用增强算子,因而(19a)在LF(logical form,即逻辑形式)上其实包含了一个隐性的EXH,如(19c)所示。EXH的语义如(20)所示[①],它作用于一个激活选项的句子S(其下标C代表着S激活的选项),结果不仅要求S为真,还要求C中不被S蕴涵的命题都为假。换句话说,EXH像是一个广义的否定,它可以否定掉选项集C中不比其所在的句子S弱的选项[②]。

(20) $[\![EXH_C]\!] = \lambda p \lambda w. p_w \land \forall q \in C[q_w \to p \subseteq q]$
换句话说,$[\![EXH_C S]\!]$ 为真,当且仅当$[\![S]\!]$为真 & C里不被$[\![S]\!]$蕴涵的命题都为假

具体到(19)上,因为C中的"John will invite Anna and Betty"不被S蕴涵(它反而蕴涵S),所以会被EXH否定,整个句子的语义变成(i)"约翰会请安娜或者贝蒂"为真,且(ii)"约翰会请安娜和贝蒂"为假,后者正是我们实际观察到的级差语用义。

上述过程也有一个更直观的理解:听话人听到"John will invite Anna or Betty",会思考说话人为什么没有说一个更强的句子"John will invite Anna and Betty",最可能的原因是这个更强的句子是错的,因而听话人得出结论"约翰会请安娜和贝蒂"为假。从这种更直观的角

[①] (20)中的公式参考了Chierchia(2013b:34)给出的定义,文字描述是根据本书目的做的简化,与公式内容完全等价。
[②] EXH在文献中被称为穷尽算子(exhaustification operator),因为它最早被用来处理问句答语经常传递的穷尽义。例如,当说话人用"John invited Anna and Betty"回答"Who did John invite?"时,听话人很自然地得出约翰请了安娜和贝蒂,但没请其他人,这个"没请其他人"的语义就是一个穷尽义,自Groenendijk and Stokhof(1984)以来的通行做法是认为这是一个隐性穷尽算子增强句子本义的结果。同时注意这里的回答大致相当于"John only invited Anna and Betty",所以EXH大致相当于一个隐性的only。文献中不同学者提出了不同的穷尽算子,本章采用的EXH来自Chierchia(2013b)。

度来看，Chierchia和Fox的理论中的"选项"其实就是说话人有可能会说但实际上没有说的句子，而EXH代表了听话人听到说话人说此句而非彼句所做出的推理[①]。从这个意义上看，Chierchia和Fox的理论其实相当于对Grice讨论的一些语用义进行了规约化/语法化（选项很大程度上由词汇义决定，而EXH更是一个句法算子）。

本章采用Fox（2007）和Chierchia（2013b）的这一理论框架，不仅因为它相比经典的Grice理论（Grice, 1975）可以更好地处理某些语用义的内嵌性和不易消除性等[见Chierchia et al.（2012）的详细讨论]，更因为它可以很好地处理本章所关注的任指/任选义。我们现在以（21）为例展示这一理论如何解释任指/任选义。这一解释用到了两个新的观点，一个是析取也可以激活析取支（disjunct）作为其选项，另一个是选项也可以自带语用义（即自带EXH）。

(21) a. John can invite Anna or Betty.

b. LF: EXH_C[John can invite Anna or Betty]

c. C1: {John can invite Anna, John can invite Betty}

d. C2: {EXH_{C1}[John can invite Anna], EXH_{C1}[John can invite Betty]}

e. 〚EXH_{C2}[John can invite Anna or Betty]〛为真

当且仅当，〚John can invite Anna or Betty〛=1 & 〚EXH_{C1}[John can invite Anna]〛=〚EXH_{C1}[John can invite Betty]〛=0

当且仅当，约翰可以请安娜 ∨ 约翰可以请贝蒂 & 并非约翰可以请安娜但不能请贝蒂 & 并非约翰可以请贝蒂但不能请安娜

当且仅当，约翰可以请安娜 & 约翰可以请贝蒂

首先，Fox（2007）和Chierchia（2013b）采取Sauerland（2004）的观点，认为or也可以激活其连接的对象（也即析取支）作为选项，如

[①] 我们引用Bart Geurts的著作 *Quantity Implicatures* 的第一句话来说明这一直观："This book is all about one simple idea: that speakers convey information not only by what they say, but also by what they *don't* say."（Geurts, 2010）

Anna or Betty 的选项也可以是{Anna, Betty}，因此整个句子所激活的选项可以是（21c）中的选项集 C1。但不难发现，如果让 C1 做整个句子的选项集[即让（21b）中 EXH 作用的选项集 C 等于 C1]，我们不仅不能得到任选义，反而会得到一个逻辑矛盾，这是因为 C1 中的两个命题都比未被增强的本句（等价于 John can invite Anna ∨ John can invite Betty）要强，所以 EXH 会肯定本句且否定 C1 中的这两个选项，得到的结果是：[约翰能请安娜 ∨ 约翰能请贝蒂] & 约翰不能请安娜 & 约翰不能请贝蒂，而这很明显是一个逻辑矛盾。

Fox（2007）进而提出可以对选项本身进行语用增强（即 recursive exhaustification），然后再用这些增强过的选项进行推导。换句话说，（21a）也可以激活（21d）中的选项。尤其注意（21d）中的两个选项都自带了 EXH，由于 EXH 代表着语用增强，表明这两个选项都已经被语用增强过了[即如 Chierchia（2013b）所说，选项本身被 pre-exhaustified 过]。（21e）进一步展示了如果我们让（21a）中的 C 取 C2，并用 EXH 作用于这样一组本身被增强的选项集，会得到什么样的结果。具体来说，C2 中的两个选项 EXH_{C1} [John can invite Anna] 和 EXH_{C1} [John can invite Betty] 分别表示"约翰可以请安娜但不能请贝蒂"以及"约翰可以请贝蒂但不能请安娜"；因为这两个选项都比（21a）中 EXH 所作用的句子（即"John can invite Anna ∨ John can invite Betty"）强，所以 EXH 会否定掉这两个选项，从而得到并非约翰可以请安娜但不能请贝蒂，且并非约翰可以请贝蒂但不能请安娜；这其实等价于如果约翰可以请安娜，那么他就可以请贝蒂，反之亦然；最后，我们再把这个语用增强义跟句子本身的语义相结合，得到的正是析取的任选义，即约翰可以请安娜，而且约翰可以请贝蒂。

上述推导看似复杂，但背后其实隐含了一个很直观的推理过程[该发现最早来自 Kratzer and Shimoyama（2002）]。首先，认为析取支可以做选项其实代表了听话人在听到说话人说出"John can invite Anna or Betty"的时候，会思考说话人为什么不选择说更简短且传递更多信息的"John can invite Anna"。这里有两种可能性。

可能性1：肯定是因为"John can invite Anna"为假，但平行的推理会让听话人得出"John can invite Betty"也为假，而这两个选项不能同时为假，否则就会跟说话人实际说的话（即"John can invite Anna or Betty"）相矛盾，因此听话人得出可能性1不是说话人这样做的理由。

可能性2：肯定是因为说"John can invite Anna"会带来一个错误的信息，这时，这个错误的信息不是"John can invite Anna"本身，而是单说"John can invite Anna"所带来的语用义（即穷尽义），即约翰可以请安娜但不能请贝蒂（这其实就是EXH_{C1}[John can invite Anna]）。既然这个信息是错误的，那么听话人得出并非约翰可以请安娜但不能请贝蒂，而这其实就等价于如果约翰可以请安娜，那么他就可以请贝蒂（根据¬(a∧¬b)与a→b等价）。同样针对"John can invite Betty"的推理可以得出如果约翰可以请贝蒂，那么他就可以请安娜。而这两个推论跟说话人实际上说的话结合起来，恰巧就是任选义。

不难看出，这里听话人考虑的可能性1其实就对应着EXH作用于（21c）中C1这样的选项集，而可能性2对应着EXH作用于（21d）中的C2[也即（21e）中的推导]，本章称之为任选增强。

最后还有一个问题，即任选性or为什么只能出现在含有可能情态的句子中？Fox（2007）和Chierchia（2013b）等众多学者认为这是由于or作为析取同时会激活合取 and 作为其选项（换句话说，当听话人听到or时总是会联想到and）的缘故。回顾之前对（19）的讨论，我们发现合取选项的存在会导致对合取的否定，即级差含义。同时，我们又从（21）发现任选增强可以将一个析取变成某种意义上的合取（即wide scope conjunction）。因为一个否定合取，一个肯定合取，所以这两种语用增强在很多情况下都是矛盾的，基本上只有在有可能情态的句子中两者才能和平共存。例如，在可能情态句中，约翰可以请A且约翰可以请B（任选增强的结果）和约翰不能两个都请（级差含义）并不矛盾。但在现实句中，约翰请了A且请了B（任选增强的结果）和约翰没有两个都请（级差含义）显然矛盾。正是这种语用增强的冲突（implicature clash）解释了任选增强为什么不能在肯定现实句等环境中出现，而这种冲突在含有可能情态的句子中并不存在，解释了任选增强为什么可以自然地出现在可能情态句。

我们上面简单讨论了Fox（2007）和Chierchia（2013b）关于任选性or的分析，值得注意的是汉语的"或者"跟英语or的表现基本一致。例如，"张三可以请李四或者王五"最自然的解读也大致等同于"张三可以请李四，而且张三可以请王五"，这也可以用我们上面描述的方法轻松处理；同时，这也说明Fox和Chierchia所描述的语用增强机制在汉语中同样存在，甚至可能属于普适语法（UG）的一部分[见Chierchia（2013b）的讨论]。

除了任选性or，Dayal（2013）、Chierchia（2013b）、Crnič（2019a、b，2022）等众多研究认为任选词如英语的any和德语的irgendein也应该用同样的"选项+EXH"的方式进行分析。特别是，跨语言来看，很多任选词都兼具否定极性词（negative polarity item）的身份，而这可以在Fox和Chierchia的理论中得到统一的分析。以any为例，它可以被统一处理为一个强制激活选项的存在量化词（existential quantifier with obligatory alternatives），否定极性-any（如"John didn't read any book"）相当于存在量化出现在否定（及其他向下蕴涵算子）之下（此时EXH不起作用，因为所有选项都比实际说出的句子弱），而任选-any（如"John can read any book"）大致相当于在可能情态环境中出现的存在量化，又因为any总是激活选项，所以在可能情态环境下被任选增强，成为一个跟情态密切相关的全称量化词。值得注意的是，对存在量化的任选增强与我们在（21）中展示的对or的任选增强基本一致，因为逻辑析取本质上就是对一个有限范围进行的存在量化[如$(a \vee b)$和$\exists p \in \{a, b\}[p]$等价]，我们只需假设两者激活同样的选项，那么两者的表现就会完全一致。根据前文对（21）的讨论，任选义的推导需要析取激活其析取支作为选项，对存在量化词来说，这其实相当于令其激活更小范围的存在量化词作为选项（sub-domain alternatives，本书译为"子范围选项"）。举例来说，$\exists p \in \{a, b\}[p]$的子范围选项就是$\{\exists p \in \{a\}[p],$

∃p∈{b}[p]}，而这正好相当于对应析取(a∨b)的两个析取支{a, b}，跟or的情况一致。既然存在量化和析取本身等价，且选项可以一致，那么存在量化自然也可以通过（21）所展示的方式被任选增强为全称量化。Dayal（2013）、Chierchia（2013b）、Crnič（2019a、b）等学者正是通过这一点维护了英语any统一的存在量化义，而将其在情态句中的任指表现处理为任选增强。

基于4.2节讨论的任指性疑问代词和任选any在量化及重音上的相似性，以及"疑问代词-都"与任选"或者-都"的相似性，我们提出任指性疑问代词也应如此分析。具体来说，我们认为汉语的任指性疑问代词也是本质上表存在的不定代词，即逻辑上的存在量化词[另见Liao（2011）、Xiang（2020）]。同时，它们在加重音的情况下可以激活子范围选项（见4.5节讨论）；而这些选项，正如（21）所示（基于存在量化与析取的等价关系），可以在自身被增强后又被EXH作用，从而被任选增强为全称量化词，取得任指解读。鉴于存在量化和析取在逻辑上等价，相关推导过程和（21）基本一致，我们在此不赘述其技术细节[①]。用直观一点的话来说，"谁"在语义上就等同于"一个人"，但其全称义并非来自外在的全称量化算子，而是由于其本身激活了选项，全称义来源于作用于这些选项的任选增强。大致来说，"谁"激活了"一个男人""一个大人""一个女人"等更小范围的选项，而任选增强的结果大致等同于选择任何一个范围都会使句子为真（直观上可以大致理解为加了一个"任意/随便"，即"任意/随便一个人"），这等同于全称量化。

最后，我们的分析与Liao（2011）、Chierchia and Liao（2015）的不同之处在于，我们并不认为汉语的任指性疑问代词自身会激活全称量化词作为其级差/量级选项（scalar alternatives），这可以帮助我们解释"疑问代词-都"与"或者-都"的一个重要不同，即"或者-都"只能出现在有可能情态的句子中[见（15）]，但"疑问代词-都"无此限制，试

---

① 第六章讨论"疑问代词-也"的时候将再次用到任选增强，并展示相关的技术细节，即存在量化如何通过任选增强而被强化为全称量化。

对比"他谁都请了"与"#他张三或者李四都请了"。我们将在6.4.2节对"或者-都"给出形式化分析时进一步讨论这一问题以及与此问题相关的技术细节。这里,如果我们回想上文对or的讨论,特别是回顾Fox和Chierchia对于为什么任选性or只能出现在可能情态句的解释,就会发现级差/量级选项(对析取来说是合取)在限制任选性or的分布上起了重要的作用;那么既然任指性疑问代词没有级差选项,所以也就不受相应的限制。

4.4 "疑问代词-都"中的"都"

上一节讨论了"疑问代词-都"中全称量化义的来源,本节我们讨论"都"在这一结构中所起的作用,也即"都"与任指性疑问代词的关系。根据本章前面两节的讨论,我们认为"都"不是一个全称量化副词,也并不贡献"疑问代词-都"中的全称量化义,这恰恰符合本书一直以来所持有的观点。我们进而在4.4.1节展示Liu(2017、2021)以及本书前两章对"都"的非(个体)量化分析[另见Liao(2011)],并在4.4.2节指出该分析可以更好地解释"疑问代词-都"中"都"的出现。下面我们先介绍这一分析及其解决的一系列问题,然后再来看该分析如何帮助我们认识"都"在"疑问代词-都"中所起的作用。为使本章对"疑问代词-都"的讨论更充分且自足完整,我们在此重复了一些第二章及第三章所讨论的主要观点及论据。

4.4.1 "都"的语义与语用

根据Liu(2017、2021)及本书前面章节的讨论,"都"是一个像英语even一样对选项敏感的副词。如(22)所示,"都"加在一个句子S上,虽然没有改变整个句子的真值条件,但贡献了一个预设,该预设要求与"都"结合的句子(即S)比当前语境下其他所有相关选项(即C里的命题)都强。值得注意的是,(22)中"都S"的断言部分跟S一致,这表明"都"没有增加断言义;同时,(22)中的"仅当"表明其后面的部分是一个预设,即只有当预设得到满足的时候"都S"才有语义/可以被合法使用；另外，">"表示命题之间的强度。在这种分析下，不同用法的"都"实际上是以不同的方式实现强度>，如"量化/分配/总括-都"对应着用逻辑蕴涵（entailment）实现强度，也即要求与"都"结合的句子蕴涵当前语境下的所有相关命题；而"甚至-都"要求用可能性衡量强度，即表示与"都"结合的句子比当前语境下其他所有相关选项都不可能[①]。我们以（23）为例来说明上述对"都"的分析。

（22）$[\![都_C S]\!] = [\![S]\!]$ 仅当 $\forall p \in C[p \neq [\![S]\!] \rightarrow [\![S]\!] > p]$

（23）a. 张三和李四都买了一辆特斯拉。

b.（连）李四都买了一辆特斯拉。

（23a）体现了文献中经常讨论的"都$_1$"的量化/分配效应，即该句一定蕴涵张三和李四分别买了一辆特斯拉。正如本书之前章节所论述的，我们认为这种分配效应由"都"的预设带来，具体来说，这里的"都"要求与之相结合的句子，即"张三和李四买了一辆特斯拉"，蕴涵当前语境下的所有相关命题，这些相关命题很自然地包括"张三买了一辆特斯拉"和"李四买了一辆特斯拉"，因此，为了使"张三和李四买了一辆特斯拉"蕴涵这两个命题，该句必须取分配解读，这便是

[①] 这种分析可以看成是对徐烈炯（2014）的进一步发展。徐先生认为（i）"'都'本身不是全称量词、分配算子，只是与这些合拍"，（ii）"我们倾向于把它（'都'）看成是一个情态附加语，如果是一个情态附加语，那它是相对独立于句子之外，独立于句子的命题内容之外"，（iii）"只要说话者认为某一方面达到了相当程度，他就可以在他说的句子里加上'都'"，（iv）"《现代汉语八百词》把'都'分成'都$_1$'、'都$_2$'、'都$_3$'，其实三者的区别就在于以不同方式体现达到认定的程度"。相似的看法见吴义诚、周永（2019）。另外，限于篇幅，本章暂不讨论表"已经"的"都$_3$"。"都$_3$"可以看成是在时间维度上衡量强度。

"都$_1$"的量化/分配效应[1]。

再来看（23b），这里的"甚至-都"基本相当于英语的even，表达李四买特斯拉比语境中相关的其他人买特斯拉都更不可能。如果我们把（22）中的强度理解为可能性（p比q在可能性上强，即p比q更不可能），那么（22）直截了当地刻画了"都"的"甚至"用法。而且，根据（22），"甚至"义[即（23b）表达的李四买特斯拉最不可能的信息]是一个预设义（崔希亮，1990）。这也符合语言事实，预设信息多是背景信息，不会受问句、否定、情态等影响，而"甚至"义确实在这些环境下不受影响，仍可以投射（project）出来。例如，肯定句"（连）李四都买了一辆特斯拉"与疑问句"（连）李四都买了一辆特斯拉吗？"均表达李四买特斯拉最不可能，第二句清楚地表明"甚至"义不受问句影响。

正如我们在第二章及第三章所指出的，上述基于选项、预设和强度的分析不仅可以让我们对"都"的各种用法做统一的分析，而且让我们能更加准确地刻画"都"特别是"总括-都"的语用[另见Liu（2021）]。请对比（24）中的两句话。特别是，（24）里的动词"笑"是一个本身就只有分配解读的谓语，即使没有"都"，我们也能从"张三和李四笑了"得出"张三笑了"和"李四笑了"。如果我们认为"都"本身只表示分配或全称量化，那么（24a）和（24b）应该表达同样的意思，即都表示"张三笑了，且李四笑了"；前者的分配性语义由"笑"本身的特征决定，而后者的分配义由"都"传递。这确实在一定程度上反映了我们对于这两句话的理解，但另一方面，人们还是会觉得（24）中的两个句子由于"都"是否出现而在意义上有不同的地方。本书第二章指

---

[1] 我们再次强调，我们认为该句的分配解读不是由"都"直接带来的："都"只是要求与之结合的句子蕴涵当前语境下的所有命题，是这个预设导致该句必须取分配解读，而分配解读另有其"法"。回顾本书第二章及第三章的讨论，我们认为汉语中存在一个隐性的分配算子，可以造成分配解读。例如"张三和李四画了两幅画"在回答"谁画了两幅画？"的时候很自然地取分配解读，而这正是因为这里的语境倾向于分配解读，而隐性分配算子可以导致分配解读。关于分配算子，见 Lin（1998a）及本书第二、三章。

出,两者的不同不在语义,而在语用。具体来说,两句话通常被用来回答不同的问题,如果当前语境中的问题是"张三和李四谁笑了?",那么必须用加"都"的(24b),而如果问题是"张三、李四和王五谁笑了?",那么最好用不加"都"的(24a)①。我们在(24)(25)展示这一现象(实线相连表示是好的问答对,虚线连接表示是不自然的问答对)。

(24)a. 张三和李四笑了。　　　　b. 张三和李四都笑了。

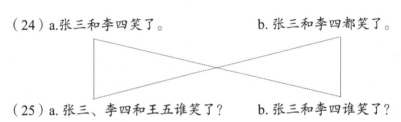

(25)a. 张三、李四和王五谁笑了?　　b. 张三和李四谁笑了?

这一语用上的不同可以在(22)的分析下得到非常自然的解释。具体来说,根据(22),"都"要求与之结合的句子比语境中相关选项集中的命题都强,如果我们认为这里的相关选项集其实代表了当前语境中正在回答的问题(question under discussion, QUD; Roberts, 2012),那么"都"其实预设了与之结合的句子是QUD下的最强命题。更进一步,我们在第二章指出这其实刻画了前人普遍认为的"都₁"表"总括"的直观(吕叔湘,1980);只不过,这里"都"总括的不是句内的某个名词短语,而是当前的话语话题,也即当前语境中讨论的问题[见 Carlson(1983)等关于话语话题即问题的观点];"总括"说的是,"都"预设了其所在的句子蕴涵了当前问题下的所有命题。回到(24)中的两个句子,因为(24b)中有"都",所以"张三和李四笑了"必然是QUD下的最强答案,也即蕴涵QUD里的其他命题,那么当前问题只能是"张三和李四谁笑了?"[按照经典的 Hamblin(1973)与 Karttunen(1977)的问句理论,一个问题就是其可能答案的集合,因此"张三和李四谁笑了?"所代表的命题集是{张三笑了,李四笑了,

---

① 如果(24b)中的"张三和李四"加了重音,那么(24b)也可以用来回答"张三、李四和王五谁笑了?",我们在第二章指出这涉及了对比话题和分问题,详见2.2.3节的讨论。

张三和李四笑了}]。反之，（24a）中没有"都"，暗示当前答案不是QUD中的最强答案[①]，因而不能回答"张三和李四谁笑了？"，却可以回答"张三、李四和王五谁笑了？"。由此，两者语用上的不同得以解释。

最后，正如我们在第二章和第三章指出的，（22）所体现的对"都"基于预设的分析可以帮助我们解释"都"的一系列强制出现现象。上文我们已经提到（24b）在回答"张三和李四谁笑了？"的时候其中的"都"不能省略，如（26a）所示。我们认为这是一种由"预设最大化"[maximize presupposition；由 Heim（1991）最早提出]这一语用原则所造成的强制预设现象。预设最大化作为一个类似 Grice 会话原则的语用原则，要求说话人在语义上等价的不同表达中选择使用含有更多预设的那个表达（在该预设被满足的情况下）。因此，当一个句子在当前语境下满足了"都"的预设（即比 QUD 里的所有命题都强），预设最大化就会要求"都"的强制出现，正因为含有"都"的句子会比不含"都"的句子多一个预设。这不仅可以解释（26a）中"都"的强制出现，也可以解释汉语中"每、所有"等全称量化表达为什么总是需要"都"的出现。大致来说，"都"预设了总括，而全称量化的句子总是表示总括，因此满足了"都"的预设，所以"都"必须出现[相关技术细节请见 Liu（2021）及本书第二章与第三章]。由此可见，该解释不仅适用于普通复数性名词成分与"都"的共现，更适用于全称量化成分与"都"的共现，解决了文献中讨论的后者的"双重量化"的问题（袁毓林，2012；徐烈炯，2014）。更进一步，这种解释还能将"都"和其他虚词的强制出现关联起来，如（26c），按上述解释，这里的"也"因为带有一个类同的预设（马真，1982），而该预设在（26c）的最后一个小句得到了满足，因此"也"必须出现。

（26）虚词的强制出现

    a. Q: 张三和李四谁笑了？

[①] 这是一种反预设（antipresupposition）现象，见 Percus（2006）等的讨论。

A: 张三和李四#（都）笑了。
b. 每个/所有学生*（都）笑了。
c. 在我的后园，可以看见墙外有两株树，一株是枣树，还有一株#（也）是枣树。　　　　　　　　　　（鲁迅）

4.4.2 "都"与任指性疑问代词

我们认为，上述基于选项、预设和强度对"都"的分析，特别是对其强制出现的解释，恰恰适用于"疑问代词-都"。特别是，我们在本章的4.2和4.3两节已经得出结论，认为"疑问代词-都"中的全称量化义并非来自"都"，而是来自对疑问代词所代表的存在量化所施加的任选增强。通过本节对"都"的讨论，我们进而可以解释"疑问代词-都"中的疑问代词为什么必须被任选增强。总的来说，"都"要求与之结合的句子比当前语境下所有相关选项都强，而疑问代词因为本身表示比较弱的存在量化，无法满足"都"的预设，因此需要任选增强的使用；这一语用增强的结果满足了"都"的要求，并赋予"疑问代词-都"正确的全称量化义。下面我们以（27）中的"谁都来了"为例具体说明。

（27）"都"的预设与任选增强
　　谁都来了≈所有人都来了
　　a. 语境中的相关选项：{张三来了，李四来了，……}
　　b. 未经任选增强的"谁来了"：张三来了 ∨ 李四来了 ∨ 王五来了……　　　（"都"的预设不能被满足）
　　c. 经过任选增强的"谁来了"：张三来了 & 李四来了 & 王五来了……　　　（"都"的预设可以被满足）

首先，我们假设语境中的相关选项如（27a）所示，包括"张三来了，李四来了"等，这其实相当于认为"谁都来了"的QUD是"谁来了？"。事实也的确如此，前者通常被用来回答后者这样的问题。其次，我们认为"谁"本质上表达存在量化（见4.5节的讨论），因此，未经任选增强的"谁来了"本身表达"有人来了"，即（27b）给出的析取表达,由于该表达并不比(27a)中的选项强("有人来了"显然被"张三来了"等选项蕴涵),"都"的预设没有得到满足,因此"谁都来了"并没有存在量化的解读。另一方面,任选增强可以将该析取表达强化为(27c)中的合取,即一个全称性的表达[见前文对(21)的讨论]。显而易见,该全称表达蕴涵了所有相关选项,"都"的预设得到了满足,因此整个句子表达的意思正如(27c)所示,约等于"所有人都来了"。

上述对"疑问代词-都"为什么一定是任指解读的解释,同样解释了为什么"或者"跟"都"搭配必然会有任选义。如前所述,"或者"可以激活的选项包括"或者"连接的对象(即各析取支),那么"或者"必须经过任选增强变成合取才能蕴涵这些选项,满足"都"的预设,因此,"或者-都"必须取任选解读。这一点可以从对比(28a)与(28b)得出:(28a)中的"或者"跟"都"搭配,所以必然表达任选义,不能用后续句取消("我忘了是哪个了"暗示只有一个可以教,与任选义相左);而(28b)中的"或者"没有跟"都"搭配,所以任选义可有可无,可以被后续句取消。值得注意的是,上述的讨论其实也解释了"或者-都"分布上的受限。因为"或者"必须在表达任选义的情况下才能满足"都"的预设,而"或者"跟英语的 or 一样,都只能在可能情态句中被任选增强成合取(见4.3节末尾的讨论),因此"或者-都"只能出现在可能情态句中。

(28)"或者-都"必然传递任选义
  a. 约翰或者玛丽都可以教基础汉语,#但我忘了是哪个了。
  b. 约翰或者玛丽可以教基础汉语,但我忘了是哪个了。

上面我们讨论了"疑问代词-都"为什么必然表达任选义。另一方面,疑问代词的任指解读必须加"都"(或"也"),我们认为这跟全称量化词必须加"都",以及(26a)中的"和"字短语在相应语境下必须加"都"的原因一致,都是因为预设最大化原则。相关解释跟上文对(26)中各句的解释基本一致:因为任指性代词经历了任选增强，所以会成为当前语境中最强的总括句，因而满足了"都"的预设，按照预设最大化原则，"都"必须出现。换句话说，"都"在"疑问代词-都"中并不贡献量化等真值条件义，而是通过其预设指明了当前的疑问代词必须经过任选增强取得任指解读，从这种意义上来说，"都"在疑问代词的众多用法中指明了其任指用法，起到了消除歧义的功能。

总结整个4.4节的内容。本节首先介绍了Liu（2017、2021）及本书前两章关于"都"的理论。该理论不仅赋予"都"的各种用法一个统一的分析，而且既刻画了其语义，又刻画了其语用，更是统一解释了各种"都"的强制出现现象。我们进一步用该理论解释了"疑问代词-都"中"都"的出现。值得注意的是，这一分析并未将"都"看成是全称量化词，而是基于选项和预设，因而能和我们在4.3节所讨论的存在/析取成分普遍展现的任指/任选现象，特别是其背后基于选项语义学的任选增强机制，有机地结合起来。根据这一解释，任选增强机制导致了"疑问代词-都"中的全称量化义，而"都"则通过预设表明了这一增强机制在该结构中的使用。

总的来看，我们认为这一解释有以下几点优势。首先，各种"都"字句中"都"的出现得到了统一的解释，且这种解释可以很自然地推广至其他焦点副词（如"也"）在某些环境下的强制出现[见（26c）]。进一步，这种解释也给"疑问代词-都"与"疑问代词-也"的统一分析提供了一个新的方向。特别是"也"，通常认为它是只贡献预设义的一个焦点副词，因而跟我们对"都"的处理平行，进一步支持了本章的观点（我们将在第五、六两章详细讨论"疑问代词-也"）。最后，在这种分析下，"疑问代词-都"和"或者-都"也得到了统一的分析，两者因为"都"的预设都必然表达任指义，两者的不同在于"或者-都"比"疑问代词-都"出现的环境更受限，而这可以通过让前者而非后者激活级差选项来解释（见4.3节末尾的讨论以及本书6.4.2节关于"或者-都"的技术细节）。

4.5 疑问代词表存在

我们在上文一直假定疑问代词本质上表示存在量化，理由之一是疑问代词在任指用法下与"通常/一般"等量化副词并无互动，不受后者约束，这说明疑问代词可能自带量化义，因而不能再受外界量化的左右。另外，任指性疑问代词与英语的any有诸多相似之处，而后者在当前主流分析中通常被分析为自带量化义的存在量化词（Dayal, 2013; Chierchia, 2013b; Crnič, 2019a、b）。本节我们展示更多独立的证据支持疑问代词不管在何种用法下均表存在。特别是，在Karttunen（1977）对疑问句的经典分析中，疑问代词的语义恰恰等同于存在量化词。同时，将疑问代词看成是存在量化词可以直截了当地解释为什么跨语言来看，疑问代词通常可以作为表存在的不定代词在陈述句中使用。最后，我们也将讨论重音如何协助虚指性疑问代词变成任指性疑问代词。

4.5.1 问句中的疑问代词

先来看疑问句中的疑问代词。首先，正如我们在本书第二章所提到的，经典疑问句理论[见 Hamblin（1973）、Karttunen（1977）；另见Dayal（2016）关于问句语义的介绍性专著，尤其是该书2.4节]认为一个问题就等同于其可能答案的集合（其背后的直觉是如果一个人知道了如何回答一个问题，那么他就知道了这个问题的语义）；又因为每个可能答案都代表着一个命题，所以一个问句的语义就是一组命题的集合。以（29a）为例，等号左边问句的语义就等同于等号右边的命题集。这从语用上很容易理解：当一个问话人问出了"李四请了谁？"，就相当于他摆出了{李四请了安娜，李四请了贝蒂，李四请了张三，……}这样的命题集，让答话人告诉他该命题集中哪些命题为真，哪些为假。

进一步，这样的命题集可以用（29b）这样更形式化的方式表示出来，从中我们已经可以看到存在量化[即（29b）中的下划线部分，可与（29c）中作为存在量化词的"谁"作对比]在形成这样一个集合的过程中起到一定的作用①。最后，从语义组合的角度来看，根据Karttunen（1977），这样一个集合可以通过两个关键步骤组合而成。首先，疑问句中有一个标句词 C_Q 可以标明整个句子是陈述句还是疑问句，并在语义上将一个命题（陈述句的语义类型）变成一个单元素命题集（即 $[\![C_Q]\!]$ = $\lambda p.\{p\}$）。然后，疑问代词作为一个存在量化词[如（29c）所示]移位至 C_Q 之上[可以是隐性移位，见Huang（1982）]，并在此处做存在量化，这相当于将不定性（indefiniteness/inquisitiveness）引入到 C_Q 所形成的单元素集中，从而将其扩展成一个多元素集，最终形成问句的语义。我们在脚注简要展示这一组合过程，感兴趣的读者可以参阅von Fintel and Heim（2021，8.2.1节）②，尤其值得注意的是，参与该语义组合的疑问代词正是一个存在量化词[见下面脚注中的（ic）]。

(29) a. $[\![$李四请了谁？$]\!]$ = {李四请了安娜，李四请了贝蒂，李四请了张三，……}

b. $[\![$李四请了谁？$]\!]$ = {p:∃x[x是人 & p = 李四请了x]}

c. $[\![$谁$]\!]$ = $\lambda P.\exists x[x$ 是人 & $P(x)]$

---

① 对于（29b）中的集合，我们也可以用{李四请了 x: x 是人} 来描述。同样，{x^2: x ∈ N} 跟 {y: ∃x[x ∈ N & y = x^2]} 等价。由此可见，存在量化是一种很普遍的帮助我们描述集合的方式。

② 问句的语义组合：

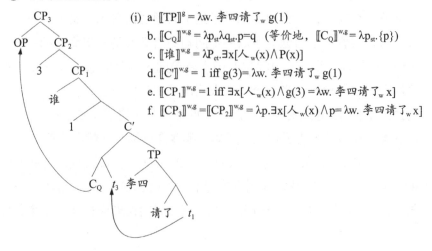

4.5.2 疑问代词的虚指用法

将疑问代词看成是存在量化词不仅可以帮助我们按照 Karttunen（1977）的方式成功组合出疑问句的语义，更让我们可以直截了当地解释一个跨语言来看很普遍的现象，即在相当多的语言里，疑问代词和表存在的不定代词都十分相似，甚至在很多语言中具有完全相同的形式（如荷兰语、俄语、越南语、帕萨马科迪语、尤卡坦玛雅语等），这在文献中被称为"疑问-不定之关联"[interrogative-indefinite affinity，见 Haspelmath（1997）、Bhat（2000）、Haida（2007）、Hengeveld et al.（2021）等]。根据 Haspelmath（1997：174）对 100 种语言所做的跨语言调查，其中有 64 种语言的不定代词都以疑问代词为基础，而其中又有 31 种语言的不定代词跟疑问代词有完全相同的形式。我们在（30）至（33）中给出一些跨语言的事实说明这一关联。（30）是拉科塔语的例子，其中的疑问代词 táku 既可以在特殊疑问句中当疑问词，也可以在陈述句或一般疑问句中当不定代词，两种用法用重音区别（前者加重音，后者不加），跟汉语类似。（31）是古希腊语的例子，可以看出，疑问代词在原位时充当不定代词，而移至句首时是疑问句中的疑问词。（32）是越南语的例子，（32b）表示疑问代词可以在表测度的情态词下用作不定代词，也跟汉语类似。（33）是坎纳达语中的例子，如（33b）所示，疑问代词加上一个表析取"或"的小品词就可以当不定代词使用。

（30）a. Šuka   ki   táku   yaxtáka   he?   [Onea, 2021, (3)]
　　　　狗　　那　　什么　　咬　　　　Q
　　　解读一：'那只狗咬了什么？'
　　　解读二：'那只狗咬了什么吗？'
　　 b. Šuka   ki   táku   yaxtáke.
　　　　狗　　那　　什么　　咬
　　　'那只狗咬了（什么）东西。'

（31）a. Tís　ễlthen?　　　　　　　　　（Haspelmath, 1997: 170）
　　　　谁　来了
　　　　'谁来了？'

　　　b. Ễlthén　tis.
　　　　来了　　谁
　　　　'有人来了。'

（32）a. Tân　mới　gặp　ai　(thế)?　　　（Tran, 2009: 1）
　　　　谭　　刚刚　见　谁　PAT
　　　　'谭刚刚见了谁？'

　　　b. Chắc　Tân　mới　gặp　ai.
　　　　好像　　谭　　刚刚　见　　谁
　　　　'好像谭刚刚见了谁。'

（33）a. ra:ju　ellige　ho:da?　　　　　（Bhat, 2003: 246）
　　　　拉朱　　哪　　　去了
　　　　'拉朱去了哪？'

　　　b. ra:ju　ellig-o:　ho:da.
　　　　拉朱　　哪-或　　去了
　　　　'拉朱去了某个地方。'

这种跨语言的关联在当前观点下很容易理解：因为疑问代词本身就是存在量化词，当然倾向于被作为表存在的不定代词使用[另见Onea（2021）列举的其他观点及其相关讨论]。

实际上，汉语的疑问代词的虚指用法正体现了这种跨语言的"疑问-不定之关联"。如（34）中各例，均相当于英语的 something/someone，是典型的存在性不定代词。

（34）a. 他的脚被什么东西绊了一下。　　　　　　　　（莫言）
　　　b. 狗熊站在楼七室门口，正在跟谁低声讲着什么。
　　　　　　　　　　　　　　　　　　　　　（罗广斌、杨益言）
　　　c. 他戴错了谁的帽子了。　　　　　　　（Chao, 1968: 663）

同时，正如吕叔湘（1985）提到虚指性疑问代词时说虚指性疑问代词表"不知"，疑问代词表虚指时经常会传递一些额外信息。我们这里给出丁声树等（1961：166）对这一现象的精辟描述："所谓虚指有各种情形，或是不知道，或是想不起、说不上，或是不必明说。'谁'字虚指，表示不知道或者说不出姓名的人。……'什么'虚指，表示不知道或者说不出来的事物。"我们十分赞同这一概括，实际上，虚指性疑问代词在大多数肯定句环境下必须表达"不知"[见Liu and Cui（2019）对这一问题的详细讨论及本书第五章]。例如（34b），如果说话人清清楚楚地看到狗熊在跟猫头鹰讲话，那么就不能用"谁"指代猫头鹰，（34）中各例皆是如此。

这种表示额外语义的不定代词在文献中通常被称为情态性不定代词[modal indefinites，如"不知"即与说话人的认知状态即情态有关；见Alonso-Ovalle and Menéndez-Benito（2021）的综述性文章]。经典分析如Alonso-Ovalle and Menéndez-Benito（2010）通过对西班牙语algún的研究，认为这类特殊不定代词应该被分析为激活个体选项的存在量化词。在此基础上，Liu and Cui（2019）通过对汉语虚指性疑问代词与其他各语言中的情态性不定代词的对比，提出虚指性疑问代词也该如此分析。具体来说，"谁"在这种分析中就表示"某人/一个人"，同时激活"张三、李四、王五"等个体选项，而正是对这些个体选项的语用推理导致虚指性疑问代词通常在肯定句传递"不知"等额外含义。以（35）中的"狗熊正在跟谁低声讲话"为例，因为"谁"表示存在量化，所以整个句子表示狗熊正在跟一个人低声讲话；同时，因为"谁"激活"猫头鹰、李四"等个体选项，听话人通过推理说话人为什么没有选择这些更具体的形式，推断出说话人不能确定正在跟狗熊低声讲话的人是谁，如（35）所示。值得注意的是，这一推导过程同样可以用4.3节所描述的"选项+EXH"的方式进行处理，相关细节请见Liu and Cui（2019）。

（35）狗熊正在跟谁低声讲话 ≈ 狗熊正在跟一个人低声讲话+
说话人不确定狗熊正在跟猫头鹰低声讲话 & 说话人不确定狗熊正在跟李四低声讲话& ……

至此，我们发现了虚指性疑问代词和任指性疑问代词的一个重要的不同，即两者激活的选项不同。具体来说，两者都是存在量化词，但虚指性疑问代词激活个体选项，因而听话人根据说话人没有选择更具体的选项而得出不知是哪个的"不知"义；而任指性疑问代词激活范围选项，听话人根据说话人没有选择更小的范围而得出更小范围会导致错误的穷尽义，进而得出对任何一个小范围D来说，不只D会让句子为真，并最终得出任何一个范围都会使句子为真，即任指义[见对（21）的讨论]。换句话说，虚指性疑问代词和任指性疑问代词分别对应着关于个体的语用推理和关于范围的语用推理。后者也是文献中任选义（free choice implicature）有时被称为范围推理（domain implicature）的原因。

我们认为虚指性疑问代词和任指性疑问代词这一语义上的不同跟它们语音形式的不同密切相关[另见张定（2020）的相关讨论]。4.2节已经提到任指性疑问代词总是需要重读，这点跟虚指性疑问代词很不一样，后者总是轻读。实际上，跨语言来看，疑问代词做表存在的不定代词时通常不能加重音[见Hengeveld et al.（2021）的讨论]，这一点不同可以通过对比（36a）和（36b）很清楚地看出。（36a）中有一个虚指性疑问代词，且重音不能落在该疑问代词上，而（36b）里是一个任指性疑问代词，必须带重音。

（36）a. 好像谁来了。
　　　b. 好像谁都来了。

进一步，我们认为正是重音的不同导致了两者语义上的不同。具体来说，我们认为疑问代词本身激活个体选项，如（37b）所示[①]；而重音代表焦点，也会激活选项[见Rooth（1992）等的焦点理论]，因而重读的疑问代词会激活更多的选项，即（37c）中所有的范围选项，正是这

---

① 这里对（37）做几点说明。首先，（37a）表明疑问代词即存在量化词，其中的D指的是该存在量化词量化的范围，这里借鉴的是von Fintel（1994）等人的观点，即所有量化都是在一个限定的范围内进行，该范围可以作为一个隐性代词（接下页）

些多余的选项可以使整个句子被增强为任指。这也解释了"疑问代词-都"中的疑问代词为什么必须加重音，因为只有在焦点的加持下疑问代词才可以激活任选增强所需要的选项，进而被增强为任指，满足"都"的预设。

（37）a. $[\![谁_D]\!] = \lambda P.\exists x \in D[x 是人 \& P(x)]$
b. $[\![谁_D]\!]_{alt} = \{\lambda P.[u 是人 \& P(u)] \mid u \in D\} = \{[\![张三]\!], [\![李四]\!], \ldots\}$ （个体选项）
等价于 $\{\lambda P.\exists x \in \{u\}\ [x 是人 \& P(x)] \mid \{u\} \subseteq D\}$
c. $[\![谁_{D_F}]\!]_{alt} = \{\lambda P.\exists x \in D'[x 是人 \& P(x)] \mid D' \subseteq D\}$ （范围选项）

总结本节内容。我们在本节详细讨论了汉语疑问代词的各种用法[①]，并指出这些用法都可以用疑问代词表示存在量化的观点进行处理。特别是，根据Karttunen，疑问句中的疑问代词是在命题集之上（即句法上的C_Q之上）进行存在量化，而虚指性的疑问代词是激活个体选项，因而表达"不知"的存在量化。最后，我们讨论了重音在疑问代词由虚指变为任指中所起的作用，指出重音代表焦点，激活了疑问代词的所有范围选项，从而使其可以通过任选增强得到任指义。

（接上页）出现在 LF 中。其次，在（37b）的第一、二行，为了彰显个体选项与范围选项的相同之处，我们采用了专有名词的 ⟨et, t⟩ 类型解读（即文献中常说的Montague individual），这与让专名指称个体是等价的。例如，$[\![张三]\!]$ = 张三=$\lambda P.P$（张三）。另外，需要注意，$[\![\ ]\!]$带下标，即$[\![\ ]\!]_{alt}$，指的是该表达所激活的选项，即Rooth 所说的焦点语义值（focus semantic value）。最后，在（37b）我们给出了另一种等价的表达，即存在量化的个体选项其实等价于存在量化的单元素范围选项[singleton domain alternatives，见Alonso-Ovalle and Menéndez-Benito（2010）]。既然单元素范围选项也是范围选项，所以（37b）其实是（37c）的一个子集。从这种意义上来说，加在（37c）上的焦点带来了更多的选项。

[①] 限于篇幅，我们无法讨论疑问代词的承指用法，即"张三请了谁，李四就请了谁"这样的句子。我们认为这里的"谁"也不是变量，而是疑问句中的疑问代词，故而也是存在量化词。换句话说，"张三请了谁，李四就请了谁"其实是条件句的前件和后件分别内嵌了一个疑问句，大致相当于，如果你知道"张三请了谁"的答案，那么你就知道"李四请了谁"的答案。请见刘明明（2018）及Li（2021）的相关分析。

4.6 小结

本章以"疑问代词-都"为例,讨论了现代汉语疑问代词的任指用法。我们认为"都"是一个跟预设相关的焦点副词,其出现表示了与之结合的句子比语境中所有选项句都强,为了满足其预设,疑问代词作为一个存在量化词必须经过任选性语用增强,从而获得相应的任指义。该分析不仅将汉语的任指性疑问代词纳入任指/任选这一更普遍的语言现象,也为观察"都"在这一结构中的作用提供了新的视角,并对各种"都"强制出现的现象,乃至其他焦点副词强制出现的现象,做出了统一的处理。最后,该分析还解释了重音在疑问代词任指化中所起的作用,讨论了如何用存在量化的方式统一处理疑问代词的各种用法。

跨语言来看,很多语言中的疑问代词在表达全称/任指量化的时候都需要与一个相当于英语 also/even 的焦点副词搭配,如日语的 wh-mo(Shimoyama, 2001; Szabolcsi, 2015)、匈牙利语的 akár-wh(Abrusán, 2007)、达兰萨拉藏语的 wh-ye(Erlewine and Kotek, 2016)、马来语的 wh-wh-pun(Wong, 2017)、罗马尼亚语的 ori-şi-wh(Fălăuş and Nicolae, 2022)。本章在讨论汉语事实的基础上,希望能从汉语出发为这一跨语言现象提供启示。更进一步,接下来的两章将讨论疑问代词与"也"的搭配,事实证明,本章所讨论的很多内容也可以应用于对"疑问代词-也"的分析。同时,接下来的两章也将对本章所讨论的内容做进一步的形式化。

第五章 "也"与任指性疑问代词：
语言事实及前人的观点

上一章讨论了现代汉语疑问代词的任指用法，本章及下一章进一步讨论跟任指性疑问代词有关的另一重要结构，即"疑问代词-也"结构。具体来说，本章在详细刻画相关语言事实的基础上，讨论前人在传统语法和认知功能框架下对"疑问代词-也"所做的探索，并尝试用形式语义学的一些工具呈现这些分析，进而增进各学派之间的对话。同时，在比较前人观点和相关语言事实的基础上，我们提出该结构中的"也"是表"甚至"的量级"也"，其中的疑问代词可以取任指解读。同时，根据本书第四章的分析，我们认为任指解读来源于对自身表存在的疑问代词的任选增强（Chierchia, 2013b; Fox, 2007），增强同样可以满足量级"也"的预设，因此任指性疑问代词也可以和"也"共现。进一步，我们将在第六章提出"量级-也"要求与其关联的选项集呈现一种全序性的递进关系，该要求可以通过在语用上对疑问代词的量化域进行扩域而得到满足。最后，语用扩域作用于当前语境讨论的问题（QUD），而对问题的扩域经常会造成否定偏向，这解释了"疑问代词-也"的否定倾向。

5.1 引言

本章及下一章讨论"疑问代词-也"结构。该结构在现代汉语中十分普遍，且以往文献多有讨论，但有趣的是，针对这一话题所做的讨论大多在认知功能学派内展开（杉村博文，1992；杨凯荣，2002；袁毓林，2004）。相反，形式学派特别是大量针对疑问代词任指/全称量化的研究（Lee，1986；Cheng，1994、1995；Lin，1996；Wu，1999；Giannakidou and Cheng，2006；Dong，2009；Liao，2011；Chen，2018；Feng and Pan，2022），只关注"疑问代词-都"，对"疑问代词-也"基本没有提及。研究疑问代词的任指/全称用法绕不开"疑问代词-也"，因此，我们的一个目的是填补形式学派对这一话题的研究空白，并基于"疑问代词-也"和"疑问代词-都"的平行性，探讨前者对"疑问代词-都"乃至对疑问代词任指用法研究的启示。

另一方面，"疑问代词-也"和"疑问代词-都"有一个显著的不同，即前者多出现在否定句（吕叔湘，1985；朱德熙，1982；杉村博文，1992；杨凯荣，2002；袁毓林，2004）。如何更好地解释"疑问代词-也"和"疑问代词-都"在相似的同时又有分布上的差异，以及如何解释"疑问代词-也"的否定偏向，这是我们的另一个目的。

传统语法和认知功能学派对"疑问代词-也"有诸多精辟的见解，这些分析能否用形式学派的工具呈现，从而便于不同理论之间的对话及不同分析之间的比较？我们试图在这一点上做出初步的探索。同时，一定程度的形式化也有助于我们更好地理解前人的分析，并比较它们之间的差异与优劣。

本章组织如下：5.2节主要刻画相关语言事实；5.3节讨论之前文献的几种具有代表性的观点，对其进行形式化，并比较其优势与不足。下一章进而提出我们的形式分析。

5.2 基本事实

本节依次介绍"也"（5.2.1节）、疑问代词的非疑问用法（5.2.2节）及两者结合后"疑问代词-也"（5.2.3节）的基本事实。值得注意的是，"也"单用并无否定偏向，而疑问代词的任指用法本身也不局限于否定环境，因此"疑问代词-也"似乎很难与否定直接产生关联。我们进而讨论Yang（2018）对"疑问代词-也"相关事实的归纳，特别是他认为"疑问代词-也"需要量级解读的观点，并提出我们的看法。

5.2.1 "也"

因为"也"有多种用法，对"疑问代词-也"的解释必然会涉及其中的"也"到底是哪个"也"的问题。本节描述现代汉语"也"的主要用法，并对其中的两种最主要的用法做形式化的描写与分析。具体来说，我们采用Biq（1989）及Yang（2020）的做法，将现代汉语的"也"分为三个："追加-也"、"量级-也"（又称"甚至-也"）与"情态-也"[另见吕叔湘（1980）、马真（1982）、Hole（2004）等]①。本节着重讨论前两种"也"。先来看"追加-也"，如例（1）所示。

（1）张三也介绍了李四给玛丽。
    a. 重音在李四：→ 张三介绍了其他人给玛丽。（焦点敏感性）
        重音在玛丽：→ 张三介绍了李四给其他人。
    b. 张三也介绍了李四给玛丽吗？
        → 张三介绍了其他人给玛丽。（预设性）

例（1）中的"追加-也"有四点需要注意。第一，"也"对语义的贡献根据句中重音位置的变化而有不同。如果将重音放在"李四"上，"也"贡献张三已经介绍了其他人给玛丽的语义；而如果将重音转移至"玛丽"，"也"表示张三已经介绍了李四给其他人。如（1a）所示。通常认为，这里的重音代表着焦点，而（1a）体现了"也"等追加类小品词（包括英语的also, too, 德语的 auch, noch等）对焦点敏感、可以

---

① 这三种称法分别对应着Biq（1989）的对称性并列、程度性包含与评价性婉转。我们采用Yang（2020）所使用的additive，scalar及modal的说法。这也对应着吕叔湘（1980）的"也₁"表类同、"也₃"表甚至、"也₄"表缓和语气这三种用法。吕叔湘（1980）给出的第二种用法涉及"也"在一些复杂结构如"即使-也、再-也"以及"疑问代词-也"中的使用，这些结构中的"也"可以归结为其他三种特别是前两种更基本的用法。另外，这三种"也"有没有可能进行统一的分析，目前我们无法对这一问题做过多讨论。有趣的是，跨语言来看，很多追加类小品词都有"甚至"的量级用法（König, 1991; Forker, 2016），这暗示了最起码前两种用法可能有更深层次的联系。关于这一问题，请参见Tovena（2006）的讨论。

与焦点关联[即Rooth（1992）的focus association]①的性质。

第二，"也"贡献的语义是一个预设义，这从（1b）中"也"传递的信息可以不受问句影响可以看出[因为预设义多是背景信息，所以不被问句、否定、情态等针对句子主要信息的操作影响，即文献中经常说的预设的投射性，见Chierchia and McConnell-Ginet（2000）对预设的相关介绍]。

与之相关的第三点是，"追加-也"通常要求其追加的对象在当前语境下具有显著性，或者说，"追加-也"要求语境中已经存在相应的前提句[即salient antecedent；另见崔永华（1997）]。这一点从Kripke（2009）的著名例句（2）可以看出。Kripke指出，（2）不能在没有任何语境的情况下当话语起始句，而这说明too的追加对象不能是随便一个正在纽约吃晚餐的人（虽然每天都有成千上万的人在纽约吃晚餐，都可以满足"有一个不是 Sam 的人在纽约吃晚餐"的"也"的预设要求），而必须是一个当前语境下交谈双方已经讨论过且很明确的人。Kripke的发现也存在于汉语中[见Yang（2020，第二章第三小节）的相关讨论]，说明"追加-也"要求语境中有明确的前提句存在。

（2）[Sam]$_F$ is having dinner in New York tonight, too. （需要前提句）

以上三点追加类小品词（包括"追加-也"）的性质前人多有讨论，下面我们来看"追加-也"的第四个性质，跟"也"字句与其前提句的关系有关，但文献中讨论不多。我们从前人最早对英语及其他语言（俄语、德语等）的观察出发来讨论。首先，Beaver and Clark（2008）、Jasinskaja and Zeevat（2009）和Theiler（2019）等发现，追加类小品词总是要求其所在的句子与前提句之间没有逻辑蕴涵关系（或称independence，即语义上彼此独立），如（3）中各例所示。尤其

---

① 值得注意的是，当"追加-也"向左关联时，重音可以放在"也"上，如"王五介绍了李四给玛丽，张三也介绍了李四给玛丽"。这是一个跨语言存在的现象[即 additive particles under stress 现象，见Krifka（1999a）等的讨论]。一种观点是重读"也"的关联对象既是焦点也具有话题性[或者说given，见Schwarzschild（1999）]，所以需要轻读，重音因而转移到"也"上[见Umbach（2012）的相关讨论]。另见Liu（2009，第二章第三小节）和Yang（2020，第二章第五小节）的相关讨论。

值得注意的是,(3a)和(3b)如果去掉too,句子就会变得可以接受[(3c)去掉 also且第二小句加so的话,句子也变得可以接受],这说明too/also是造成句子不好的原因,也即too/also等追加类小品词要求追加独立性(即其所在的句子与前提句之间语义彼此独立)。

(3) a. [John]$_F$ is coming. #[His whole family]$_F$ is coming too.
  b. Sam is [happy]$_F$. #He's [ecstatic]$_F$ too.
  c. I called [Alice and Mary]$_F$. #I also called [Mary]$_F$.

现代汉语"也"的表现也是如此。(4)中各句不好的原因都与"也"的追加独立性有关。尤其是,(4a)与(4b)中去掉"也"就变得可以接受,而(4c)中的"也"换成"还"后十分自然[①]。

(4) a. #我请了张三,实际上我也请了张三和李四。
  b. #李四请了张三和王五,所以他也请了张三。
  c. #李四喝了酒,也喝了白酒。
      对比,李四喝了酒,还喝了白酒。

综合上述四点"追加-也"的性质,我们给出(5)作为"追加-也"的语义。

(5) "追加-也"的语义
  ⟦也$_C^{ADD}$S⟧= ⟦S⟧ 仅当
  ⟦S⟧的相关选项集C中有一个在当前语境下显著的前提句p满足下列条件:
  (i) p 为真,而且   (追加性)
  (ii) p ⊈ ⟦S⟧且⟦S⟧⊉p   (追加独立性)

[①] 值得注意的是,Theiler(2019)认为追加类小品词的追加独立性和它们的另一个性质息息相关,即能否出现在特指问句中与其中的疑问代词关联。例如also具有追加独立性,因而不能说"#who also came?",而要说"who else came?"。有趣的是,现代汉语的"也"也不能在特指问句中与疑问代词关联,如不能说"我知道张三请了李四,#他也请了谁?",要说"我知道张三请了李四,他还请了谁?",这与(4c)中"也"与"还"的对立相关,支持了Theiler(2019)的概括。

我们对（5）稍加说明。首先，我们用"也^{ADD}"来表示这是一个追加性的"也"（add即additive的缩写），其下标C代表着一组命题的集合，即文献中常提到的语境中相关的选项集（contextually relevant alternative set）。具体来说，这里的 C 由当前句子的焦点决定，是S的焦点语义值（即focus semantic value $[\![S]\!]_{Alt}$）跟当前语境相关的部分[参见Rooth（1992）的技术细节]。以（1）中的"张三也介绍了李四给玛丽"为例，如果焦点在"李四"上，那么与"也"结合的句子所激活的选项集相当于把李四换成其他人（也包括李四）而得到的命题集，即 {张三介绍了x给玛丽：x是一个人}。假设当前语境正在讨论王五和安娜，那么C大致就等于{张三介绍了李四给玛丽，张三介绍了王五给玛丽，张三介绍了安娜给玛丽}。同样，如果焦点在"玛丽"上，那么相应的选项集就是{张三介绍了李四给x：x是一个人}，C就只可能是{张三介绍了李四给玛丽，张三介绍了李四给王五，张三介绍了李四给安娜}。由此可见，不同的焦点决定C的不同，而正是因为"也"的语义涉及C，所以对焦点敏感。

接着，$[\![也_C^{ADD}S]\!]=[\![S]\!]$表示"也"加在一个句子上时，并没有改变该句子的真值条件义（或称断言义）。另一方面，"仅当"之后是"也"所贡献的预设，表示含有"也"的句子只有满足了"仅当"后面的要求才有语义/可以被合法使用。这刻画了"也"的预设性。

最后，"追加-也"预设了与之结合的句子所激活的选项集 C 中有一个显著的前提句为真，且该前提句与"也"字句之间没有蕴涵关系。这里的"显著前提句"要求该命题在当前语境下已经存在且会话双方可以明确其对象，这刻画了"也"对语境的要求，即 Kripke 的发现。"为真"刻画了"也"所在的句子是对之前某个已经确定为真的命题的"追加"，也即（1）中"也"所传递的信息。"$p\not\in[\![S]\!]$且$[\![S]\!]\not\Rightarrow p$"表达追加命题与前提句的语义互相独立，解释了（4）中"也"的表现。

上面我们讨论了"追加-也"的语义，下面来看"量级-也"。（6）中各例句均涉及"量级-也"。直接证据就是这些句子译为英语时都需要加even，而后者是典型的量级焦点小品词。具体来说，按照

Karttunen and Peters（1979）的经典分析，even表示其所在的句子比语境中其他所有相关的选项句都更不可能，而这也是（6）中各句所传递的信息之一：（6a）表达李四笑比其他人笑都更不可能；（6b）表达李四没请一个人比李四没请其他数量的人更不可能；（6c）表达"你不说 & 我知道"比"你说 & 我知道"不可能；（6d）表达"他不及格 & 被录取"比"他及格 & 被录取"不可能。这里选项的激活同样依赖焦点（由重音可见），也即"量级-也"对焦点敏感。并且这种量级义跟上文讨论的追加义一样，也是预设义。例如（6a）的疑问形式"（连）李四也笑了吗？"同样表达李四笑最不可能。并且如前文所述，预设义多为背景信息，（6）中的各句的确多出现在量级义已经被满足的语境中，特别是（6b）—（6d）中的量级义均为常识，自然是背景信息。

（6）a.（连）李四也笑了。

　　 Even Lisi laughed.

　　b. 李四（连）半/一个人也没请。

　　 Lisi didn't invite even a single person.

　　c.（即使）你不说，我也知道。

　　 Even if you don't tell me, I will know it.

　　d. 他（虽然）不及格，也被录取了。

　　 Even though he failed the test, he (still) got admitted.

进一步，我们认为是"也"贡献了这些句子里的量级义，或称"甚至"义[另见邓川林（2017）]。换句话说，（6）中的"连/即使/虽然"并不贡献"甚至"义。这种看法跟Paris（1979）、Shyu（1995）、李文山（2013）、Xiang（2020）等对"连-都/也"的看法一致①。对此，我

---

① 我们在（i）中给出Xiang（2020）对"连"的形式分析。如（i）所示，⟦连(α)⟧ = ⟦α⟧，也即"连"加在一个表达上，并没有改变该表达的语义。后面的"仅当"部分表示"连"有一个预设的要求，即要求与其结合的表达必须激活选项，也即带有焦点。从这种意义上来说，"连"就是一个焦点标记。

（i）⟦连(α)⟧ = ⟦α⟧，仅当{⟦α⟧} ⊂ F-ALT(α) 　　　　　　[Xiang, 2020, (80)]

们提供两点证据。第一点,如(6)所示,这些句子的"连/即使/虽然"都可以省略,且省略后并不影响量级义的表达。更为重要的是,在某些情况下即使相应的句子有明显的量级义,这些词也不能出现,如"把"的宾语不能加"连":"?他真够败家的,把连老祖母留给他的房子都/也卖了"[基于李文山(2013:325)];"比"的宾语也是如此:"*李四比连姚明都/也要高上半头"。第二点,跨语言来看,很多追加类小品词都有量级用法[即既可以当also也可以当even;见König(1991)、Forker(2016)],如日语的mo、印地语的bhii、罗马尼亚语的şi等,汉语的"也"可以看成是这种跨语言倾向性的具体体现,因而也可以很自然地认为具有量级用法。日语mo和印地语bhii的相关例子如(7)所示。

(7) a. Sono　syoonin-mo　damatteita　　(Shimoyama, 2006: 145)
　　　 那　　证人-MO　　　沉默了
　　　 解读一:'那个证人也沉默了。'
　　　 解读二:'连那个证人也/都沉默了。'

b. Raam　bhii　aayaa　　　　　　(Lahiri, 1998: 59)
　 拉姆　BHII　来了
　 解读一:'拉姆也来了。'
　 解读二:'连拉姆也/都来了。'

除了表示"甚至","量级-也"仍然保有其追加的含义。这一点通过对比"(连)-都"和"(连)-也"可以很清楚地得出,请看(8)[另见Chen(2008:75)及巴丹(2012:54)的相关讨论]。

(8) [语境:小朋友们去徒步旅行,路过一条小溪,大家都不敢跳。突然,平时最胆小的李四纵身一跃,跳了过去。老师鼓励大家说:]
a. 快跳吧,(连)李四都跳过去了。
b. #快跳吧,(连)李四也跳过去了。

根据（8）中所描述的语境，只有李四跳过了小溪，因此"追加"（即要求有一个不是李四的小朋友跳过小溪的预设）并没有在当前语境下得到满足。另一方面，李四跳过小溪最不可能的"甚至"预设，的确在该语境下得到了满足。比较同样表示"甚至"的"（连）-都"和"（连）-也"，前者可以自然地在（8）所描述的语境下使用，而后者却不行，这说明两者虽然都表示"甚至"，但"（连）-也"仍然保有其追加的预设义。

Chen（2008：75）的例子也证明了这一点。Chen（2008）发现，对（9）来说，当语境中只在讨论两道题的时候，如果约翰没做出另一道题，那么就只能用"（连）-都"，不能用"（连）-也"，这也是（9b）不能加"不过他没做出来另一道"的原因。

（9）a. 约翰连第二题都/也做出来了。
　　 b. 约翰连第二题都/#也做出来了，不过他没做出来另一道。

上述讨论说明"量级-也"有追加性，但另一方面，"量级-也"的追加义和"追加-也"的追加义仍有两点不同。首先，"追加-也"要求追加独立性，即追加句与其前提句之间须互不蕴涵[见对（4）的讨论]。我们发现，虽然"量级-也"也有追加性，但该追加义没有独立性的要求。（10）中两例证明了这一点。其中（10a）涉及表极小量的"一量名"（即文献中常说的minimizers），根据常见的对此类现象的语义分析（Heim, 1984; Krifka, 1995; Guerzoni, 2004; Chierchia, 2013b），这里的极小量表达自带焦点，并激活其他数量作为其选项，同时，"甚至-也"与该焦点关联（在Heim、Krifka、Guerzoni、Chierchia的分析中，极小量与一个可以是隐性的even相关联），预设其所在的句子比其他选项更不可能（即"甚至"）且还有（至少）一个另外的选项为真（即"追加"），这两个预设在否定句中均可得到满足（"没请一个人"蕴涵"没请两个人"，当然前者比后者更不可能），因此极小量表达可以出现在否定句中。值得注意的是，根据这种分析，（10a）中的"也"字句与其他所有选项均处于蕴涵关系（$\neg\exists x[|x|=1\&$

李四请x]蕴涵¬∃x[|x|=2&李四请x])①，因此无论追加的前提句取哪个选项，追加独立性都不可能被满足。（10b）更清楚地说明了这一点，此时的"两个人坐得下"是前提句，而跟"也"结合的句子"三个人坐得下"很明显蕴涵了前提句。

（10）a. 李四连一$_F$个人也没请。

b. 别说两$_F$个人了，（连）三$_F$个人也坐得下。

"量级-也"的追加义和"追加-也"的追加义的第二个不同，跟是否要求前提句已经明确出现在当前语境有关，"量级-也"并无此要求，证据见（11）。这里B的回答用到了"量级-也"，但语境中并没有一个已经出现过的前提句。同时需要注意，这里"也"的出现仍然要求聚会有不止一个人来，这即是我们所说的"量级-也"的追加性[见对（8）的讨论]，只不过其追加的前提句无需在语境中明确（崔永华，1997）。

（11）A：昨天聚会怎么样？

B：很成功。连李四也来了！

根据上述讨论，我们提出（12）作为"量级-也"的语义。跟（5）类似，"量级-也"贡献预设义，其预设（i）除了跟"也"结合的句子以外，还有一个该句子的选项也为真，以及（ii）跟"也"结合的句子比语境中其他所有相关的选项句都更不可能。前者描述了"量级-也"的追加性，后者即是其甚至义。

（12）"量级-也"的语义

$[\![也_C^{SCALAR} S]\!] = [\![S]\!]$ 仅当

$[\![S]\!]$的相关选项集C满足下列条件：

(i) C中有一个p为真，而且 （追加性）

(ii) $\forall q \in C[q \neq [\![S]\!] \rightarrow [\![S]\!] <_{可能性} q]$ （甚至义）

---

① 这里用稍微形式一点的表达式来描述，因为如果用汉语呈现相关选项，如"李四没请两个人"，会有歧义。

第五章 "也"与任指性疑问代词：语言事实及前人的观点

最后，我们简单地看一下"也"的第三种用法，即"情态-也"，如（13）中各例所示[例句均来自吕叔湘（1980）]。通常认为这里的"也"表达委婉语气（吕叔湘，1980；马真，1982；Biq，1989）。对于这种用法，文献中没有太多讨论，也没有形成统一的认识[见邓川林（2017）、Yang（2020，第五章）、Wei（2020，第四章）的相关讨论]，大多数研究者的共识是，"疑问代词-也"中的"也"并不涉及这种表情态的"也"[①]，因此，我们暂不对这种用法的"也"做过多讨论。

（13）a. 音量也就是这样了，不能太大了。
　　　b. 这张画也还拿得出去。
　　　c. 我看也只好如此了。
　　　d. 情况也不一定会像你说的那样吧！
　　　e. 你也不是外人，我都告诉你吧。

总结本小节的内容。本节着重讨论了"也"的两种最主要的用法即其追加用法和量级用法的语义性质，并做了形式化的描写与分析，这将帮助我们在5.3节更为清晰地确定"疑问代词-也"中的"也"到底是哪个"也"。正如我们在5.3节将要看到的，现有文献对这一问题有十分不同的看法，且都不无道理，因此一定的形式化可以帮助我们更准确地展开这些理论，并区分它们各自的优劣。

另外需要注意的是，正如本节的很多例句所示，无论是"追加-也"还是"量级-也"均可以自由地出现在肯定句，这似乎表明"疑问代词-也"的否定偏向并不直接来源于"也"。因此，在下一节我们来看"疑问代词-也"中的另一主要角色，即其中的疑问代词，我们将着

[①] 早期的确有学者认为"疑问代词-也"中的"也"表示委婉语气。如Biq（1989）就认为"疑问代词-也"中的"也"表示婉转，而"全称否定与婉转口气密切相关，因为后者着重于级阶的下（否定）端。另一方面，全称肯定占有级阶的最上（肯定）端，因而与婉转口气相对照。这是为什么许多全称肯定不能与'也'共现的原因"（Biq，1989：13，胡壮麟译）。之后的学者大多不认可这一分析，如袁毓林（2004）指出，Biq的这一观点跟语言事实有出入，"疑问代词-也"通常表示强调，不表示婉转。

重关注"疑问代词-也"的否定偏向是否有可能来自疑问代词的某种非疑问用法。

5.2.2 疑问代词的非疑问用法

现代汉语疑问代词有多种非疑问用法，我们主要讨论疑问代词的两种非疑问用法，即虚指和任指[根据吕叔湘（1985），另见Lin（2014）的综述文章]①。我们先来看疑问代词的虚指用法（另见本书第四章4.5.2节的讨论）。

在形式学派中，几乎所有研究者都认为虚指性疑问代词是某种类型的否定极性词[negative polarity item，简称NPI；见Huang（1982）、Li（1992）、Cheng（1994）、Lin（1998b）、Xie（2007）、Liao（2011）、Chierchia and Liao（2015）、Lin et al.（2022）等]。这似乎跟"疑问代词-也"的否定偏向十分契合。但如果仔细观察，我们就能发现这一关联并不可靠。首先，虚指性疑问代词不仅能出现在典型NPI（如英语的ever）所能出现的环境[即否定等向下蕴涵环境，downward entailing，见Ladusaw（1979）]，而且能出现在含各种情态词的环境，如"好像谁来了""我以为你看到了什么"等。这促使Li（1992）、Lin（1998b）、Xie（2007）、Lin et al.（2022）等做出结论，认为虚指性疑问代词是一种特别弱的NPI（superweak NPI），能在各种非现实

---

① 我们用虚指用法指所有表存在的疑问代词，即文献中的 wh-indefinites（疑问-不定代名词）、existential wh（存在性疑问代词）等，用任指用法表全称量化的疑问代词，即文献中的 universal/free choice wh（全称/任指性疑问代词）。普遍认为"疑问代词-也"中的疑问代词表示任指，但这一结论其实是需要分析论证得出的。例如杉村博文（1992）及杨凯荣（2002）等就将"疑问代词-也"中的疑问代词看成是某种意义上的偏指，这其实与存在用法更为相似（见下文讨论）。实际上，从逻辑的角度来看，因为有否定的存在，全称量化在否定之上的解读（wide-scope universal）与存在量化在否定之下的解读（narrow-scope existential）是等价的。因此，"疑问代词-也-否定"中的疑问代词从理论上来说既有可能是否定之上的全量，也有可能是否定之下的存在。本章5.3节将详细讨论这一问题。

第五章 "也"与任指性疑问代词：语言事实及前人的观点 155

环境（包括否定及很多情态环境）下被允准①。而这显然跟"疑问代词-也"的否定偏向并不合拍②。

其次，我们根据Liu and Cui（2019）、Yang et al.（2020）及Liu and Yang（2021）等关于汉语虚指性疑问代词的研究，认为虚指性疑问代词其实是可以出现在肯定现实性环境下的[另见陈振宇、古育斯（2012）]。其实吕叔湘（1985：164）在谈论"什么"的虚指用法时就指出："我们说肯定句里有虚指的'什么'的往往兼有表示测度跟近似的词语，并不是说没有这类词语就不用'什么'。这种例子有的是，例如……'眼睛全发了光，嘴里都说着些什么'。"

这里举出的吕先生的例子就涉及虚指性疑问代词出现在肯定现实句中，说明它们并非如前人所述只能出现在非现实句中。（14）给出了更多类似的例子，这些例子均说明虚指性疑问代词不需要有句法语义上的允准语，不是NPI③。更进一步，既然虚指性疑问代词不是NPI，那么"疑问代词-也"中的否定偏向自然也不能由之而来。

---

① 这里的非现实环境指Giannakidou（1998）的non-veridical环境[对比Lin（1998b）的"非蕴涵存在条件"，non-entailment-of-existence condition]。Giannakidou的一系列研究认为跨语言来看有不同种类的NPI，而分布最广的那种只需出现在non-veridical环境下，该种环境由non-veridical算子造成。见（i）中的定义。

（i）一个算子F为non-veridical，当且仅当对任意命题p来说，F(p)不蕴涵p。

根据这个定义，"好像"就是一个non-veridical算子，因为"好像张三来了"并不蕴涵"张三来了"。否定词也是non-veridical算子，因为"张三没来"显然不蕴涵"张三来了"。而肯定现实句因为没有在non-veridical算子下，所以不是non-veridical的，按照Giannakidou（1998），是最典型的不能允准NPI的环境。请参见Xie（2007）、Lin et al.（2022）等运用Giannakidou的框架分析汉语虚指性疑问代词的工作。

② 另见5.2.3节对Hole（2004）相关归纳的讨论，Hole认为应该用非现实性来描述"疑问代词-也"的分布限制，我们认为Hole的这种观点其实是有问题的。

③ 同时，疑问代词表虚指时多表"不知"（吕叔湘，1985），正如丁声树等（1961：166）所言，"所谓虚指有各种情形，或是不知道，或是想不起、说不上，或是不必明说。'谁'字虚指，表示不知道或者说不出姓名的人。……'什么'虚指，表示不知道或者说不出来的事物"。我们十分赞同这一概括[（14）各例均表"不知"]，并认为这可能是导致前人认为虚指性疑问代词不能出现在肯定现实句的原因，如"*我喜欢谁 vs.张三喜欢哲学系的谁"。前者不好有可能是没有满足虚指性疑问代词表达"不知"的要求。见Liu and Yang（2021）的相关讨论。

(14) a. 客厅里传来马青一个人的快速说话声,当他停顿时,响起一片欢笑,笑声刚停,杨重又说了几句什么,笑声又起。

(王朔)

b. 他把什么东西理了一下就睡觉了。

(邵敬敏、赵秀凤,1989:33)

c. 他戴错了谁的帽子了。 (Chao,1968:663)

下面我们再来看疑问代词的任指用法,该用法以"疑问代词-都"中的疑问代词最为典型。与虚指性疑问代词一样,与"都"搭配的任指性疑问代词也没有出现在否定句的要求。特别是,"疑问代词-都"中的任指性疑问代词也可以自由地出现在肯定现实句中,如(15)中各例所示①。

(15) a. 谁都了解这个情况。 (陆俭明,1986)

b. 这些人都尊敬"山神"孙忠三,所以他一说话,谁都在听。 (《四大名捕破神枪》)

---

① 值得注意的是,Lin(1996: 117—118)认为任指性疑问代词不能出现在肯定现实环境[见下面的例(i)]。我们并不同意这种语感。相反,我们赞同Giannakidou and Cheng(2006: 137)和Feng and Pan(2022: 281—282)的归纳,认为至少"谁、什么"这样的疑问代词在任指用法下不受限制,可以出现在肯定现实环境。同时,Giannakidou and Cheng(2006)认为"哪-NP"(如"哪个学生")跟"都"搭配时不能出现在肯定现实环境,我们也不赞同这种语感。在这一点上我们认同Chen(2018: 29)及Feng and Pan(2022: 281—282)的说法,认为"哪-NP"和"谁、什么"这样的疑问代词在跟"都"搭配的时候没有显著的不同。我们下面给出Lin(1996)的例句,见(i)。Lin认为这两句话都不好,因此得出结论"疑问代词-都"像英语的any一样,不能出现在肯定现实句。我们赞同任指性疑问代词和英语的任指性any有很多相似之处,但不认为任指性疑问代词不能出现在肯定现实句。对于(i),只要稍加改造就能变得很自然,如(ii)。这可能跟"疑问代词-都"的语用有关,即"疑问代词-都"通常表示强调,且是针对范围的强调,因此可能需要更多的语境支持。

(i) a. *谁都在唱歌。

b. *谁都已经离开了。

(ii) a. 当时,他们谁都在唱歌,没有人注意到李四进来。

b. 问:谁离开了?

答:谁都离开了。

(转下页)

c. 谁都来了。 （Chao, 1968: 662）
d. 谁都不敢再作声，然而谁都在私下笑着。 （网络用例）

根据上面的讨论，我们发现疑问代词不管是虚指还是任指都没有分布上的限制，尤其不需要出现在否定环境下。结合上一节得出的结论，即"也"的各种用法也不需要与否定共现，我们似乎无从解释"疑问代词-也"的否定分布偏向。下一小节将详细讨论"疑问代词-也"的有关情况，事实证明"疑问代词-也"不仅跟否定相关，也与量级解读密切相关。

5.2.3 "疑问代词-也"

关于"疑问代词-也"的一个最常见的归纳即是该结构多出现于否定句（杉村博文，1992；杨凯荣，2002；袁毓林，2004）。（16）列举了一些前人文献中举出的例子作为佐证。其中，（16b）至（16e）均说明"疑问代词-也"肯定与否定的差异，而（16a）表明"疑问代词-都"并无此否定限制。"疑问代词-也"的否定偏向也符合实际语料中"疑问代词-也"的表现。根据杨凯荣（2002）和巴丹、张谊生（2012）收集的语料及所做的统计，真实语料中有超过95%的"疑问代词-也"都出现在否定句中。[①]

（16）a. 谁都/??也很勇敢。 （陆俭明，1986）

（接上页）

最后，还有两点值得注意。首先，赵元任先生在《中国话的文法》中介绍现代汉语疑问代词的任指用法时举出的例子"谁都来了"[即（15c）]即是典型的任指性疑问代词出现在肯定现实句中的例子。其次，很多关于现代汉语任指性疑问代词的习得实验用的例句都是肯定现实句（这点很容易理解，因为儿童有可能还没有习得情态这类复杂的表达），例如"谁都跳过了房子"[Zhou, 2015,（25）]以及"小羊什么都放在箱子里了"[Yang et al., 2022,（19）]。这些例子通常都和描述现实事件的图片一起出现，且被试（既包括成人也包括儿童）一致认为是可以接受的。

[①] 杨凯荣（2002）收集了151个自然出现的"疑问代词-也"，其中有145个都处于否定句中，只有6个在肯定句，否定比例占96%；巴丹、张谊生（2012）统计了北京大学语料库小说类语料，发现有640条含"疑问代词-也"的例句，其中只有21条是肯定句，其他619条占96.7%的例子都是否定句。

  b. *什么也看得见。
   vs. 什么也看不见。   [杉村博文，1992，（21）]
  c. *可是不知为什么谁也笑了。
   vs. 可是不知为什么谁也没笑。 [杨凯荣，2002，（15）]
  d. *俺叔的话谁也听。
   vs. 俺叔的话谁也不听。   （同上）
  e. *他……什么能力也有。
   vs. 他徒有其表，什么能力也没有。 （同上）

  另一方面，我们需要注意"疑问代词-也"的这种否定偏向仅仅是一种使用上的倾向性，而不是一种绝对的句法语义限制。上述杨凯荣（2002）及巴丹、张谊生（2012）的统计已经显示，自然语料中仍存在（虽然少）肯定性的"疑问代词-也"。（17）给出相应的肯定例句，这些肯定的"疑问代词-也"句均十分自然。因而，正如前人所总结的，"肯定式的动词用'都'为主，否定式的动词用'也'的较多"（吕叔湘，1985：174），"肯定句里'都'比'也'占优势，否定句里'也'比'都'占优势"（朱德熙，1982：93）。这里的"为主""优势"描述的都是一种倾向性，不是一条绝对的规则。

  （17）a. 有钱谁也可以进学堂。 [杉村博文，1992，（33）]
    b. 啥事也有例外。   [杉村博文，1992，（39）]
    c. 上头谁的指示也得听哩。 [杨凯荣，2002，（25）]

  正是根据"疑问代词-也"可以出现在肯定句中，Hole（2004：130）提出"疑问代词-也"的真正限制条件不是否定，而是更广义的非现实性[另见杨凯荣（2002：252）相似的描述]。根据 Hole，"疑问代词-也"只能出现在非现实环境（non-veridical，见前文的定义），而非现实环境不仅包括否定句，还包括各种情态词所造成的环境，如（17a）中的"可以"、（17c）中的"得"，而（17b）可以认为是一个通指句，暗含情态[即文献中常说的通指句中出现的隐性量化性副词 Gen，见 Krifka et al.（1995）]，也是非现实句。根据 Hole（2004），正是

第五章 "也"与任指性疑问代词：语言事实及前人的观点　159

这些情态成分使得"疑问代词-也"可以出现在肯定句中。Hole（2004：56）更举出（18）中的例子，认为其中相应的"疑问代词-也"句没有情态词不可接受，但只要加了情态词，不管是可能情态[即（18a）]，还是必然情态[即（18b）]，句子均变得合法。Hole认为这支持了用非现实性（包括否定）允准"疑问代词-也"的做法。

（18）a. 我什么样的书也＊（会/能/能够）找到。
　　　b. 我什么样的书也＊（得/应该/要/想）看。

我们认为Hole（2004）的观点有两个问题。第一，如上文所述，自然语料中高达95%以上的"疑问代词-也"都出现在否定句中，这说明即使"疑问代词-也"需要允准，否定和情态作为允准语（licensor）的能力也是不一样的，因此将两种环境简单合并成一个"非现实"似乎不能准确地反映语言事实。第二，Hole自己发现并不是所有的"疑问代词-也"加了情态词就一定会变好，同时，也并不是所有肯定性"疑问代词-也"就一定得加情态词。关于前者请见（19），其中用"也"的句子Hole和Biq都觉得不好，即便句中有情态词"可以"。关于后者请见（20），其中两例均为肯定句并且没有情态成分。这些都说明"疑问代词-也"与非现实性并无直接联系。而这跟我们前两小节所得出的结论其实是相符的，即无论是单用的"也"，还是疑问代词的非疑问用法，均没有非现实性的要求。

（19）a. 不管从什么地方都/＊也可以上去。　（Hole，2004：131）
　　　b. 我哪一天都/? 也可以。　　　　　　[Biq，1989，（21）]
（20）a. 他们什么都/也改良了。　　　　　　（Hole，2004：131）
　　　b. 几天来，我们都沿着前面队伍经过时所做的记号，很迅速地攀行着。谁也是小心翼翼地，不敢大声。（网络用例）

同时我们要指出，对于很多出现在肯定句中的"疑问代词-也"，母语者的语感并不是特别清晰，这从有的研究者用＊标记不好的"疑问代词-也"句，有的用?或??标记可见一斑。甚至有研究者对十分相似的"疑问代词-也"句也有不一致的语感,以(21)的"谁也知道这件事"为例,Hole(2004)认为这句话不合法,但袁毓林(2004)却认为是合格的句子(从"不"的可选即加括号可以看出),相似的句子如(21c)和(21d)也在文献中作为合法的句子出现。

(21) a. 谁都/*也知道这件事。　　　　　　(Hole,2004:123)
　　 b. 谁也(不)知道这件事。　　　　　[袁毓林,2004,(40)]
　　 c. 谁也/都知道哥伦布发现了美洲。
　　　　　　　　　[Paris,1979,(101);另见 Biq,1989,(14b)]
　　 d. 谁也懂得。　　　　　　　　　　　[马真,1982,(52)]

上述讨论说明,虽然否定句中"疑问代词-也"的事实十分明确,即总是合法,但肯定句中"疑问代词-也"的事实却并不简单,甚至还有争议。至于究竟是什么因素促使"疑问代词-也"可以自然地出现在(17)中,我们上文讨论了Hole的情态说(或称非现实说),但发现这一看法并不能准确地反映相关事实。我们现在转而讨论Yang(2018)[另见其博士论文Yang(2020)]的观点,该观点认为"疑问代词-也"跟量级解读有着密切的关系。

具体来说,Yang(2018)认为"疑问代词-也"中的"也"跟"连-也""即使/虽然-也",以及无条件句"无论-也"中的"也"一样,都是量级"也"。量级"也"需要有量级解读,具体到"疑问代词-也"上,Yang认为这要求疑问代词所量化的对象(alternatives denoted by the wh-word[①],Yang,2018:159)必须形成一个有序的量级(scale)。例如(20a)中的"他们什么也改良了",Yang认为,这句话好的原因是可以找到一个疑问代词所关涉的量级,即他们改良的东西可以形成从最显著的到最不易察觉的一个序列,而整个句子表达"他们改良了所有东

---

① Yang(2018)似乎认为疑问代词指称集合,所以用"denote"一词。我们认为疑问代词本身即是量化性成分,所以用"量化对象"来表示Yang所说的需要形成量级的对象。更准确地说,这里的"量化对象"其实就是量化词的量化域(domain of quantification)。

西，甚至包括最不起眼的部分"。

这种"疑问代词-也"跟量级解读相关的观点其实很多学者都提到过。例如杉村博文（1992）就将"疑问代词-也"跟"连-也"做类似的分析，杨凯荣（2002）也将"疑问代词-也"与"一量名-也"做类比（下一节将详细讨论这些分析）。作为支持这一关联的证据，Yang（2018）指出，如果疑问代词的量化对象不能形成一个量级，那么相应的（肯定）"疑问代词-也"句就一定不能被接受。例如（22），Yang认为用"也"不好，正是因为自然语境下一群正在被讨论的孩子很难激活一个序列。Yang进一步给出了（23）中的两个无条件句来佐证这一观点[①]，并认为两者的区别恰恰在于，只有（23b）中跟"也"关联的前件可以被很自然地根据对油灯的需求理解为一个量级，即〈白天，晚上〉。

（22）这几个孩子，（无论）哪一个都/*也很聪明。

[Yang, 2018, （14）]

（23）a. 无论你还是他，我都/*也喜欢。　　[Yang, 2018, （16）]
　　　b. 不论白天晚上，他都/也要点着油灯。

[Yang, 2018, （25）]

我们认同Yang（2018）所描述的语感。实际上，文献中举出的很多"疑问代词-也"出现在肯定句的例子都有明显的量级解读。如（17a）中的疑问代词可以认为是在量化从十分优秀的学生到连入学考试都没考过的学生，而（17c）"上头"的人可以很自然地按照级别大小形成序列。同时，这种"疑问代词-也"跟量级解读有关的观点或许可以解释为什么人们对某些出现在肯定句的"疑问代词-也"的语感有一定偏差，如文献中学者语感不太一致的（21）。实际上，我们调查发现，有些人甚至觉得（16b）（即"什么也看得见"）、没有情态词

[①] Yang认为无条件句中的"也"跟"疑问代词-也"中的"也"是一个"也"，我们同意这一看法[另见吕叔湘（1980）中"也"的第二种用法]。用（23）这样的无条件作对比的好处是可以用析取性"还是"明确地标识出无条件句所量化的个体，从而可以观察它们之间能否形成一个有序的量级。

的（18b）（即"我什么样的书也看"）以及（19a）（即"不管从什么地方也可以上去"）也都可以接受。这种语感的差异性可以通过量级解读的语境敏感性来解释。具体来说，量化表达的量化域通常对语境敏感（von Fintel，1994），疑问代词的量化域也不例外，因此不同的人在接触到同一个含有肯定性"疑问代词-也"的句子时有可能会联想到不同的量化域，而这些量化域可能有的是有序的有的是无序的；又因为只有有序的量化域才能满足肯定"疑问代词-也"的要求，因此不同人对相应的含有"疑问代词-也"的肯定的句子可能会有语感方面的差异。

另一方面，虽然我们认同"疑问代词-也"跟量级解读直接相关，但Yang（2018）的说法还有改进的空间。Yang认为为了满足"也"的量级要求，"疑问代词-也"中疑问代词的量化域中的所有成员必须形成一个有序的量级，这显然只是针对肯定句中"疑问代词-也"的要求，否定句中的"疑问代词-也"并无此要求。我们举一个很简单的句子"他俩谁也没说话"，这里的"谁"的量化域包括"他俩"所指称的对象，如张三和李四，但对这句话的解读明显不需要这两个人处于某个量级上。换句话说，否定句中的"疑问代词-也"并不需要该疑问代词量化域的成员形成一个有序的量级。据此，我们提出（24）作为对事实的归纳，强调只有在肯定句中，疑问代词的量化域才需要形成一个量级。

（24）关于"疑问代词-也"、否定和量级的归纳

"疑问代词-也"在否定句可以自由出现；在肯定句，只有当疑问代词的量化域可以形成一个有序量级时，该"疑问代词-也"才能被接受。

（24）所体现的肯定与否定的差异可以帮助我们理解在实际使用中为什么否定的"疑问代词-也"占绝大多数。具体来说，一般认为大多数疑问代词如"谁""哪个""什么"等（在通常情况下）的量化域都是不成序列的集合[unordered set；见Szabolcsi and Zwarts（1993）根

据与我们所讨论的完全无关的现象所做出的结论]①，因此大多数疑问代词在绝大多数语境下都不能满足"疑问代词-也"在肯定句中对量级的要求，从而只能出现在否定句中；而又因为这些疑问代词同时是最经常使用的，因此在实际使用中我们遇到的"疑问代词-也"多出现在否定环境。

这一解释带来了另外一个有趣的问题，即那些本身就带有量级性的疑问代词，如"多少""怎么"等，它们出现在肯定环境下的比例是否会稍高一些？虽然我们没有对此进行专业系统的语料库研究，但我们在CCL语料库做了简单的搜索，结果证明这些疑问代词的确在肯定的"疑问代词-也"句中出现的比例大大高于"谁""哪个""什么"等。具体来说，我们先搜索了"多少$4也"，即"多少"后面4个字之内有"也"的字段，得到了1,182个结果；然后我们在该结果中排除含有否定的结果，即添加"也-6（不|没|无|别|休|难|莫|甭|未）"这一条件，得到了463个结果，也就是说，有约40%的"多少-也"能出现在肯定句的环境中。我们用同样的方法对"谁-也"做了检索[即先检索了"谁$4也"，有12,772个结果，又用"也-6（不|没|无|别|休|难|莫|甭|未）"排除了否定，得出 400个结果]，发现结果与前人统计类似（杨凯荣，2002；巴丹、张谊生，2012），只有约3%的"谁-也"处于肯定句中。这进一步证明（24）中的归纳是正确的，即在肯定句中，只要疑问代词的量化域有量级解读，"疑问代词-也"就可以出现。（25）给出了我们在语料库中找到的"多少-也"在肯定句中的一些具有代表性的例子。

(25) a. 多少钱也得花的！
　　　b. 这扇子过多少年也是很值钱的。
　　　c. 谁说补上来呀谁掏这个钱，花多少钱也是他做东道！
　　　d. 他心里多少也有点难受。

---

① 这里的量级指的是一个全序关系（total order）。如果考虑到复数个体，疑问代词的量化域有可能形成一个偏序关系（partial order），但这不能满足全序的要求。见后文的讨论。

e. 他说，摆个小摊，可以补贴家用，多少也可减轻国家负担。

f. 我不要求你做别的什么，只求你给我个快信，单说你一切平安，多少也叫我心安。

另外一类很常见的"疑问代词-也"出现在肯定句的例子跟相关名词成分本身就有量级解读有关，如（26a）中的"困难"本就可以按照大小形成序列，（26）中其余两例也是如此，这也进一步证实了我们的概括。

（26）a. 什么困难也能克服。
　　　b. 什么要求也能满足。
　　　c. 什么样的大场面我也见过。

总结本小节的内容。本节详细讨论了"疑问代词-也"的分布情况，我们赞同前人的观点，认为"疑问代词-也"对否定的要求只是一种使用上的倾向性，并非绝对的句法语义限制。我们进而讨论了Hole（2004）的观点，该观点认为"疑问代词-也"可以在肯定句中出现跟情态或更广义的非现实性有关。我们给出理据说明这种观点并不能准确地反映事实。最后，根据Yang（2018），我们认为"疑问代词-也"中的"也"跟量级相关，进而提出对"疑问代词-也"的语言事实的概括："疑问代词-也"在否定句可以自由出现；在肯定句，只有当疑问代词的量化域可以形成一个有序量级时，该"疑问代词-也"才能被接受。第六章将给出我们对这一概括的分析，并对否定、量化域及量级的关系进行解释。在此之前，本章5.3节先介绍文献中有代表性的几种分析。

5.3 前人的分析

如本章引言所述，文献中特别是认知功能学派对"疑问代词-也"有不止一种分析。我们根据如何处理"疑问代词-也"中的"也"，将

第五章　"也"与任指性疑问代词：语言事实及前人的观点　165

前人的分析分为两大类，第一类认为"疑问代词-也"中的"也"是"追加-也"，第二类认为"疑问代词-也"中的"也"是"量级-也"。

5.3.1 追加义被内部消化

《现代汉语八百词》讨论"也"的多种用法时提到，"疑问代词-也"中的"也""是从'也'的基本用法引申出来的，'谁也不说话'等于'老张也不说话，老李也不说话，……'"（吕叔湘，1980：596）。这里的"基本用法"指的就是"也"的追加用法（在讨论"疑问代词-也"时，吕先生还没有讨论"也"的甚至义），而这短短的几句话实际上暗含了对"疑问代词-也"的一种十分自然的分析。

（27）a. 谁也不说话。
　　　b. 老张也不说话，老李也不说话，……

在讨论这种分析之前，我们先来看一个跨语言常见的现象，即很多语言的追加类小品词都可以出现在一个联合结构的各个连接成分上。如（28）所展示的日语的mo，mo可以作为追加类小品词使用，如（28a），但同时，mo可以作为追加类小品词出现在联合结构的各个连接成分上，如（28b）及（28c）所示。而且这是一种跨语言很常见的现象，类似的现象也在匈牙利语的is、罗马尼亚语的și、俄语的i等追加类小品词上出现[见Mitrović and Sauerland（2014）、Mitrović and Sauerland（2016）、Brasoveanu and Szabolcsi（2013）、Szabolcsi（2015）等的讨论]。

（28）a. Mary　-mo　wakaru.　　　[Mitrović and Sauerland, 2016, (1d)]
　　　　玛丽　-MO　明白
　　　　'玛丽也懂。'
　　　b. Mary　(-mo)　John　-mo　wakaru.
　　　　玛丽　-MO　约翰　-MO　明白
　　　　'玛丽和约翰都懂。'即'玛丽（也）懂，约翰也懂。'
　　　　　　　　　　　　　　[Mitrović and Sauerland, 2016, (1c)]

c. John-ga   hon-o   yomi-mo si, Bill-ga   rekoodo-o
   约翰-NOM   书-ACC   读-MO   做,比尔-NOM   唱片-ACC
   kiki-mo   si-ta.
   听-MO   做-PAST
   '约翰也读了书,比尔也听了唱片。'

(Mitrović and Sauerland, 2016,脚注 2)

汉语的"也"也有类似的现象①,可以用在前后多个小句中,如吕叔湘先生所提到的(27b),又如(28)中的汉语翻译。(29)给出更多的例子说明这一现象[用例均来自吕叔湘(1980:595)]。

(29) a. 老师也讲课,也提问题。
      b. 我们也划船,也游泳。
      c. 地也扫了,玻璃也擦了,东西也整理了。
      d. 他前天也来了,昨天也来了。
      e. 他有人看着也认真干,没人看着也认真干。

关于这种跨语言的追加类小品词所展现的现象有不少研究,其中最有影响力的一个观点认为,这里的追加类副词之所以能出现在多个连接对象中,是因为它们追加的预设可以被彼此满足(Kobuchi-Philip, 2009; Brasoveanu and Szabolcsi, 2013; Szabolcsi, 2015)。举例来说,按照这种观点,(29a)中第一个"也"追加的要求(即其前提句)可以被第二个小句"老师提问题"满足,而第二个"也"追加的要求可以被第一个小句"老师讲课"满足。换句话说,追加义可以在整个合取之下被各个合取支内部消化(mutually satisfied 或者 internally satisfied)。我们认为这正是吕叔湘先生的观点,即"疑问代词-也"中的"也"表示的就是其最基本的追加义,而整个句子表达了一个关于语境内所有讨

---

① 当然,不同的追加小品词可以有不同的句法性质,因此会出现在不同的句法成分上。如汉语的"也"是副词,因而不能像日语的 mo 一样附着在名词性成分上。

论对象的合取（也即全称量化）①；"也"因为出现在各个合取支，所以其合取义可以被内部消化。

吕叔湘（1980）为我们处理"疑问代词-也"中的"也"提供了思路。但另一方面，吕叔湘先生并没有明确说明"疑问代词-也"中的全称量化义是怎么来的②。对此问题，我们有若干理论上的选择。首先，我们可以采取生成学派对任指性疑问代词最经典的"变量+全称量化"的分析（Lee, 1986; Cheng, 1995; 潘海华, 2006）。根据这种观点，疑问代词指称变量，而有一个副词性的全称量化词可以约束这些变量，从而给出正确的全称量化解读。正如本章引言所提到的，生成学派对任指性疑问代词的研究多关注"疑问代词-都"，并将"都"看作是这个可以约束疑问代词变量的全称量化副词（见本书第四章相关讨论）。但"疑问代词-也"中并没有"都"，如果我们想坚持这种观点，就只能认为有一个隐性的全称量化词，该全称量化词约束"疑问代词-也"中由疑问代词引入的变量，给出正确的语义解读。同时，我们可以认为"也"是一个动词短语的修饰成分，其追加义可以在全称量化词之下被内部消化。按照这种观点，"疑问代词-也"其实跟文献中讨论的different, another等表示比较的词十分相似，都可以有量化内部解读[即quantifier-internal解读，见Bumford（2015）等及本书第三章3.2.2节的相关讨论]。例如（30）中的各例。（30a）可以表示每个男孩背诵的诗都彼此不同；（30b）最自然的解读是她每次做的报告都比前一次的要好；特别是（30c），表示每个小孩都比前一个小孩追加了一个钉子，而这跟"也"的追加义（如"谁也不说话"可以理解为每个人都比前一

---

① 正如析取等价于存在量化，合取也等价于全称量化，如$(a \land b)$和$\forall p \in \{a,b\}[p]$等价。

② 吕叔湘先生在说上文引到的那一段之前提到"'也'前面是表示任指的指代词，有'无论……'的意思"（吕叔湘, 1980: 596）。另在"无论"词条，吕先生说到"无论""用于有表示任指的疑问代词或有表示选择关系的并列成分的句子里，表示在任何条件下结果或结论都不会改变。后边有'都'或'也'呼应"（吕叔湘, 1980: 560）。从这里的论述来看，吕先生似乎认为"无论"贡献了全称量化义，这跟下文（34）所展示的分析有类似之处。

个人追加了一个具有不说话性质的人）在直观上十分相似。汉语也存在这种现象，如（30d）—（30g）所示，也从侧面支持了这种分析似乎适用于汉语。

（30）a. Every boy recited a different poem.
　　　b. She gave a better talk every time.
　　　c. Marriage is like a coffin, and each kid is another nail.
　　　d. 每个学生都买了一本不同的书。
　　　e. 华为今年发行了好几款手机，每款都采用了一块更大的屏幕。
　　　f. 李四每天都有一个新想法。
　　　g. 每天都要更充实自己。

虽然有上述的优点，但这种分析忽略了一个很明显的事实，即汉语的"也"跟英语的too/also一样，都不能自由地出现在普通全称量化词之下并取得典型的量化内部解读。如（31）中各例所示，这些句子都需要用"都"而非"也"。

（31）a. *每个人也不说话。　　对比，每个人都不说话。
　　　b. *所有的人也没笑。　　对比，所有的人都没笑。
　　　c. *所有的人也来了。　　对比，所有的人都来了。
　　　d. *所有的人也没来。　　对比，所有的人都没来。

同时，（31）不好的原因也并非是因为这些句子里的全称量化词没有跟"都"搭配（见本书第三章对此现象的分析），因为这些句子即使加了"都"也不合法，如（32）中各例所示。这说明"疑问代词-也"中的"也"不可能像"不同""更"这些表比较的词一样，具有典型的量化内部解读。

（32）a. *每个人都也不说话。
　　　b. *所有的人都也没笑。
　　　c. *所有的人都也来了。

d. *所有的人都也没来。

上面我们看到，形式学派经典的"变量+量化"式分析，似乎不能跟吕叔湘（1980）所提出的"也"在"疑问代词-也"中可以被内部消化的观点很好地融合，具体证据是"也"的追加义在普通个体量化之下并不能被内部消化。下面来看另一种取得全称量化义的方法，我们称之为"选项+量化"法，该方法与选项密切相关，在文献中又被称为 Hamblin 型量化[Hamblin，1973；Kratzer and Shimoyama，2002；另见 Dong（2009）、He（2011）、Tsai（2015）等在此框架下分析汉语事实的工作，以及 Lin（2014，3.5节）对此框架的介绍]。

具体来说，在"选项+量化"这种分析下，疑问代词不再被认为是变量，而是引入一个选项集。这个选项集中的每个成员都可以跟句子其他成分逐点结合（pointwise composition），从而得到一组命题的集合。而在句子层面，另有一些对这些命题集进行量化等操作的算子，如（33a）中的作用于命题集的存在量化算子，（33b）中的全称量化算子，（33c）中的否定存在量化算子，以及（33d）中的疑问算子[①]。这种分析跟前面所讨论的"变量+量化"式经典分析都可以处理汉语疑问代词的用法多样性。对"变量+量化"法来说，疑问代词用法多变，是因为疑问代词本身是变量，因而可以跟各种约束个体变量的算子相结

---

① （33）中对Kratzer and Shimoyama（2002）的经典定义做了简化。我们在（i）中重复Kratzer and Shimoyama（2002，第二节）的经典定义，以便读者比较。Kratzer and Shimoyama（2002，第三节）给出了一个更加形式化的定义，但除了问句的语义，跟下面（i）给出的语义并没有太大区别。

(i) Propositional quantifiers

Where A is a set of propositions, we have:

a. $[\exists](A)$= {the proposition that is true in all worlds in which some proposition in A is true}

b. $[\forall](A)$= {the proposition that is true in all worlds in which every proposition in A is true}

c. $[Neg](A)$= {the proposition that is true in all worlds in which no proposition in A is true}

d. $[Q](A)$= A

合。而对"选项+量化"来说,这是因为疑问代词本身引入选项集,而自然语言中有各种各样的算子可以作用于相应的命题集。如果是存在算子,结果就是疑问代词的虚指用法;如果是全称量化算子,那即是任指用法;而如果是疑问算子,得出的结果正好是一个命题集,即经典Hamblin/Karttunen式问句语义(Hamblin,1973;Karttunen,1977;另见本书第二章及第四章的介绍)。

(33)对于一组命题集A来说:
  a. $\exists(A)=1$ 当且仅当A中有至少一个命题为真
  b. $\forall(A)=1$ 当且仅当A中的所有命题都为真
  c. $Neg(A)=1$ 当且仅当A中没有任何一个命题为真
  d. $Q(A)=A$

上面我们简单地介绍了"选项+量化"这种通过引入全局性全称量化,从而可以处理任指性疑问代词的理论。这种理论似乎可以更好地跟"也"可以内部消化的观点结合。具体来说,我们可以认为在"疑问代词-也"结构中有一个隐性的命题层面的全称量化算子$\forall$,因而对于一个"疑问代词-也"的句子,如(34)中的"谁也不说话",其LF如(34a)所示,在句子的最外面有一个隐性的$\forall$。另一方面,疑问代词引入选项的集合,如(34b)所示。这些选项可以跟句子的其他成分逐点结合,特别是跟"也"逐个结合,因而形成(34c)中跟$\forall$结合的集合。同时,$\forall$的语义如(33b)所示,因而整个句子等同于(34d)中的"张三也不说话,且李四也不说话,且王五也不说话"。最后,如果我们认为这里"也"的追加义约等于"有另一个选项为真",且该追加义可以在局部语境下被满足(local accommodation),或被作为某种后设义[postsupposition,见Brasoveanu(2013)]在整个句子被解读之后再来被解读(Brasoveanu and Shimoyama,2013),那么其追加义就可以成功地在$\forall$之下被内部消化,"疑问代词-也"也可以成功得到解释。进一步,这一分析的优点在于它可以区分由普通量化词在个体层面引入的量化和由对选项敏感的命题层面的量化,因而可以通过让"也"只能在后

第五章 "也"与任指性疑问代词：语言事实及前人的观点　171

者下被内部消化来解释（31）及（32）中的"也"为什么不好。因此，用"选项+量化"来处理"疑问代词-也"是对"变量+量化"分析的一个改良。

（34）谁也不说话。
　　a. LF: [∀ [谁也$_C^{ADD}$不说话]]
　　b. 〚谁〛$_{HAMBLIN}$ = {张三，李四，王五}
　　c. ∀{张三也不说话，李四也不说话，王五也不说话}
　　d. 为真当且仅当 张三也不说话，且李四也不说话，且王五也不说话

上面我们介绍了如何将"选项+量化"式分析跟吕叔湘先生所暗示的"也"的追加义可以被内部消化的观点相结合，从而解释现代汉语中的"疑问代词-也"。实际上，这种分析也正是Szabolcsi（2015）对日语及其他语言中MO类小品词的分析。正如Haspelmath（1997）、Szabolcsi（2015）所观察到的，由疑问代词形成的量化在很多语言中都会和一个追加类小品词共现[①]，例如日语的mo，就是一个很有名的可以跟疑问代词组合成全称量化词及极性/任选的追加类小品词，如（35）所示。（35a）显示了 mo 可以跟 dare '谁' 结合形成一个全称量化词；（35b）中 mo 跟 dono gakusei '哪个学生' 结合，结果同样是一个全称量化词；而（35c）中 mo 更是参与日语中否定极性词的构成。值得注意的是，从（35）的汉语译文我们便可以看出日语的"疑问代词-mo"组合和汉语的"疑问代词-都/也"有一定的相似之处，这可能也是不少日本学者对"疑问代词-都/也"比较关注的原因之一（杉村博文，1992；杨凯荣，2002）。

[①] 这可能是Haspelmath（1997：307）将现代汉语的"都"和"也"视为某种不定性标记的原因，另见张定（2020，2.2—2.4 节）对Haspelmath不定代词语义地图的介绍与讨论。

（35）a. Dare-mo   hanashi-ta   (Mitrović, 2021: 7)
　　　 谁-MO   说话-PAST
　　　 '每个人都说了话'，即'谁都说了话'

　　　b. Dono gakusei-mo hanashi-ta   (Mitrović, 2021: 7)
　　　 哪个 学生-MO   说话-PAST
　　　 '每个学生都说了话'，即'哪个学生都说了话'

　　　c. Yoko-ga   [gakusei-o   dare-mo]   syootaisi-nakat-ta
　　　 洋子-NOM 学生-ACC   谁-MO   请-没-PAST
　　　 '洋子没请任何学生'，即'洋子哪个学生也没请'
                                            (Shimoyama, 2011: 417)

Szabolcsi（2015）对上述"疑问代词-MO"的分析就跟我们上面介绍的对"疑问代词-也"的分析一样，认为MO有某种追加的要求，因而需要一个隐性的作用于选项集的全称量化算子在MO的上面满足其要求①。因为Szabolcsi（2015）的分析比较有影响，我们称（34）所体现的分析为对"疑问代词-也"的Szabolcsi式分析。

上述Szabolcsi式分析虽然有一定的优点，如统一了联合结构和全称量化中追加类小品词的出现，以及区分了普通量化和对选项敏感的量化，但在处理"疑问代词-也"上仍有不少问题。首先，我们在5.2.3节花了很大篇幅叙述"疑问代词-也"的否定倾向性，及其在肯定句中对量级的敏感，这两点Szabolcsi式分析均无从解释。特别是，无论是该分析中的隐性∀还是"追加-也"均与否定及量级没有必然联系。

其次，任指性疑问代词也可以加"都"。杉村博文（1992）发现在不少"疑问代词-也"的句子里还可以再加一个"都"，而且这些句子加不加"都"意思没有显著的区别[见杉村博文（1992）注10的讨

---

① Szabolcsi（2015）所说的MO不仅包括日语的mo，还包括一批可以参与量化的追加类小品词，Szabolcsi称这类成分为量化小品词（quantifier particle）。另外需要说明的是，Szabolcsi（2015）的形式分析采用了询问语义学（inquisitive semantics）的框架。这个框架可以看作是对选项语义学的进一步发展，见Ciardelli et al.（2019）对询问语义学的介绍。

论]。下面（36）中给出了一些这样的例子，其中（36a）来自杉村博文（1992）例（11），其余各例都来源于网络。尤其值得注意的是，在这些例子中，"也"均出现在"都"的左边，从结构的角度来看，也即"也"在"都"之上。两者互换位置所形成的句子均不大自然，试对比："我想我们谁也都不会去反对他"与"??我想我们谁都也不会去反对他"，以及"除了数学以外，什么书也都爱看"与"??除了数学以外，什么书都也爱看"。

（36）a. 诚然，没有人怀疑，到下次亚运会开幕之时，这些宏伟的体育建筑一定会矗立在北京，因为中国从不食言，北京也从不食言。但谁也都明白，这一切将要付出多大的代价。

b. 他在自己的能力之内去完成这个梦想，我想我们谁也都不会去反对他。

c. 于老儿居朝桀傲，跟谁也都不和，我们都很讨厌他。

d. 她没有讲自己曾遇到的艰难和不幸，但谁也都能想象得到，她曾是怎样战胜了那些艰难和不幸，人的高风亮节就是锤炼于最艰难之中。

e. 数学大师陈省身院士说："除了数学以外，什么书也都爱看。"

f. "你不用解释了，"姚怡诚打断了蒋介石表白，"说什么也都晚了。反正我已经是你的人了，以前你做过什么，我不管；今后我只有一条：你走到哪里，我就跟到哪里，我是决计不离开你的！"

g. 当人们经过舒适的休息或用餐后，身体各器官的功能都在正常工作，人们对一切就能保持高度的注意力；但在疲劳和瞌睡时，就只想休息、睡眠，对什么也都不会去注意。

上面展示的"疑问代词-也-都"共现的现象给Szabolcsi式分析带来不少问题。首先，在Szabolcsi式分析下，带了"也"的动词短语要跟疑问代词所代表的选项集做逐点结合。而如果要处理"疑问代词-也-都"，那么，整个带了"也都"的动词短语都要跟疑问代词所代表的选项集做逐点结合，那么"都"就要分别进入各个选项里，而这跟"都"表"总括"这一传统观点格格不入，并且难以解释为什么"张三也来了，李四也来了"是好的，而"张三都来了，李四都来了"完全不可接受。更严重的问题是，"都"在几乎所有分析中都跟全称量化密不可分，在传统分析中，"都"经常被认为自身就代表着某种意义的全称量化（Lee，1986；Cheng，1995；Lin，1998a；潘海华，2006），甚至在对"都"的非全称量化分析中[如 Liu（2017、2021）；见本书第二、三章]，"都"也在一定程度上代表了LF上全称量化的辖域。而如果我们回顾Szabolcsi式分析，就会发现"也"需要在全称量化之下才能使其追加义被内部消化。那么，既然"都"代表全称量化，那么"都"和"也"的顺序应该是前者在后者之上，而不是反过来，这与事实明显相悖。实际上，上文提到的Dong（2009）最早将Hamblin式量化引入对汉语的研究，而在Dong（2009）的分析中，"都"恰恰就是对命题集进行量化的全称量化词，也就是（33b）中的∀，那么按照Szabolcsi式分析，恰恰应该出现在"也"的上面，而不是下面。

最后，我们来讨论Xiang（2020）的一个有趣的发现，跟"或者"与"都"的共现有关。Xiang（2020）发现汉语的析取连接词"或者"跟"都"共现的时候，即"或者-都"组合，必然传递任选义；也就是说，"约翰或者玛丽都可以教基础汉语"等价于"约翰可以教基础汉语 & 玛丽可以教基础汉语"①。同时，Xiang（2020）指出，"或者-都"和"疑问代词-都"应该用同样的方式分析，即都代表着存在量化/析取在"都"前需要被阐释为全称量化/合取的现象[见Liao（2011）及Chierchia and Liao（2015）；另见本书第四章及第六章6.4.2节的具体分析]。现在我们来观察"或者-也"，如果采取 Xiang（2020）的观点，

---

① 吕叔湘先生很早就曾指出这一点，"'动词或者形容词都可以做谓语'，把'或者'换成'和'，不改变全句的意思"（吕叔湘，1979：67）。Xiang（2020）的贡献在于发现了这一格式的分布限制，即"或者-都"后面的动词短语一定要带情态词，而且绝大多数都是可能情态，这一点从吕叔湘先生的例子用了"可以"就能初见端倪。我们也可以试着对比："动词或者形容词都可以做谓语"与"* 动词或者形容词都必须做谓语"。

认为"或者-都"和"疑问代词-都"应该用同样的方式分析,那么根据"疑问代词-都"和"疑问代词-也"的平行性[即(37c)与(37d)大致等价],我们应该能找到"或者-也"也表示任选义的例句。在这一点上事实的确如此,我们可以很自然地说(37b)中的"约翰或者玛丽也可以教基础汉语",而且该句可以有任选解读,即表示约翰可以教基础汉语,玛丽也可以教基础汉语。但奇怪的是,跟(37d)不同的是,(37b)中的"也"有实实在在的追加义,即要求有除了约翰和玛丽以外的人也可以教基础汉语。换句话说,(37c)和(37d)中"疑问代词-都"和"疑问代词-也"基本平行,但(37a)和(37b)中的"或者-都"和"或者-也"并不平行。这是 Szabolcsi 式分析所不能解释的,根据该种分析,(37d)中的"也"因为出现在某种全称量化下,所以其追加义可以被内部消化,而如果(37b)的合取义(即全称量化义,两者逻辑上等价)跟(37d)的全称量化义来源相同,那么"也"的追加义应该也能在(37b)中被内部消化,这与事实相悖。

(37) a. 约翰或者玛丽都可以教基础汉语。
　　 b. 约翰或者玛丽也可以教基础汉语。　　　（有追加性预设）
　　 c. 谁都可以教基础汉语。
　　 d. 谁也可以教基础汉语。　　　　　　　　（无追加性预设）

其实,即使我们不采取 Xiang(2020)关于"或者-都"和"疑问代词-都"的分析,"约翰或者玛丽"和"谁"在很多以 Kratzer and Shimoyama(2002)的理论为框架的分析中(包括这里讨论的 Szabolcsi 式分析)也多取基本等价的语义。特别是,在很多选项语义学的分析中,析取都代表着对集合的并集操作(Simons, 2005; Alonso-Ovalle, 2006),因此"约翰或者玛丽"其实就代表着含有约翰和玛丽的集合,即{约翰,玛丽},这跟"谁"在 Szabolcsi 式分析中所取的语义一致,后者也是集合。因此,如果"也"确实能跟这些集合中的成员逐一结合,并在集合内部消化其追加义,那么"疑问代词-也"跟"或者-都"应该没有不同的表现,而这与事实相悖。

综合上面的讨论，我们认为根据吕叔湘（1980）的观点所发展出的关于"疑问代词-也"的分析，也即Szabolcsi（2015）对跨语言MO类小品词的分析，或许可以适用于其他语言中类似的现象，但并不适用于汉语中的"疑问代词-也"。特别是，该分析认为"疑问代词-也"中的"也"是"追加-也"，且处于全称量化的辖域之内，这两点不仅无法解释"疑问代词-也"与否定及量级的关系，也与"也"与"都"共同出现时占据较高位置的事实不符。下一节将讨论另一类分析，该分析将"疑问代词-也"中的"也"看成是"量级-也"，并占据较高位置。但在讨论这些分析之前，我们有必要讨论另一个基于"追加-也"的分析，即Hole（2004）。

Hole（2004）也认为"疑问代词-也"中的"也"是"追加-也"①，但不同于上文所讨论的Szabolcsi式分析，Hole并不认为"也"可以出现在各个选项中（回顾根据Szabolcsi式分析，"谁也不说话"跟"张三也不说话，李四也不说话……"类似）。反之，Hole认为"也"出现在比较高的位置，其预设在整个句子的语义被组合完毕之后才被检查。换句话说，Hole认为"也"在LF上的位置要高于全称量化（或与之等价的否定存在，negated existential）的引入位置。接着，Hole提出有两种类型的疑问代词可以跟"也"结合[见Hole（2004）表4.1]：跟否定一起出现的是强否定极性词（strong NPI），不与否定一起出现的是任选词（free choice item，简称FCI）。对于第一种类型的疑问代词，Hole采用了Krifka（1995）的强NPI理论，在该理论中[见Chierchia（2013b）对该理论的进一步发展]，NPI均被处理为存在性量化词（例如⟦anyone⟧ = ⟦someone⟧, ⟦ever⟧= ⟦sometime⟧），同时，NPI跟普通存在性量化词的不同在于它们总是激活选项，如有关其他数量的存在量化（即量级选项，scalar alternatives）或关于其他更具体范围的存在量

---

① Hole（2004）把"疑问代词-也"中的"也"称为"参数化'也'"（parametric"也"），认为其表达"existential quantification over alternatives presupposed"（Hole，2004：145），即该"也"预设了其所在的句子有另一选项为真，这即是我们在讨论"追加-也"时所说的"也"的追加性。

化[即文献中通常说的子范围选项，sub-domain alternatives]。同时，Krifka（1995）认为不同的NPI对应着不同的语用效果（或可以理解为不同的语力），在具体操作上体现为由不同的断言算子处理。对于强NPI来说，Krifka认为它们需要句子里有一个EmphAssert作为断言算子，该算子跟even基本一致，即要求其所断言的句子比语境中相关选项都更不可能[1]。因此，如果一个强NPI与其选项不能满足EmphAssert的要求，那么相应的含有该强NPI的句子就不好，Krifka认为这解释了这些NPI分布上的限制。回到汉语，Hole根据Krifka（1995）认为强NPI型疑问代词代表存在量化且激活子范围选项，因此只有在否定词出现的环境，更具体地说，只有在否定词的辖域之下，才能满足EmphAssert的要求（"没有人说话"蕴涵"没有大人说话""没有女人说话"等子范围选项，因此比所有选项都更不可能）。同时，Hole认为这些疑问代词激活的子选项也被用来核查"疑问代词-也"中"也"的要求，而正是因为在否定环境下"也"所在的句子蕴涵了所有的选项，所以"也"的追加要求也得到了满足（因为如果"也"所在的句子为真，那么不管前提句是哪个选项，都一定为真），至此，Hole认为"谁也不说话"这样的句子得到了分析，如（38a）所示。

---

[1] 下面给出Krifka（1995）的各个断言算子，方便读者比较。
　　a. **ScaleAssert**(⟨B, F, A⟩)(c)=i∈c|i∈B(F)∧¬∃F′A[[c∩B(F′)]⊆ [c∩ B(F)]∧ i ∈ B(F′)] }
　　b. **EmphAssert**(⟨B, F, A⟩)(c)= c∩B(F), iff
　　　　(i) For all F′∈A:c∩B(F)<$_c$c∩B(F′)
　　　　(ii) c ∩ B(F)<$_c$ ∩{c ∩ B(F′)| F′ ∈ A}, where <$_c$ is the likelihood relation w.r.t. the common ground c
注意这里的⟨B, F, A⟩其实代表了一个激活了选项的句子，B就是该句子的背景（background），F是激活选项的部分（也即焦点部分，focus），而A是指该焦点激活的选项（alternatives）。这里的c指的即是Stalnaker的context set，是一组用来表示符合当前会话双方共识的可能世界的集合，因此i就是一个一个的可能世界。最后，ScaleAssert和EmphAssert作为断言算子告诉我们怎样把不同类型的句子加入我们的共识之中。前者其实相当于only，后者相当于even。前者在加一个句子进入共识的时候告诉我们不仅要加入该句子传递的信息，也要加入一个额外的信息，即比该句子强的选项都为假的信息。后者在加一个句子进入共识的时候需要核查该句子是不是选项中最强的那个。直观上讲，这些不同的断言算子代表着具有不同语力的断言。

对于没有在否定句中出现的"疑问代词-也",Hole(2004)认为这些疑问代词是任选词(FCI)。虽然Hole没有具体说明这些任选词如何分析,但不难想象"谁也可以说话"中可以有一个产生任指义的机制或算子,如(38b)中的∀所示,该∀可以将含有任指性疑问代词的句子变成某种意义的全称量化句。同样,如果我们认为这种任指性的疑问代词也会激活子范围选项,那么(38b)中"追加-也"的预设也能被满足,因为同样,与之结合的任指句蕴涵了该句子的所有选项(如"任何一个人都可以说话"蕴涵"任何一个大人都可以说话"等)。

(38) a. "谁也不说话"的LF: [也$_C^{ADD}$[不[谁$_{NPI}$ 说话]]]
　　 b. "谁也可以说话"的LF: [也$_C^{ADD}$ [∀谁$_{FCI}$ 可以说话]]

不难看出,虽然Hole(2004)的分析跟Szabolcsi式分析一样,都认为"疑问代词-也"中的"也"是"追加-也",但两种分析有诸多不同。首先,从(38b)我们可以清楚地看到,Hole认为"也"在全称量化之上,而Szabolcsi式分析认为"也"在全称量化之下,我们之前的讨论在这一点上似乎更支持Hole的分析。另外,从(38a)我们可以看出,Hole认为在否定句中出现的"疑问代词-也",其疑问代词作为存在量化在否定词之下被解读[这也是Krifka(1995)对NPI的看法],而对于Szabolcsi式分析来说,全称量化在否定之上引入,这点我们也可以从吕叔湘(1980)所做的类比看出,吕先生认为"谁也不说话"等于"老张也不说话,且老李也不说话,……",可以看出,否定词"不"分布于各个合取支内,也即先否定再合取,合取在否定辖域之上,而合取其实就等价于全称量化,所以这种分析跟Hole(2004)不同,认为全称量化在否定之上引入。关于这一点,我们在5.3.2节有更多的讨论。

最后我们指出Hole(2004)这一分析的问题。这一分析的最大问题,正如Hole自己所指出的(Hole,2004:130—131),是它预测"疑问代词-也"会比"疑问代词-都"更加不受限,这是因为Hole(2004)也分析了"疑问代词-都",并认为其中的疑问代词跟"疑问代词-也"中的疑问代词应作完全一致的分析,同时Hole将"都"分析为跟"也"

相似的焦点副词，但有着比"也"更强的语义，即对选项的全称量化 [universal quantification over alternatives，见Hole（2004：145）]。因为"都"比"也"更强，所以其要求应该更难被满足，因此"疑问代词-都"应该比"疑问代词-也"更加受限制，而不是反过来。

另一方面，如果我们回想5.2.1节对"追加-也"的讨论，就会发现"追加-也"还有一个追加独立性的要求，即要求其所在的句子与其前提句没有蕴涵关系，如（39）[重复自（4）]所示。尤其是，"追加-也"要求其所在的句子不能蕴涵其前提句，如（39a）及（39c）所示。而 Hole 对"疑问代词-也"的分析，恰恰是通过让"追加-也"所在的句子蕴涵其所有的选项来满足其追加的要求，这就跟追加独立性产生了冲突。

（39）a. # 我请了张三，实际上我也请了张三和李四。
　　　b. # 李四请了张三和王五，所以他也请了张三。
　　　c. # 李四喝了酒，也喝了白酒。

最后，我们想指出，不是所有出现在否定句中的"疑问代词-也"都涉及NPI式疑问代词，5.3.2节将对这一点进行具体的论证。

简单总结下本小节的内容。这一小节介绍了两种关于"疑问代词-也"的观点，这两种观点都认为"疑问代词-也"中的"也"是"追加-也"，但细节有诸多不同，包括"也"的位置、全称义由何而来等。我们进而用了一些形式学派的手段详细地发展了这两种观点，并讨论了支持或反对这两种观点的语言事实。综合来看，"疑问代词-也"中的"也"似乎不是"追加-也"，不管是认为该"追加-也"处于比较低的位置还是处于比较高的位置。下面我们将讨论另外两种分析，这两种分析都认为"疑问代词-也"中的"也"是"量级-也"。

5.3.2 量级与否定极性
5.3.2.1 杨凯荣（2002）与Lahiri（1998）
我们先来讨论杨凯荣（2002）的分析。杨凯荣先生提醒我们注意

（40）中所展现的等价关系[另见Paris（1979）]，以及两者都需要否定出现的事实，见（41）。①

（40）a. 谁也没来。

≈一个人也没来。

b. 可是不知为什么谁也没笑。

≈可是不知为什么一个人也没笑。

c. 俺叔的话谁也不听。

≈俺叔的话一个人也不听。

d. 他徒有其表，什么能力也没有。

≈他徒有其表，一点儿能力也没有。

（杨凯荣，2002：249—250）

e. 他什么汉字也/都不会写。

≈他一个汉字也/都不会写。　　[Paris，1979，（102）]

（41）a. *明天谁也来。

b. *他什么也吃。

c. *一个人也来了。　　　　　　[杨凯荣，2002，（18）]

基于上述事实，杨凯荣（2002）认为"这种表示任意个体的'疑问代词+也+P'句式在语义上与'一+也+否定'形式相似，都是对数量（数值和集合）的完全否定"。这表明杨凯荣（2002）认为"疑问代词-也"和"极小量-也"应该用同样的方式分析。更进一步，我们似乎可以认为，根据这种看法，"疑问代词-也"中的"也"跟"极小量-也"中的

---

① 这里有几个例句的语感我们并不太认同，例如"可是不知为什么一个人也没笑"我们认为不大好，见郭锐（1998）以及下文的讨论。另外，"他什么也吃"我们也可以接受，关于这一点请参见5.2.3节对"疑问代词-也"在肯定句中量级解读的讨论。还有，"一个人也来了"有的人可能也可以接受，但表示的不是"一量名"的小量用法，而是大致等同于"他虽然一个人，但也来了"，这涉及"一个人"做谓语（predicate）的用法。虽然（40）与（41）中有的用例不大合适，但杨凯荣（2002）的基本观察是没有问题的，即"疑问代词-也"和"极小量-也"在很多情况下基本等价，以及两者通常都需要否定。

"也"一致,是"量级-也",而且其中的疑问代词是某种类型的NPI。[①]

这种看法实际上跟Lahiri(1998)对印地语由bhii组成的NPI的分析基本一致,而且跟上文我们介绍的Hole(2004)对否定句中出现的"疑问代词-也"的分析[见(38a)]有一定的相似之处。特别是,该看法和Hole(2004)都认为在否定句出现的"疑问代词-也"中的疑问代词是某种意义的NPI。两者的不同之处在于根据杨凯荣(2002)的观点,"疑问代词-也"中的"也"和"极小量-也"中的"也"一致,都是"量级-也"。这个不同让我们可以直接从"量级-也"的预设推导出该结构对否定的需求,而不需要像Hole(2004)那样借助Krifka的EmphAssert。下面先介绍Lahiri(1998)的分析,然后根据该分析对杨凯荣(2002)的这一观点做进一步展开。

Lahiri(1998)的分析基于印地语的事实,如(42)所示。

(42) a. koii 'someone,某人' + bhii 'even/also,也/都'
  = koii bhii 'anyone,any(可数),任何人'
 b. Raam bhii aayaa
  拉姆 BHII 来了
  解读一:'拉姆也来了。'
  解读二:'连拉姆也/都来了。'
 c. * koii bhii aayaa
  任何人 来了
  '任何人来了。'

[①] "极小量-也"中的"也"是量级性"也"基本没有争议,因为可以加"连"。而且很多语言的极小量表达都在形态上自带一个even,见下文对印地语的介绍。另外,我们在5.2.1节提到过,形式语义学对极小量表达的经典分析即认为这些表达和一个隐性的even关联,这也跟"极小量-也"中的"也"对应。请见Heim(1984)、Krifka(1995)、Guerzoni(2004)、Chierchia(2013b)等的讨论。同时,认为"极小量-也"中常出现的"一量名"是NPI也是没有问题的,该结构确实对否定有很强的要求,且跨语言来看,表示极小量的表达经常会演化成NPI[见Israel(2001)等的相关讨论]。关于将汉语极小量表达作为NPI进行的研究,见Kuo(2003)、Shyu(2016)等。

d. koii bhii　　nahiiN　aayaa
　　任何人　　　没　　 来了
'没有任何人来。'

具体来说，Lahiri（1998）讨论了印地语中一类由普通不定名词性成分加上一个追加/量级小品词bhii形成的NPI的现象。（42a）展示了这类NPI的形态构成（morphological makeup）[①]。大致来说，koii是一个普通表存在的不定名词，相当于英语的someone，而bhii如（42b）所示，是可以表示追加义或量级义的小品词，相当于英语的also或者 even[②]。两者结合形成的koii bhii的表现与英语的anyone十分类似，只能出现在否定（及其他向下蕴涵和一些情态环境）中，不能出现在肯定句中，是典型的NPI，如（42c）与（42d）的对比所示。

Lahiri（1998）认为koii bhii的形态结构清晰地反映了其各部分的语义组合。具体来说，Lahiri认为：（ⅰ）koii bhii中的bhii是一个量级焦点副词，跟even一样，bhii预设了其所在的句子比该句子由焦点激活的其他选项句都更不可能，或更直观地说bhii预设了其所在的句子比该句子由焦点激活的其他选项句都强；（ⅱ）在koii bhii中，bhii跟不定成分koii关联，而koii作为一个存在量化词，会激活比它更具体的存在量化作为选项。换句话说，koii大概就相当于"一个人"，而其激活的选项是更具体的人，如"一个男人，一个女人"等。最后，（ⅰ）和（ⅱ）一起解

[①] 这里只给出了koii bhii这一个例子。实际上，这种结合十分能产，适用于多种不定性名词成分以及表小量的名词。
　　(i) ek 'one，一' + bhii = ek bhii 'any，even one，任何'　　　　　(Lahiri, 1998: 58)
　　　　kuch 'something, a little，某物，一点' + bhii = kuch bhii 'anything, any（不可数），任何事物'
　　　　zaraa 'a little，一点' + bhii = zaraa bhii 'even a little，半点/丝毫'
　　　　kabhii 'sometime，某时' + bhii = kabhii bhii 'anytime, ever，任何时候'
　　　　kahiiN 'somewhere，某地' + bhii = kahiiN bhii 'anywhere，任何地方'
[②] 值得注意的是bhii能附加到各种短语上，例如这里的koii bhii就是附加在名词性成分上，这跟汉语的"都、也"很不一样，后者在句法上是副词，只能附加在动词短语上。

释了bhii和koii结合的结果koii bhii为什么能出现在否定句,却不能出现在肯定句。原因是:只有在否定句中,koii才能够在否定之下使整个句子被解读为"没有一个人来",从而比其他选项如"没有一个男人来,没有一个女人来"等更强,进而满足bhii的预设;而在肯定句中,"有一个人来"比"有一个男人来"要弱,不能满足bhii的预设,因而相应的肯定句不好。①

综上所述,Lahiri(1998)的核心观点就是,bhii含有一个量级的预设,而为了满足其预设,与之共现的不定名词就只能出现在某些环境下,特别是否定等向下蕴涵环境。这一观点不仅准确地描述了这类NPI出现的环境,更解释了它们为什么能出现在这些环境,所以在NPI研究中十分有影响。这也是杨凯荣(2002)关于汉语"疑问代词-也"的基本观点。我们现在根据Lahiri(1998)及Chierchia(2013b)的具体分析,来试着用形式学派的做法对杨凯荣(2002)的这一观点做进一步展开,具体见(43)。我们称该种分析为Lahiri式分析。

(43) a. $[\![谁_D]\!] = \lambda P \exists x \in D[人(x) \wedge P(x)]$ (存在量化)
  $\approx [\![一个人]\!]$
  $[\![谁_D]\!]_{alt} = \{\lambda P \exists x \in D'[人(x) \wedge P(x)] \mid D' \subseteq D\}$ (范围选项)
  $\approx \{[\![一个男人]\!], [\![一个女人]\!], [\![一个年轻人]\!]\}$
b. $[\![也_C^{SCALAR} S]\!] = [\![S]\!]$ 仅当 $\forall q \in C[q \neq [\![S]\!] \rightarrow [\![S]\!] <_{可能性} q]$
  [参见(12)]
c. LF_1: $[谁_D [也_C^{SCALAR} [没[谁_D 来]]]]$ (否定句,对应"谁也没来")
  LF_2: $[谁_D [也_C^{SCALAR} [谁_D 来了]]]$
  (肯定句,对应"??谁也来了")

下面对(43)做具体说明。首先,根据上面所讨论的Lahiri(1998)的分析,我们将"疑问代词-也"中的疑问代词分析为存在量化词,如

---

① 这里对Lahiri(1998)的介绍跟Lahiri实际上的分析稍有不同,其中最主要的不同之处在于Lahiri(1998)认为选项跟数量有关,而我们认为选项跟范围有关。这里采取了Krifka(1995)以及Chierchia(2013b)更广泛被采用的做法。

(43a)所示;另一方面,根据Krifka(1995)、Chierchia(2013b),这些存在量化词激活选项,具体来说,更小范围的选项(sub-domain alternatives),如(43a)所示(这里的D即存在量化的量化范围,而D′⊆D表示其他选项量化的范围D′都是D的子集)。通俗地说,在这种分析下,"谁"就等同于不定名词性成分"一个人",其选项等于更具体的不定名词性成分,即"一个男人,一个女人"等。值得注意的是,这正是Liao(2011)、Chierchia and Liao(2015)对现代汉语疑问代词的各种用法统一考量后提出的统一分析。同时,(43a)恰恰反映了杨凯荣(2002)的观点,即"疑问代词-也"跟相应的"一量名-也"类似;的确,在这种分析下,疑问代词的语义就等价于"一量名"。值得一提的是,杨凯荣(2002:250)提到否定句中的"疑问代词-也"是"对不同种类量(集合)的否定",而"极小量-也"是"对纯数量(数值)的否定"。这在当前的分析中恰恰体现为"疑问代词-也"中的疑问代词激活其他范围(即"不同种类量/集合")作为其选项,而"极小量-也"激活其他数量作为选项。

再来看"也",在Lahiri式分析下,"疑问代词-也"中的"也"是"量级-也",而这里主要起作用的是"量级-也"的甚至义,该甚至义要求跟"也"结合的句子比该句子的所有选项都更不可能[这正是Lahiri(1998)所认为的bhii的预设,也是通常认为的英语even的预设;另见前文对(12)的讨论],如(43b)所示。根据这两个假设,肯定句中的"疑问代词-也",即(43c)中相应的LF_2,是不合法的,这是因为跟"也"结合的句子[谁$_D$来了]表达有一个人来了,而其选项表达更小范围的存在量化,如有一个男人来了,这样的选项很明显蕴涵跟"也"结合的句子,因此并不能比其更可能(大致上,如果a蕴涵b,那么使a为真的情形肯定也令b为真,那么b肯定不会比a更不可能),也就不能满足"也"的预设。这解释了肯定句"??谁也来了"不好的原因。另一方面,如果句子中有否定词,那么作为存在量化的"谁"可以在否定词之下被解读,如(43c)中的LF_1。这样得出来的结果是:跟"也"结合的句子表示"没有一个人来",而其他选项表示"没有一个男人来,没有一个女人来"。很明显，这时蕴涵关系被颠倒了过来，"没有一个人来"蕴涵"没有一个男人来"，即前者比后者强，所以很容易就满足了"也"的预设，相应的否定句"没有谁来"也因此是好的句子。

尤其值得注意的是，根据上述分析，在"疑问代词-也-否定"这样一个组合中，疑问代词必须在否定之下被解读，从句法的角度来说，这意味着疑问代词必须在 LF 层面出现在否定词的下面[这也是上一小节讨论的Hole（2004）所假设的 LF，即（38）]。这也是（43c）中 LF_1 与实际句子语序很不一样的原因。这里我们可以采取生成学派常用的做法，认为此处有隐性的移位（Huang, 1982；May, 1985）。具体来说，可以采取Xiang（2020）对"极小量-都-否定"的做法，认为这里的疑问代词经过隐性回移[Xiang（2020）称之为focus-reconstruction]，因而在 LF 上可以出现在否定之下[在（43c）中，句首的"谁"加了横线，即表示这里"谁"在LF 上的真身不在此处]。这种疑问代词在否定之下被解读，以及相应的极小量在否定之下被解读的情况，正代表着杨凯荣（2002）的观点，即"疑问代词-也-否定"和"极小量-也-否定"都涉及"否定极小量"，因为在逻辑上，如果一个量能被否定，那必然是出现在否定之下。

我们用下面一段稍作修改的袁毓林（2004）对杨凯荣（2002）的概括来总结我们上述的分析：根据这种观点，"也"因为其甚至义，因而要求极量；"疑问代词+也+否定"和"一个+也+否定"在语义上相似，后者通过否定最小量达到对数量的完全否定，前者通过否定最大范围的存在达到对存在的完全否定。①

总的来说，这种从杨凯荣（2002）发展而来且基于Lahiri（1998）的Lahiri式分析十分自然，且有诸多优点。特别是，这种分析将"疑

---

① 袁毓林（2004: 4）对杨凯荣（2002）总结的原话是："'也'要求的是最小量（minimum quantity），相当于数量词'一'，这时Wh还是表示任指。'Wh+也+否定'实际上和'一个+也+否定'在语义上相似，都通过否定最小量达到对数量的完全否定。"我们正文的总结区分了"疑问代词-也-否定"和"极小量-也-否定"，前者是对最大范围的存在的否定，后者是对最小量的存在的否定。这在Krifka-Chierchia 的框架中相当于让前者激活更小范围的选项（sub-domain alternatives），让后者激活更大量的选项（scalar alternatives或 quantity alternatives）。

问代词-也"和"也"本身就具有的量级用法很好地结合了起来，联系5.2.3节讨论的Yang（2018）的发现，即肯定句中的"疑问代词-也"跟量级解读有十分紧密的联系，这或许能解释（24）中提出的关于"疑问代词-也"、否定和量级的归纳。更进一步，该分析认为"疑问代词-也"中的疑问代词是存在量化词，并激活跟范围有关的选项，这一观点跟Chierchia and Liao（2015）对汉语疑问代词所做的统一分析不谋而合。最后，Lahiri式分析也能让我们从跨语言的视角看汉语"疑问代词-也"，并将其归入一类跨语言来看很常见的现象，即NPI在很多语言中都有also/even等追加/极性小品词的出现①。

然而，完全采用Lahiri式分析来处理汉语的"疑问代词-也"仍有不少挑战。首先，正如我们在5.2.3节所看到的，不是所有的"疑问代词-也"都出现在否定句，肯定性"疑问代词-也"中的疑问代词显然很难被处理成在否定词之下出现的NPI。我们可能不得不像Hole（2004）那样引入一套任指机制来处理在肯定句中出现的"疑问代词-也"。但这带来的问题是无法确定这套任指机制会不会过分生成（overgenerate），即生成过多的肯定性"疑问代词-也"，从而抹杀Lahiri式分析中否定所起的重要作用。

另外，即使对否定句中出现的"疑问代词-也"，也不是其中所有疑问代词都可以被处理成NPI。下面讨论郭锐（1998）的一个重要发现，该发现与"一量名-也-否定"和"疑问代词-也-否定"的不同有关。简单来说，郭锐（1998）发现"一量名-也/都-否定"合法与否跟"一量名"的句法位置有莫大关系，但"疑问代词-也-否定"并无此限制，说明两者不能完全等同处理。

我们先来观察（44）中的两组例子。首先，（44a）中的两个句子基本等同，这便是杨凯荣（2002）所强调的"疑问代词-也"与"一量

---

① 这里值得一提的是Luka Crnič的一系列关于英语极性词any的研究：Crnič（2014, 2017, 2019a、b, 2022）。该系列研究认为any自带一个隐性的even。其实，Kadmon and Landman（1993）关于any的经典分析也可以看作是最早用这种观点分析any的尝试。

第五章 "也"与任指性疑问代词：语言事实及前人的观点

名-也"的等价关系。但如果我们观察（44b），就会发现这种等价关系并非总是存在。（44b）中由"疑问代词-也"形成的句子仍然是很自然的句子，但相应的"一量名-也"却十分不自然，两者自然不能等同。

（44）a. 李四哪个字也不认识。≈李四一个字也不认识。

　　　b. 谁也不认识这个字。≠*一个人也不认识这个字。

[郭锐，1998，（4）（5）]

仔细观察，我们发现（44a）与（44b）的不同在于相关"疑问代词/一量名"的底层句法位置不同。在（44a）中，"哪个字/一个字"是底层句法的宾语，而在（44b）中，"谁/一个人"却是句法上的主语。郭锐（1998）进而发现，对"一量名-也/都-否定"来说，要使整个句子合法，相应的"一量名"只能是内部论元，包括及物动词的宾语和非宾格动词（unaccusative verb）的主语；反之，如果"一量名"是外部论元，如及物动词的主语和非作格动词（unergative verb）的主语，相应的"一量名-也/都-否定"就不合法。① 下面（45）和（46）给出郭锐（1998：273—276）的例子来证明这一归纳。

（45）从正面说明了郭锐（1998）给出的归纳。（45）中的"一量名"均是相应动词的内部论元。如（45a）中的"病"以及（45b）中的"进"均是非宾格动词，其主语即是其内部论元，在动词短语内部基础生成，这一点从这些论元可以直接放在动词后面也可以看出。（45）中其余各例中的"一量名"都是各种底层宾语，自然也是在动词短语内部基础生成的内部论元。同时，（45）中的"一量名-也-否定"均十分自然，支持了"一量名-也-否定"中的"一量名"可以是内部论元的归纳。

---

① 这里只举出了直接论元，郭锐（1998）的考察更为全面，还包括了辅论元（即句法上的adjunct）。根据郭锐（1998），所有辅论元都可以充当"一量名-也/都-否定"中的"一量名"，这意味着辅论元跟内部论元一致，初始位置都在否定之下。另外，这里的例子只用了"也"，"都"在这方面的表现一致，也即此处讨论的所有例子中的"也"都可以换成"都"。

(45) a. 一个人也没有病。　　　　对比，没有病一个人。
　　　b. 一个人也没进来。　　　　对比，没进来一个人。
　　　c. 一个人也没看见。　　　　对比，没看见一个人。
　　　d. 一口饭也不吃。　　　　　对比，不吃一口饭。
　　　e. 一个地方也没去过。　　　对比，没去过一个地方。
　　　f. 一间屋也没进。　　　　　对比，没进一间屋。
　　　g. 一个苹果也没给。　　　　对比，没给一个苹果。

（46）从另一个方向证明了郭锐（1998）给出的归纳。（46）中的"一量名"均是相应动词的外部论元。如（46a）中的"工作"、（46b）中的"休息"均是非作格动词，其主语是外部论元，在动词短语外部生成，这一点从这些论元不可以放在动词后面也可以看出。其余各例也都是各种类型的外部论元，且动词短语内部已经被其他各种内部论元所占据。同时，（46）中的"一量名-也-否定"均不自然，支持了"一量名-也-否定"中的"一量名"不能是外部论元的归纳。另一方面，这些"一量名-也-否定"更自然的说法均是将一个更高的否定表达置于相应的"一量名"之上，这暗示了这些"一量名-也-否定"不好的原因可能是此处的"一量名"不能被置于相应的否定之下。

(46) a. *一个人也不工作。　　　　对比，没有一个人工作。
　　　　　　　　　　　　　　　　　对比，*不工作一个人。
　　　b. *一个人也没休息。　　　　对比，没有一个人休息。
　　　　　　　　　　　　　　　　　对比，*没休息一个人。
　　　c. *一个人也不吃。　　　　　对比，没有一个人吃。
　　　　　　　　　　　　　　　　　对比，*不吃一个人。
　　　d. *一个人也没穿大衣。　　　对比，没有一个人穿大衣。
　　　e. *一个人也没有去上海。　　对比，没有一个人去上海。
　　　f. *一个人也没进屋。　　　　对比，没有一个人进屋。
　　　g. *一个人也没给我。　　　　对比，没有一个人给我。

文献中有不少学者都描述了跟郭锐（1998）相似的语感和归纳。

例如,(47)(48)来自陆俭明(1986)。陆先生认为(47)听起来"很别扭",其意思通常用(48)表示。(49)来自沈家煊(1999:223)。"?"说明沈先生认为这些句子也不自然。李宇明(2000:200)指出这类结构中的"一量(名)绝大多数都是这些及物动词的语义受事",并指出根据语料统计,"只搜集到一个'一量'为施事的例子",该例子请见(50),实际上,这里的"跟上来"似乎也可以看作是非宾格动词,因此该"一量"也是内部论元,符合郭锐(1998)的归纳。

(47)a.?一个学生也不认得这个字。
　　b.?一个孩子都不听他的话。
　　c.?一个人也不觉得这儿苦。
　　d.?一位老师都不想参加比赛。
(48)a.没有一个学生认得这个字(的)。
　　b.没有一个孩子听他话(的)。
　　c.没有一个人觉得这儿苦。
　　d.没有一位老师想参加比赛。
(49)a.?一个人也不愿意去边疆。
　　b.?一个人也不认识这个字。
(50)我当着他们的面,大大咧咧地展示一个我自以为简练而潇洒的吸烟动作,而后拿腔带调地说了声"谢谢",扬长而去。后面再没有脚步声。一个也没敢跟上来。

最后,Xiang(2020)也讨论了同样的内部论元与外部论元的对比,见(51)[Xiang(2020),(89)(90)]。(51a)中的"一个人"是内部论元,所以可以充当"一量名-也/都-否定"中的"一量名",而(51b)中的"一个人"是外部论元,所以相应的句子不好。

(51)a.约翰(连)一个人都不认识。
　　b.*(连)一个人都不认识约翰。

郭锐（1998）对这一关于"一量名-也/都-否定"的归纳，有一个很自然的解释[见郭锐（1998，第三节）]，且跟我们上面讨论的Lahiri式分析十分相关。根据这种解释，"一量名"在语义上必须在否定词的下面被解读才能得到一个强于其他选项的句子，从而满足"也/都"的量级预设[见上文对（43）的讨论]；而汉语中的否定词作为一个加在VP上的成分，不能作用于（scope over）在LF层面上仍在VP以外的成分；因而"一量名"要想在否定之下被解读，就必须进行回移；另一方面，回移只能将"一量名"（最远）移至其初始位置，这也就解释了内部论元和外部论元的差别。对内部论元来说，它的初始位置就在VP内部，所以"一量名"可以移至VP内部，即否定之下，从而满足"也/都"的量级预设，因而相应的"一量名-也/都-否定"就自然；而对外部论元来说，其初始位置在VP外部，所以"一量名"无法移至VP内部否定之下，因而无法满足"也/都"的量级预设，相应的句子也就不自然。

现在我们回到"疑问代词-也/都-否定"。郭锐（1998）发现，跟"一量名-也/都-否定"不同，"疑问代词-也/都-否定"没有内部论元和外部论元的差异，我们上文已经在（44）见识了这种不同。下面举出（52）进一步证明。

（52）a. 谁也不工作。　　　　　对比，*一个人也不工作。
　　　b. 谁也没休息。　　　　　对比，*一个人也没休息。
　　　c. 谁也不吃。　　　　　　对比，*一个人也不吃。
　　　d. 谁也没穿大衣。　　　　对比，*一个人也没穿大衣。
　　　e. 谁也没有去上海。　　　对比，*一个人也没有去上海。
　　　f. 谁也没进屋。　　　　　对比，*一个人也没进屋。
　　　g. 谁也没给我。　　　　　对比，*一个人也没给我。

"疑问代词-也/都-否定"与"一量名-也/都-否定"的不同可以从（52）中的对比很清楚地看出。具体来说，（52）包括了上文（46）中所有不自然的"一量名-也-否定"的句子，经过对比，我们可以很清楚地发现把其中的"一量名"换成疑问代词之后，句子都变得十分自然①。也就是说，"疑问代词-也"只要有否定在"也"的后面就能成为合格的句子，不管该否定是否可以在LF层面出现在疑问代词之上。

上述郭锐（1998）所发现的"疑问代词-也-否定"与"一量名-也-否定"的差异说明两者并不能采取完全相同的分析。同时，因为"疑问代词-也-否定"并不要求疑问代词在LF层面出现在否定之下，这说明并不是所有的出现在否定句的"疑问代词-也"都可以按照Lahiri式的分析处理为（Krifka/Lahiri/Chierchia式）NPI+量级"也"。更进一步，为了取得正确的语义（即真值条件），这些在LF层面仍处于否定之上的疑问代词似乎不得不被解读为某种形式的全称量化，不管我们最后采取何种分析。我们可能不得不像Hole（2004）那样，引入一套可以产生任指解读的机制，而正如我们上面提到的，如何避免该机制过度生成是一个难点。换句话说，需要让"疑问代词-也-否定"中的疑问代词在否定之上仍然保持对否定的某种需求，接下来的第六章将着重讨论这一问题。

最后来看"疑问代词-也"和"一量名-也"的另一个差异，该差异似乎也对Lahiri式分析造成了一定的挑战。众所周知，表甚至的"也"（以及"都"）通常可以加一个"连"。如"张三都/也来了"（重音在"张三"上）跟"连张三都/也来了"表达的意思基本一致。这同样适用于"一量名-也/都"，其中的"一量名"之前可以加"连"，如（53a）所示。但另一方面，杨凯荣（2002：247）指出"疑问代词-也"中的疑问代词不能加"连"，如（53b）所示。更进一步，"疑问代词-也"中的疑问代词可以加"无论"，但"一量名-也"却不行，如（54）所示。

---

① 当然，（45）中自然的"一量名-也-否定"换成"疑问代词-也-否定"仍十分自然，见下面的（i）。

（i）a. 谁也没有病。　　　　对比，一个人也没有病。
　　b. 谁也没进来。　　　　对比，一个人也没进来。
　　c. 谁也没看见。　　　　对比，一个人也没看见。
　　d. 什么饭也不吃。　　　对比，一口饭也不吃。
　　e. 什么地方也没去过。　对比，一个地方也没去过。
　　f. 哪间屋也没进。　　　对比，一间屋也没进。
　　g. 什么苹果也没给。　　对比，一个苹果也没给。

（53）"一量名"可以加"连"，疑问代词不行

　　a. 连一个人也没来。

　　b. *连谁也没来。

（54）疑问代词可以加"无论"，"一量名"不行

　　a. *无论一个人也没来。

　　b. 无论谁也没来。

（53）（54）所体现的"疑问代词-也"和"一量名-也"的差异也对将两者统一处理的方案造成了挑战。进一步，既然甚至义都可以加"连"，这似乎说明"疑问代词-也"中的"也"不可能是"甚至-也"（即我们所说的"量级-也"）。

我们赞同（53）（54）说明了"疑问代词-也"和"一量名-也"不能以完全一致的方式处理。实际上，根据上文的讨论，两者确实是不同的，前者表示否定最大范围的存在，即跟范围有关，而后者否定最小量的存在，跟数量有关，这一区别或许可以帮助我们解释（53）（54）所体现的不同。

另一方面，我们不认为（53）就一定说明了"疑问代词-也"中的"也"不是"甚至-也"。原因是我们并不清楚现代汉语的"连"除了在表达甚至义的时候经常可以出现外，还有什么额外的要求。而事实证明"连"确实有额外的要求，这些要求可能是句法的，也可能是语义的。如（55a）说明，"把"字宾语/短语加"连"不自然，虽然可以将"把"字宾语/短语与"都/也"连用表达甚至义。（55b）说明"连"不能与"比"字句中的比较对象结合，而这些句子同样可以加"都/也"表示甚至义①。（55c）是陈小荷（1994）的例子。陈小荷（1994）指

---

① 值得注意的是，"连"不排斥介词短语，如下例所示（用例来自CCL）。

（i）a. 为金钱所鼓荡起红红心魄的人们似乎每一时刻心中都难以安宁，人们连在梦中都祈盼着能有机缘去沿海城市赶赶黄金潮，能去"三资"企业明丽的天空下去拾拾期盼千年的黄金梦。

b. 苏铃是绝对不信任他："你连对女朋友都不好，有什么理由善待我？"

c. 在好几年中，他一直隐瞒着，连对最心爱的朋友也不说。

出"人家六岁都上学了"可以表示主观量,即我们所说的量级含义,但不能加"连";而同时,"六岁"本身在句法上并不排斥"连"的存在,如可以说"连六岁都有了"。同样,(55d)中的"三个小时都/也不够"表达典型的甚至义,但根据我们的语感也不能加"连"。最后,(55e)中的"即使-也"也表达很明显的量级含义(这一点也可以从该句子的英文翻译"Even if Lisi doesn't come, I will go"看出,即英语用了典型的量级小品词even),且"即使"可以省略,但同样,这里的前一个小句不能加"连",即使"连"在句法上不排斥小句,如"连李四不来他都不知道"。

(55) 不能加"连"的"也/都"也可以表示量级含义
 a. 他真够败家的,把老祖母留给他的房子都/也卖了。
  ? 他真够败家的,把连老祖母留给他的房子都/也卖了。
  ?? 他真够败家的,连把老祖母留给他的房子都/也卖了。
  他真够败家的,连老祖母留给他的房子都/也卖了。
          [李文山,2013,(13)]
 b. 李四比姚明都/也要高上半头。
  *李四比连姚明都/也要高上半头。
  *李四连比姚明都/也要高上半头。
  *李四连姚明都/也要高上半头。
 c. 人家六岁都上学了。 [陈小荷,1994,(77)]
  *连六岁都上学了。 (陈小荷,1994,注8)
  连六岁都有了。 (陈小荷,1994,注8)
 d. 这么多题,三个小时都/也不够。
  ?? 这么多题,连三个小时都/也不够。
 e. (即使)李四不来,我也要去。
  *连李四不来,我也要去。

根据上述语言事实,我们认为虽然"也/都"加上"连"一定表示"甚至",但如果一个"也/都"不能加"连",并不表示这里的"也/

都"一定不表示量级含义。据此,(53)所展现的事实,即"疑问代词-也"中的疑问代词不能加"连",并不能证明其中的"也"不是"量级-也"。

综合上面的讨论,我们认为根据杨凯荣(2002)的观点发展而来的Lahiri式分析虽然有不少优点,但并不能解释所有跟"疑问代词-也"相关的语言事实,特别是疑问代词在LF层面居于否定之上的情况,而这直接关系到我们如何看待否定在"疑问代词-也"所起的作用(即到底是跟NPI相关还是别的什么因素相关)。第六章将对这一问题做出详细讨论,但在此之前,我们先来看杉村博文(1992)关于"疑问代词-也"的理论。杉村博文(1992)也认为"疑问代词-也"跟量级解读有关,但对其中的疑问代词有跟Lahiri式分析不同的处理方式。

5.3.2.2 杉村博文(1992)

根据"也"不能跟典型的全称量化词搭配[如(56)所示],杉村博文(1992)认为"疑问代词-也"中的疑问代词不是量化性成分(quantificational),而是一种指称性成分(referential)。

(56)"也"不能跟典型全称量化成分搭配
  a. 每个人都有自己的习惯动作。
    对比,*每个人也有自己的习惯动作。
  b. 人人都想参加这次联欢晚会。
    对比,*人人也想参加这次联欢晚会。
           [杉村博文,1992,(9)a、b]

进一步,杉村博文(1992)认为"疑问代词-也"中的疑问代词表示偏指。下面引用袁毓林(2004:4)的一段话来概括杉村博文(1992)的观点:"疑问代词并不表示'任指'而表示'偏指',即疑问代词指代'在所涉及的范围内最有可能VP的那一个'。至于'Wh+也+VP(否)'结构表示'周遍性',无非产生'以偏概全'、'提示极端情况,余者皆由此类推'的效果而已。"换句话说,杉村博文(1992)强调了(57)所体现的"疑问代词-也"与"偏指/极指-

也"的等价关系,并认为疑问代词本身就可以表示偏指/极指,整个结构的全称量化义来源于"以偏概全"。

(57)"疑问代词-也"与"偏指/极指-也"
    a. 什么困难也不怕。≈ 天大的困难也不怕。
    b. 什么困难也不能克服。≈ 再小的困难也不能克服。

其实,这种"以偏概全"的现象很多语言都有,而那些表达全称量化义的指称性成分通常被称为量化性极指成分[quantifying superlative,见Fauconnier(1975)、Veloudis(1998)等人的讨论]。如(58)中的两个含有极指成分(即the most difficult problem和Einstein)的例句,其表达的意思基本上等同于相应的量化句。

(58)极指成分的量化表现
    a. John can solve the most difficult problem.
      ≈ John can solve any problem.
    b. Einstein couldn't solve this problem.
      ≈ Nobody can solve this problem.

更进一步,这些量化性极指成分通常都可以加一个even,如(59)所示,这跟"疑问代词-也"中"也"的出现有一定的对应关系。进一步,我们可以认为"疑问代词-也"中的"也"正如(59)中的even一样,是表示"甚至"的"量级-也"。

(59)量化性极指成分与 even
    a. John can solve even the most difficult problem.
    b. Even Einstein couldn't solve this problem.

上述量化性极指成分与"疑问代词-也"的相似性说明杉村博文(1992)的观点有一定的道理,下面用一些形式语义学的工具对这一观点做进一步的形式刻画。见(60)。

(60) a. $[\![谁]\!]^g = \lambda P: \forall x[x \neq g(i) \rightarrow P(x) <_{可能性} P(g(i))].P(g(i))$

b. $[\![也_C^{SCALAR}S]\!] = [\![S]\!]$ 仅当 $\forall q \in C[q \neq [\![S]\!] \rightarrow [\![S]\!] <_{可能性} q]$
c. "谁也没来"的LF: 也$_C^{SCALAR}$[没[谁$_3$来]]

我们对（60）稍加说明。首先，（60a）给出了在这种分析下疑问代词的语义。这里需要说明的是上标g是逻辑学与形式语义学常用的描述语义的工具，它是一种赋值函数（assignment function），负责阐释逻辑表达式中的变量，以及自然语言的代词和 LF 层面的一些空语类如语迹（trace）。直观上讲，可以认为g代表着语境中的一部分（可以被认为是一串个体），它告诉我们当前语境讨论的对象，所以能告诉我们代词的指代对象。可以举一个简单的含有代词的句子来说明，例如"他来了"，这里"他"的指代对象很明显受语境影响。如果我们当前在讨论张三来没来，那"他来了"中的"他"就多半指代张三。而如果我们在另一个语境中指着李四说"他来了"，那"他"就肯定指李四。在形式语义学中[例如Heim and Kratzer（1998）]，这通常被处理为让代词带一个索引性质的下标，而赋值函数作为语境的一部分（因此作为$[\![\ ]\!]$的一个参项）告诉我们带此下标的代词应该取何对象，如$[\![他_3]\!]^{g1}$就代表着带有下标3的代词"他"在语境g1下的指称，其指称即是g1给索引3的赋值，也即g1(3)。同理，$[\![他_3]\!]^{g2}$ = g2(3)说的是该代词在语境g2下的指称是g2(3)。

回到（60a），这里的"谁$_i$"带了下标，表示它像代词一样，解读受语境制约。同时，根据（60a），"谁$_i$"具有一个指称性的语义，跟专有名词类似。关于这点，可以对比专有名词的⟨et, t⟩类型解读（即文献中常说的Montague individual），例如，$[\![张三]\!]$可以是张三，也可以是λP.P（张三），两种语义解读的区别在于跟动词短语结合的方式不同，前者是动词短语做函数接受专名做论元，后者是专名做函数接受动词短语做论元，但两者本质相同，都提供了张三这个人作为动词短语的真正论元，因而是等价的。（60a）中的"谁$_i$"也是如此，它的语义告诉我们"谁$_i$"要跟一个动词短语结合（即λP），结合的结果是将语境给"谁$_i$"的下标所赋予的值跟动词短语代表的函数结合，即（60a）中的P(g(i))部分。同时，（60a）中"："和"."之间的部分告诉我们对i的赋

第五章 "也"与任指性疑问代词：语言事实及前人的观点 197

值不是随意的，而必须是当前语境下最可能具有动词短语所表达性质P的那个个体，即$\forall x[x \neq g(i) \rightarrow P(x) <_{可能性} P(g(i))]$[其他人都比g(i)更不可能具有VP所指的性质]，这一部分我们用预设处理。总的来说，(60a)说的是，疑问代词跟动词短语结合，要求该动词短语跟语境中最可能VP的那一个结合。这准确地反映了杉村博文（1992）的观点，即"疑问代词并不表示'任指'而表示'偏指'，即疑问代词指代'在所涉及的范围内最有可能VP的那一个'"。

(60)的其余部分我们应该已经很熟悉了。(60b)正是我们一直以来所说的"量级-也"的甚至义，即"量级-也"要求其所在的句子比其他选项更不可能。(60c)是"谁也没来"的LF。根据这个LF，跟"也"结合的句子表达的是"最有可能来的那个人没来"（值得注意的是，因为在该LF中，跟"谁"结合的动词是肯定的"来"，所以"谁"才会指称最可能"来"的那个人）。同时，该命题确实比其他人没来更不可能，因而满足了"也"的预设，整个句子合法。最后，由于这种量化性极指成分可以表达量化义[见(58)]，即杉村博文（1992）的"以偏概全"，因此整个句子可以表示所有人都没来的量化义。

值得注意的是，按照这种分析，疑问代词也必须在LF层面出现在否定之下才能满足"量级-也"的预设。如果我们将其放在否定之上，如(61a)中的LF，因为"谁"跟否定的动词短语"没来"结合，那么其指称的对象变成最可能"没来"的那个人，也即最不可能来的人，由此而形成的跟"也"结合的命题变成了"最不可能来的人没来"，该命题显然不会比语境中的其他选项（如"最可能来的人没来"）更不可能，因此不能满足"量级-也"的预设。

另一方面，如果句子中没有否定词，如不自然的句子"??谁也来了"，那么其LF只能如(61b)所示。经观察发现，(61b)中跟"也"结合的命题是"最可能来的人来了"，而该命题显然不能满足"也"的量级预设，因而这种分析成功地预测了"也"出现在肯定句不自然。

(61) a. "谁也没来"的另一个LF：也$_C^{SCALAR}$[谁$_3$[没来]]
　　　b. "??谁也来了"的LF：也$_C^{SCALAR}$[谁$_3$来了]

换句话说，这种分析巧妙地通过让"也"表达的含义和疑问代词表达的含义有一定的冲突，即前者表达其所在的句子最不可能，后者指称"最可能VP的那一个"，从而解释了"疑问代词-也"为什么需要否定：否定的作用就是化解这种冲突。

虽然上面我们根据杉村博文（1992）所发展出的分析有一定的优点，包括可以将"疑问代词-也"和极指成分的量化现象联系起来，且能在一定程度上解释该结构与否定的关联，但这种分析仍有不少问题。首先，跟之前我们讨论的Lahiri式分析[也即杨凯荣（2002）]一样，该分析无法解释"疑问代词-也"不在否定句中出现的情况，也无法解释虽然在否定句但疑问代词不在否定辖域之内的情况[即郭锐（1998）的发现]。除此之外，该分析还有一个很严重的问题，跟全称量化的来源有关。尤其是，因为在该分析中疑问代词跟量化无关，是指称性成分，所以整个含有"疑问代词-也"的句子严格说来不是一个量化型的句子[①]。我们认为这个结论跟事实不符，含有"疑问代词-也"的句子在很多方面都体现出真正的量化句的特性，例如它可以跟其他量化表达有互动（quantificational dependency），而且可以和一些对量化敏感的成分如"除了"共现。

先来看（62）。（62a）的意思大致可以用（62b）来表达，（62a）中动词后面的"谁"的取值在直觉上取决于动词前面的"谁"（例如，如果前面取张三，后面就取李四）。形式上，这可以通过让动词后的"谁"的量化域取决于动词前面"谁"所引入的对象来实现，如（62b）中的"{张三，李四}\x"到底指的是哪个集合取决于x的取值。同时，动词前面的"谁"是典型的"疑问代词-也"中的疑问代词，如果想让动词前面的"谁"能引入不同的x，那么该疑问代词肯定得是一个量化性成分，而不是指称性成分。

（62）a. 张三和李四谁也没理谁。

b. $\forall x[x \in \{张三，李四\} \rightarrow \neg \exists y[y \in \{张三，李四\}\backslash x \land x理y]]$

---

① 特别是，根据Veloudis（1998）的研究，"量化性"极指成分[即（58）所描述的现象]并非真的量化，"以偏概全"的语义实际上是一种推理的结果[Veloudis（1998）称之为 contextual entailment]。

第五章 "也"与任指性疑问代词：语言事实及前人的观点　199

再来看（63）。（63a）体现了杉村博文（1992）所强调的"疑问代词-也"和"极指-也"的相似性，两者都可以表达某种全量的含义，即所有人都做不出来这道题。但（63b）与（63c）说明只有含有"疑问代词-也"的句子才是真正的量化句，因为只有"疑问代词-也"才能跟"除了"这样的对量化（特别是全称量化）敏感的成分搭配。具体来说，（63b）很自然地表示李四做得出来这道题，而其他人都做不出来，这里的"除了李四"似乎是从"谁也做不出来"的量化域里剔除了李四[见von Fintel（1993）对英语except短语的经典分析]，而这种从量化域剔除元素的操作显然需要"疑问代词-也"引入真正的量化。与之相反，"极指-也"虽然在直觉上也表达某种意义的全称义，但其全称义只是一种推导出来的意义（Veloudis，1998），相应的句子本身并没有引入量化结构，因而应该不能跟"除了"这样对量化域进行操作的表达搭配。事实的确如此，（63c）听起来很别扭，即使合法，也很难让人弄清楚到底表示什么意思。

（63）a. 这道题，谁也做不出来。
　　　　≈ 这道题，（连）爱因斯坦也做不出来。
　　　b. 这道题，除了李四，谁也做不出来。　　　　（真量化）
　　　c. ?? 这道题，除了李四，（连）爱因斯坦也做不出来。
　　　　　　　　　　　　　　　　　　　　　　　（假量化）

英语的现象也是如此，虽然"(Even) Einstein couldn't solve this problem"表示一个量化的语义，如（64a）所示，但却不能允准对量化敏感的except，如（64c）所示。

（64）a. Nobody could solve this problem.
　　　　≈ (Even) Einstein couldn't solve this problem.
　　　b. Nobody except Lisi could solve this problem.
　　　c. *Except for Lisi, (even) Einstein couldn't solve this problem.

综上，我们认为将"疑问代词-也"中的疑问代词看成是偏指的做法并不可行。

总结整个5.3节的内容。本节讨论了文献中好几种在传统语法及认知功能学派框架下对现代汉语"疑问代词-也"结构的分析,而且尝试用形式学派的一些工具和技术手段对这些理论做了一定程度的形式化,这使我们可以更清晰地检验这些理论,并比较它们之间的不同。有趣的是,我们发现前人的观点既囊括了Szabolcsi式对MO类量化小品词的分析,也包括了Lahiri式对由even组成之NPI的分析,而这两者均是形式语义学里十分有影响的理论。我们也讨论了诸多事实来检验这两种理论及其各种变体在分析汉语"疑问代词-也"时的优势与不足之处。

具体来说,在Szabolcsi式分析下[即吕叔湘(1980)的观点],"疑问代词-也"中的"也"是"追加-也",而其追加的语义可以在某种全称量化(也即合取)下被内部彼此满足。这种分析的优势是疑问代词无须出现在否定之下,因此可以处理郭锐(1998)的发现。但其缺点也十分明显:一是无法解释"疑问代词-也"对否定的偏向,以及在肯定句中跟量级解读的密切关系[即5.2.3节所讨论的Yang(2018)的发现],二是不易处理一些支持"也"位置比较高的语言事实[即杉村博文(1992)所发现的"也都"连用的现象]。

另一方面,在Lahiri式分析下[大致等同于杨凯荣(2002)的分析],"疑问代词-也"中的"也"是位置高的"量级-也",而疑问代词需要在LF层面在否定之下被解读才能满足"也"的量级要求。这一分析的优点是可以在一定程度上解释"疑问代词-也"与否定以及量级的关联,但缺点是难以解释"疑问代词-也"在肯定句出现的情况,以及虽然有否定但疑问代词却不能在否定之下被阐释的情况。

综合上述两种分析,下一章将提出我们的分析。该分析将集成上述两种分析的长处,并有机地结合第四章对"疑问代词-都"的分析以及本章5.2节所讨论的跟"疑问代词-也"相关的语言事实。大致来说,首先,我们认为"疑问代词-也"中的"也"是"量级-也"(即吸取Lahiri-杨凯荣式分析的长处),而且"也"在LF上的位置在由疑问代词引入的全称量化之上。实际上,我们将指出在此位置的"也"不可能是"追加-也",

第五章　"也"与任指性疑问代词：语言事实及前人的观点　201

因为"追加-也"要求追加独立性。其次，我们认为"疑问代词-也"中的疑问代词确实可以在否定之上或在没有否定的情况下取得全称/任指解读（即吸取Szabolcsi-吕叔湘式分析的长处）。我们将在第四章对"疑问代词-都"的分析的基础上，明确描述产生这一全称/任指解读的机制，从形式的角度展示如何让疑问代词可以通过任选增强变成某种意义上的全称量化词。再次，我们将论证"疑问代词-也"中的"量级-也"跟"疑问代词-都"中的"都"相比，有一个更严格的量级要求，即要求其所作用的选项集（即上文一直出现的C）形成全序关系，这解释了"疑问代词-也"在肯定句中更严格的量级要求，也解释了"疑问代词-也"在肯定句中比"疑问代词-都"更受限。最后，"疑问代词-也"在否定句中一直很自然，这源于否定、"也"与疑问代词的互动。大致来说：（i）否定有一种特殊的语用功能，即可以通过与焦点互动指明当前语境下正在讨论的一个未加否定的肯定性话题（即当前语境正在讨论的问题，QUD）；（ii）"疑问代词-也"中的"也"可以跟该QUD的范围D关联，D即当前语境下所讨论的对象（换句话说，"疑问代词-也"是一种关于范围的结构）；（iii）疑问代词本身可以有扩域现象，即将当前讨论的对象集D扩至D'，从而形成⟨D, D'⟩这样的二元有序组，满足"也"的全序要求；（iv）对QUD的扩域会产生否定偏向，而这最终导致了"疑问代词-也"的否定倾向。直观地说，根据这种观点，"疑问代词-也"表达了：即使讨论对象由D扩至D'，QUD也没有肯定答案。

值得注意的是，本章未曾讨论袁毓林（2004）对"疑问代词-也"的研究。袁毓林（2004）主要关注"疑问代词-也-否定"中否定的功能，并提出"正反对举，结果类同"的分析，第六章6.3.3节讨论否定的时候会具体讨论这一分析，特别是，我们将发现袁毓林（2004）对否定的看法及关于"疑问代词-也"整体语用功能的观点跟我们的分析有异曲同工之妙。

第六章 "也"与任指性疑问代词：形式分析

本章继续讨论我们对"疑问代词-也"的具体分析。6.1节讨论任选增强这一机制，该机制可以帮助疑问代词由存在量化词增强为全称量化词。然后我们讨论支持这一做法的若干证据，并给出相关的形式化描写。6.2节讨论"疑问代词-也"中的"也"，我们给出额外证据证明该"也"是"量级-也"，并讨论其更为严格的量级要求（即要求其作用的选项集呈现全序关系）以及如何以"也"的全序性量级要求，通过QUD式扩域，推导出"疑问代词-也"的否定倾向。6.3节进而讨论否定与"疑问代词-也"的密切关系。最后在6.4节我们讨论一些额外的问题与挑战，并在6.5节给出结论。

6.1 疑问代词的任指义与任选增强

第四章讨论"疑问代词-都"的时候已经讨论过任选增强（free choice strengthening）这一机制，但当时只说明了析取如何在可能情态句中被增强为合取，并没有详细讨论存在量化如何被增强为全称量化。本节首先简要地回顾任选增强这一机制，然后给出存在量化被增强为全称量化的推导过程。

6.1.1 析取的任选增强

首先，任选增强是处理任选现象（free choice effects，也可以直接称为"任指现象"）的一种方法。简单来说，任选现象指的是（1）中含析取词"或者"的句子在可能情态句中被自然地赋予合取义的现象。如从"约翰可以请安娜或者贝蒂"可以很自然地推出约翰可以请安娜，以及约翰可以请贝蒂。换句话说，整个句子实际上等同于约翰可以请安娜 & 约翰可以请贝蒂，即"或者"在这里似乎起"和"的作用。有这种合取解读的析取词在文献中被称为任选性析取（free choice disjunction）。（1）显示汉语也有这类现象，说明任选现象是跨语言存在的。

（1）约翰可以请安娜或者贝蒂。　　　（"或者"的任选现象）
　　→ 约翰可以请安娜
　　→ 约翰可以请贝蒂
　　≈ 约翰可以请安娜 & 约翰可以请贝蒂
　　≈ 约翰可以请安娜和贝蒂

很多学者认为任选现象是一种语用现象，任选性析取所表示的任选义是一种语用增强义（Kratzer and Shimoyama，2002；Alonso-Ovalle，2006；Fox，2007；Chierchia，2013b）。证据包括任选义可以被取消[如（2a）所示]，并通常在否定环境下消失[如（2b）所示]。首先看（2a），这里"约翰可以请安娜或者贝蒂"后面跟了"但我忘了是哪个了"，因而不能传达约翰可以请安娜/贝蒂，否则就跟第二个小句发生冲突。这显示了任选义可以被取消，是一种语用义。另外，语用义多用于增强句子，而否定会颠倒强弱，使整个句子变弱，所以语用义多不出现在否定词之下。（2b）表明任选义不易出现在否定词之下，因而是一种语用义。具体来说，"约翰不可以请安娜或者贝蒂"表达的意思是否定一个析取（即等同于相应否定的合取，即既不可以请安娜也不可以请贝蒂），而不是否定一个合取（结果即约翰并非两个都可以请），说明任选义（即导致合取的原因）并没有出现在否定之下。

（2）任选现象是一种语用现象

  a. 约翰可以请安娜或者贝蒂，但我忘了是哪个了。

   ↛ 约翰可以请安娜

   ↛ 约翰可以请贝蒂

  b. 约翰不可以请安娜或者贝蒂。

   即，[不[约翰可以请安娜或者贝蒂]]

   =¬（约翰可以请安娜 ∨ 约翰可以请贝蒂） （否定本义）

   ≠ ¬（约翰可以请安娜 & 约翰可以请贝蒂）

             [否定（本义+任选义）]

  同时，Chierchia（2006）、Fox（2007）、Chierchia et al.（2012）等提出用"选项+EXH"的方式来处理各种语用增强义。第四章已经介绍过这种理论，在这里我们简单说明。大致来说，"选项+EXH"理论认为（i）自然语言中有一些表达会激活选项[①]，且（ii）有一些穷尽算子（exhaustification operator）可以作用于这些选项，从而产生各种语用增强义。

  例如（3）中的"约翰请了安娜或者贝蒂"很自然地表示约翰没有两个都请的语用义[②]。在"选项+EXH"理论中，这是因为"或者"可以激活"和"作为其选项，而句子中的隐性穷尽算子EXH可以作用于该选项，进而得出该语用增强义。我们在（3）中展示了该过程[③]。正如第四章所阐述的，C表示当前句子所激活的相关选项。EXH是相关的穷尽

 [①] "选项"直观上可以理解为说话人有可能会说但实际上没有说的表达。

 [②] 该语义是语用义，因为可以被取消，如"约翰请了安娜或者贝蒂，也有可能两个都请了"就不表示约翰没有两个都请。

 [③] 为了便于对后面的存在量化做更准确的语义推导，我们在这一部分较多地使用一些形式化的语义表达。具体来说，我们用a来代表约翰请（了）安娜，◇a表示约翰可以请安娜，□a表示约翰必须请安娜，∧表示逻辑合取，∨表示逻辑析取，¬表示否定等。另外，为了行文方便，不区分逻辑表达式（logical form）和它们的语义指称（denotations）。换句话说，◇(a∨b)有时表示一个可能情态在析取之上的LF，有时候表达相应的命题。这种做法在相关的文献中很常见，见Bar-Lev and Fox（2020，注1）。

算子，它作用于一个句子S（其下标C代表S激活的选项），结果不仅要求S为真，还要求C中不被S蕴涵的命题都为假，如（4）所示。换句话说，EXH像是一个隐性的only，它可以否定掉选项集C中不比其所在的句子S弱的选项。具体到（3b）中，EXH否定了C中的合取选项，因此我们得到了（3d）中的语用增强义¬(a∧b)，即约翰没有既请安娜又请贝蒂，也即约翰没有两个都请。

（3）a. 约翰请了安娜或者贝蒂。
　　　b. C: {约翰请了安娜或者贝蒂，约翰请了安娜和贝蒂}
　　　c. LF: EXH$_C$[约翰请了安娜或者贝蒂]
　　　d. ⟦EXH$_C$ [约翰请了安娜或者贝蒂]⟧
　　　　= (a∨b)∧¬(a∧b)
　　　即约翰请了安娜或者贝蒂，且约翰没有既请安娜又请贝蒂

（4）⟦EXH$_C$⟧=λpλw. p$_w$ ∧∀q∈C[q$_w$ → p ⊆ q]　　[参见 Chierchia (2013b: 34)]
　　　换句话说，⟦EXH$_C$S⟧为真，当且仅当⟦S⟧为真&C里不被⟦S⟧蕴涵的命题都为假

进一步，这种"选项+EXH"的理论也可以处理任选性语用义（Fox, 2007；Chierchia, 2013b）。第四章已经介绍过Fox和Chierchia的这种任选增强理论以及背后的直观，其核心观点是（i）析取也可以激活其析取支作为选项（Sauerland, 2004），（ii）选项可以本身就带有语用增强义（即自带EXH，也即pre-exhaustified）。

第（i）点体现在（5b）中的⟦约翰可以请安娜或者贝蒂⟧$_{alt}$既包括相关的合取，也包括两个析取支[①]。但正如我们在第四章所看到的，如果直接将EXH作用于⟦约翰可以请安娜或者贝蒂⟧$_{alt}$中的选项，不仅不会产生任选义，还会得到逻辑矛盾。因此我们需要用到第（ii）点，即选

[①] 为了简化表达，我们没有将析取本身放入其选项集⟦约翰可以请安娜或者贝蒂⟧$_{alt}$中，因为EXH永远也不会否定与其结合的句子本身（即文献中常说的prejacent），所以这种做法不影响结果。另外，（5）与第四章的讨论不同的一点是我们在（5）也同时考虑了合取选项，即◇(a∧b)。第四章提到合取选项起限制任选现象分布的功能，我们在这一节将详细讨论这一功能。

用已经被语用增强过的选项集，即（5c）中的〚约翰可以请安娜或者贝蒂〛$_{\text{EXH-alt}}$。大致来说，〚约翰可以请安娜或者贝蒂〛$_{\text{EXH-alt}}$就是将EXH逐个添加到〚约翰可以请安娜或者贝蒂〛$_{\text{alt}}$中的选项所得到的结果。例如，将EXH添加至◇a得到的结果就相当于约翰只可以请安娜，即〚约翰可以请安娜或者贝蒂〛$_{\text{alt}}$中的◇a∧¬◇b。又例如，合取选项◇(a∧b)因为本身就是〚约翰可以请安娜或者贝蒂〛$_{\text{alt}}$最强的选项，所以再次语用增强并无效果（即EXH$_{\text{C}}$[◇(a∧b)]=◇(a∧b)）。总的来说，我们用〚S〛$_{\text{EXH-alt}}$来表示S的增强式选项集（pre-exhaustified alternatives），并在（6）给出准确的定义。

最后，如果选用语用增强过的选项集即（5c）中的选项集作为整个句子的选项集，并用EXH作用于这个选项集，那么就能得出正确的任选义，如（5d）所示。直观上，已经被语用增强过的选项大致相当于约翰只可以请安娜，约翰只可以请贝蒂等，否定这些选项自然可以得到约翰不只可以请安娜，及约翰不只可以请贝蒂，而这大致相当于约翰既可以请安娜，也可以请贝蒂，即任选义。同时需要注意，我们最后得出的结果（5d）里还有一个¬◇(a∧b)，这是"或者"也激活合取（即"和"）作为选项的缘故。¬◇(a∧b)就相当于（3）中的级差/量级语用义。综合任选语用义及量级语用义，我们最后得到的结果是"约翰可以请安娜或者贝蒂"表达约翰既可以请安娜也可以请贝蒂但不能两个都请，这正是该句子最自然的解读。①

（5）约翰可以请安娜或者贝蒂。
　　≈约翰可以请安娜 & 约翰可以请贝蒂
　　a.〚约翰可以请安娜或者贝蒂〛= ◇(a∨b)
　　b.〚约翰可以请安娜或者贝蒂〛$_{\text{alt}}$ = {◇a, ◇b, ◇(a∧b)}

---

① 值得注意的是，我们之前已经提到，这些语用义都是可以被取消的，在Fox和Chierchia的"选项+EXH"理论中，这代表着这些选项可以不被激活，或者一些被激活的选项可以被忽视（pruned）。当然，忽视选项（alternative pruning）有各种各样的限制，这也是"选项+EXH"理论的一部分，见Chierchia（2013b）、Katzir（2014）等相关讨论。

c. ⟦约翰可以请安娜或者贝蒂⟧$_{\text{EXH-alt}}$

   = {EXH$_C$[◇a], EXH$_C$[◇b], EXH$_C$[◇(a∧b)]}，C为⟦约翰可以请安娜或者贝蒂⟧$_{\text{alt}}$

   = {◇a∧¬◇b, ◇b∧¬◇a, ◇(a∧b)}

d. ⟦EXH$_C$^{EXH}[约翰可以请安娜或者贝蒂]⟧，C^{EXH}为⟦约翰可以请安娜或者贝蒂⟧$_{\text{EXH-alt}}$

   = ◇(a∨b)∧¬(◇a∧¬◇b)∧¬(◇b∧¬◇a)∧¬◇(a∧b)

   = ◇(a∨b)∧(◇a ↔ ◇b)∧¬◇(a∧b)

   = ◇a∧◇b∧¬◇(a∧b)

（6）增强式选项集①　　　　　　　[根据 Chierchia (2013b: 138)]

⟦S⟧$_{\text{EXH-alt}}$ = {EXH$_{\text{IE}}$ ⟦S⟧$_{\text{alt}}$(p) | p ∈ ⟦S⟧$_{\text{alt}}$}

---

① 这里的定义需要用到一个不会产生矛盾的穷尽算子（innocent exclusion-based EXH，简称 IE-based EXH），即（6）中的EXH$_{\text{IE}}$。(i) 中给出了其定义。我们在这一点上遵循了Chierchia（2013b：123）的做法。直观上，我们可以想象EXH$_{\text{IE}}$是一个更加智能的穷尽算子，当它跟一个命题p结合时，不会否定C里所有那些比p强的选项，而只会否定其中的一部分，即IE(p, C)的部分。而IE(p, C)即是C中对p来说可以被安全否定的部分。大致来说，IE(p, C)相当于先找出所有那些C里最大的子集C′使得我们可以否定C′里的所有命题而不跟p发生矛盾，然后取所有这些C′的交集，得出的结果就是IE(p, C)。

(i) EXH$_{\text{IE}}$= λCλpλw[p(w)∧∀q[q ∈IE(p, C)→¬q(w)]]　　　　　　(Fox, 2007)

where IE(p, C)= ∩{C′| C′ is a maximal subset of C s.t.{¬q : q ∈ C′} ∪{p} is consistent}

我们以EXH$_{\text{IE}}$(a∨b)为例说明，这里EXH$_{\text{IE}}$加到了(a∨b)上，所以（i）中所说的p就是(a∨b)，也即是EXH$_{\text{IE}}$的prejacent。这里我们仍旧假设(a∨b)激活的选项集即相关的C是{a, b, a∧b}，这个集合里有两个子集{a, a∧b}和{b, a∧b}都可以被全部否定而不跟p矛盾，而且没有比这两个子集更大的子集可以具有这个性质。因此这两个子集就是（i）中所说的 {C′| C′ is a maximal subset of C s.t.{¬q : q ∈C′} ∪{p} is consistent} 中的唯二两个元素。这两个集合的交集是{a∧b}，因此这就是EXH$_{\text{IE}}$(a∨b)中的EXH$_{\text{IE}}$所能安全否定的选项。

至于正文（6）为什么需要EXH$_{\text{IE}}$，我们可以考虑a∨b∨c的增强式选项集即⟦a∨b∨c⟧$_{\text{EXH-alt}}$，特别是考虑其中a∨b对应的增强选项，按照（6）的定义我们需要以⟦a∨b∨c⟧$_{\text{alt}}$为选项集来对a∨b进行增强操作，而直观上我们想要的结果是(a∨b)∧¬c，也即只否定c。这时候更加智能的EXH$_{\text{IE}}$就可以帮助我们很方便地找到c并只否定这一个选项。请见Chierchia（2013b：120—123，185—187）的相关讨论。

正如我们在（5）中所看到的，这种"选项+EXH"的方法可以将一个析取通过语用增强变成某种意义上的合取，从而解决任选现象，我们称这种语用增强为任选增强。更进一步，语用增强不仅可以将析取变成合取，也可以将存在量化变成全称量化。这也是当前一种很有影响的处理任指词如any 的方式，即认为any本质上是存在量化词，其任指表现（如"John can invite anyone"）由任选增强得来（Chierchia, 2013b; Dayal, 2013; Crnič, 2019a、b）。这是十分自然的做法，因为存在量化跟析取在逻辑上等价（即"张三请了一个人"等价于"张三请了李四，或者请了王五，或者……"），任选增强当然可以同样地作用于两者。我们认为汉语的任指性疑问代词也是如此，即疑问代词本身是存在量化词，但可以通过任选增强获得任指义。下面展示具体的操作。

6.1.2 存在量化的任选增强

首先，我们采取Liao（2011）、Chierchia and Liao（2015）、Xiang（2020）以及本书第四章的做法，认为任指性的疑问代词是存在量化词，且激活子范围选项，如（7）所示。①

（7）a. $[\![谁_D]\!] = \lambda P \exists x \in D[人(x) \wedge P(x)]$　　　　（存在量化词）

　　　直观上，≈$[\![一个人]\!]$

　　b. $[\![谁_D]\!]_{alt} = \{\lambda P \exists x \in D'[人(x) \wedge P(x)] \mid D' \subseteq D\}$　（子范围选项）

　　　直观上，≈$\{[\![一个男人]\!], [\![一个女人]\!], [\![一个叫张三的人]\!], \cdots\}$

其次，如果我们对疑问代词的子范围选项先进行语用增强（pre-exhaustified），再进行穷尽，那么得到的结果即是全称量化。我们在（8）中展示这一推导过程如何将"谁也不说话"中跟"谁"结合的部分变成一个全称性命题。

----

① 值得注意的是，第四章解释了汉语疑问代词由虚指用法到任指用法的转变过程，指出两者都是存在量化词，但虚指性疑问代词激活个体选项，任指性疑问代词激活子范围选项，前者变为后者通过加重音来实现。本章不再赘述这一过程，直接认为任指性疑问代词激活子范围选项。

第六章 "也"与任指性疑问代词：形式分析 209

（8）a. 谁也不说话。

b. LF: [谁$_D$也$_C^{SCALAR}$[②EXH$_C^{EXH}$[①谁$_D$[不说话]]]]

c. 〚①〛=∃x∈D[人(x)∧¬说话(x)]

〚①〛$_{alt}$={∃x∈D′[人(x)∧¬说话(x)] | D′⊆D}

〚①〛$_{EXH-alt}$={∃x∈D′[人(x)∧¬说话(x)]∧¬∃x∈D\D′[人(x)∧¬说话(x)] | D′⊆D}

d. 〚②〛=∃x∈D[人(x)∧¬说话(x)]∧∀D′⊂D

¬[∃x∈D′[人(x)∧¬说话(x)]∧¬∃x∈D\D′[人(x)∧¬说话(x)]]

=∃x∈D[人(x)∧¬说话(x)]∧∀D′⊂D

[∃x∈D′[人(x)∧¬说话(x)]→∃x∈D\D′[人(x)∧¬说话(x)]]

=∀D′⊂D∩〚人〛[∃x∈D′∧¬说话(x)]

=∀x∈D[人(x)→¬说话(x)](≈所有D中的人都不说话)

"谁也不说话"的LF如（8b）所示[①]。这里有三点值得说明。第一，"也"在LF上的位置比较高且高于全称量化引入的位置[即（8b）的EXH]，这点借鉴了第五章5.3节所讨论的Lahiri式分析，认为"疑问代词-也"中的"也"贡献了某种预设，因而要求整个句子取某种解读，这其实跟第四章对"疑问代词-都"的处理一致，也即"都"贡献了"总括"的预设，所以要求与其关联的疑问代词取任指解读（第四章没有给出相应的LF，本章6.4节将给出"疑问代词-都"的具体LF）。第二，因为我们认为任指性疑问代词本身是存在量化词（另见第四章4.5节的详细讨论），任指义由任选增强引入，所以（8b）中有隐性EXH的存在，且其下标C^{EXH}表明该EXH作用于已经被增强过的选项集。另一方面，EXH要在存在量化词之上才可以将其增强为全称量化，因此我们需要假设"谁"由其表层位置经过回移（reconstruction）至EXH之下（Xiang，2020）[②]。第三，我们将（8b）中的疑问代词放在否定之上依

[①] 注意（8b）中的"①②"只是为说明方便而引入的辅助表达，不是LF的一部分。

[②] 这跟郭锐（1998）的观点"'一量名+否+VP'句式是由'否定词+V+一量名'句式焦点成分前置形成的焦点突显句式"有相通之处。郭先生的观点可以看成是认为两者有同样的语义阐释，或前者的语义阐释由后者决定。

据的是"说话"是一个非作格动词（unergative verb），所以其论元是外部论元，不能在LF层面出现在否定之下，这即是我们在上一章讨论的郭锐（1998）的发现。①

下面我们来看（8b）中LF的语义组合。本节关注该LF中"也"下面的部分，即②如何被解读，下一节再来看"也"如何融入整个结构。总的来说，②因为有EXH作用于被语用增强过的疑问代词所激活的子范围选项，所以实际上被任选增强为一个全称性命题，即⟦②⟧等同于所有D中的人都不说话。下面分两步来看这一推导过程。

首先，（8c）给出了①的语义。因为我们认为"谁"是一个存在量化词，所以⟦①⟧=∃x∈D[人(x)∧¬说话(x)]，即"D中有人不说话"。同时，因为"谁"会激活子范围选项，所以整个①激活的（未被增强过的）选项是"D′中有人不说话，D′是D的一个子集"，也即⟦①⟧$_{alt}$={∃x∈D′[人(x)∧¬说话(x)]|D′⊆D}。进一步，这些未被增强过的选项可以被语用增强，增强的结果即（8c）的第三、四行。具体来说，对于每一个D的真子集D′来说，关于D′的选项（即"D′中有人不说话"）的语用增强等同于"D′中有人不说话，但并非D\D′中有人不说话"，也即"D′中有人不说话，但D′于D的补集中没有人不说话"，这大致相当于"只有D′中有人不说话"（直观上，EXH就相当于一个隐性的only/"只"）。

其次，②是EXH与①结合的结果，（8d）展现了两者如何组合。具体来说，EXH作用的选项集是我们上一步得出的语用增强过的①选项集，即⟦①⟧$_{EXH-alt}$。因为EXH会否定该选项集中所有不比⟦①⟧弱的命题，而不难发现⟦①⟧$_{EXH-alt}$中的命题（除了⟦①⟧自身）都比⟦①⟧强，所以它们会被EXH所否定，最后的结果是：⟦①⟧为真，即（i）"D中有人不说话"，且所有不比⟦①⟧弱的命题都为假，即（ii）对所有D的真子集D′来说，"并非D′有人不说话，但D′于D的补集中没有人不说话"。（ii）相当于对所有D的真子集D′来说，"如果D′有人不说话，那么D′于D的补集中也有人不说话"，这跟（i）中的"D中有人不说话"结合起来，

---

② 确实，相应的"一量名-也"即"?? 一个人也不说话"不自然。

第六章 "也"与任指性疑问代词：形式分析 211

就等价于所有D中的人都不说话[1]，也即（8d）最后的结果。这展示了任选增强如何把一个存在量化句（即①）增强为一个全称量化性的句子（即②）。

关于上述推导有两点值得注意，首先，（8）中的"谁"因为在LF层面出现在否定之上，所以该疑问代词并非出现在否定环境，而是出现在了肯定环境。换句话说，上述展示的针对疑问代词的任选增强可以将一个疑问代词在肯定环境增强为一个全称量化词，这一点从（8）中的推导并不依赖于"不"可以看出。（9）展示了如果我们把否定从"谁也不说话"中去掉，任选增强仍旧可以把存在量化变成全称量化。

（9）a. ?? 谁也说了话。
    b. LF: [谁$_D$[也$_{C'}^{SCALAR}$[②EXH$_C$^{EXH}[①谁$_D$[说了话]]]]]
    c. 〚①〛=∃x∈D[人(x)∧说了话(x)]
      〚①〛$_{alt}$={∃x∈D′[人(x)∧说了话(x)] | D′⊆D}
      〚①〛$_{EXH\text{-}alt}$={∃x∈D′[人(x)∧说了话(x)]∧¬∃x∈D\D′[人(x)∧说了话(x)] | D′⊆D}
    d. 〚②〛=∃x∈D[人(x)∧说了话(x)]∧∀D′⊂D
      ¬[∃x∈D′[人(x)∧说了话(x)]∧¬∃x∈D\D′[人(x)∧说了话(x)]]
      =∃x∈D[人(x)∧说了话(x)]∧∀D′⊂D
      [∃x∈D′[人(x)∧说了话(x)]→∃x∈D\D′[人(x)∧说了话(x)]]
      =∀D′⊂D∩〚人〛][∃x∈D′∧说了话(x)]
      =∀x∈D[人(x)→说了话(x)](≈所有D中的人都说了话)

（9）展示了针对疑问代词的任选增强可以将一个疑问代词在肯定

---

[1] 我们可以用归谬法对这一结论稍加证明。假设并非所有D中的人都不说话，即有人说了话。设这个说话的人为a，且由a我们可以构建出D的一个真子集D1=D\a。根据正文中的（ii），即"对所有D的真子集D′来说，如果D′有人不说话，那么D′于D的补集中也有人不说话"，我们得知如果D1有人不说话，那么D1于D的补集中也有人不说话。根据正文中的（i）即"D中有人不说话"及我们的假设a说了话，我们得出D1有人不说话。跟上一步得出的结论结合起来，我们可以推导出D1于D的补集中也有人不说话，而D1于D的补集即是{a}，所以a不说话，这跟最初的假设相悖。因此正文中的（i）加（ii）等同于所有D中的人都不说话。

环境增强为一个全称量化词，这一点有利有弊。好处在于我们可以解释为什么少部分的"疑问代词-也"可以在肯定句中出现（见上一章对事实的刻画），也可以解释郭锐（1998）的发现，即"疑问代词-也-否定"中的很多疑问代词（包含所有充当外部论元的疑问代词）实际上是在否定之上被阐释的。但这一点的不足之处是，它无法解释否定与"疑问代词-也"的关联，特别是"谁也不说话"变为肯定句后并不自然。我们将在下一节提出，这一点并非缺陷，"疑问代词-也"与否定的关联实际上是由"也"造成的。

与之相关的另一点是，（8）中的推导需要假设汉语的疑问代词并不像寻常的存在量化词那样，会激活全称量化词作为其量级选项（scalar alternatives）。①我们需要这个假设，因为如果疑问代词有全称量化词作为选项，那么EXH作用的最终结果还会包含一个级差/量级语用义，即¬∀x∈D[人(x)→ ¬说话(x)]，即不是所有D中的人都不说话，而这一量级语用义明显跟我们任选增强得到的结果，即∀x∈D[人(x)→ ¬说话(x)]（所有D中的人都不说话），是矛盾的。因此，如果想让疑问代词在否定之上取得全称量化解读（即任指义），就必须假设它们并不会激活全称量化词作为其量级选项②。这也解释了汉语的任指性疑问代词总

---

① 另见Bowler（2014）、Singh et al.（2016）、Meyer（2016）、Bar-Lev（2021）等用这一假设（即量级选项的缺失，absence of scalar alternatives）来解释多种语言现象。

② 另一方面，量级选项起到限制任选现象的分布的作用，见第四章的相关讨论以及本章 6.4 节的详细讨论。我们在此简单直观地说明量级选项如何限制任选现象。首先，如（i）所示，并不是所有的析取都可以理解为某种意义的合取，也即不是所有的析取都可以有任选解读，大致来说，只有在可能情态句中[对比（ia）与（ib）/（ic）]，析取才相当于其对应的广域（wide scope）合取。Fox（2007）及Chierchia（2013b）认为这是因为析取也会激活合取作为其量级选项，而该量级选项的存在会导致级差含义[即（i）中的画线部分]，该级差含义只有在可能情态句中才不会跟任选义发生冲突，如（i）所示，所以相应的任选义被量级选项/级差含义限制在可能情态句中。

（i）a. 约翰可以请安娜或者贝蒂 ≈ 约翰可以请安娜 & 约翰可以请贝蒂
　　　◇a∧◇b∧¬◇(a∧b)（不矛盾）

　　b. 约翰请了安娜或者贝蒂 ≠ 约翰请了安娜 & 约翰请了贝蒂
　　　a∧b∧¬(a∧b)（矛盾）

　　c. 约翰必须请安娜或者贝蒂 ≠ 约翰必须请安娜 & 约翰必须请贝蒂
　　　□a∧□b∧¬□(a∧b)（矛盾）

的来说分布十分自由（因为在各种环境都可以被增强为全称量化），这点从"疑问代词-都"可以很清楚地看出（见本书第四、五章对事实的描述）。

上面我们展示了"疑问代词-也"中的疑问代词如何通过"选项+EXH"取得任指义（也即全称量化的解读），下面我们给出两个证据来支持这一分析。

首先，"选项+EXH"与传统形式学派对任指性疑问代词的分析不同，后者多分析"疑问代词-都"且多采用"变量+算子"法（Lee, 1986；Cheng, 1995；Tsai, 1999；潘海华, 2006）。第四章讨论"疑问代词-都"的时候已经指出"变量+算子"方案的一些不足之处。用"变量+算子"的方案处理"疑问代词-也"更是有诸多困难，因为该结构中没有像"都"那样可以被认为是全称量化词的成分[①]。同时，正如第四章所指出的，任指性疑问代词并不与句中的量化副词互动且从来都是全称义（即没有Lewis式Quantificational Variability Effect），"疑问代词-也"中的疑问代词也是如此，如（10）所示。具体来说，（10a）说明不定名词性成分"一个二次方程"可以被"通常"这样的量化副词约束，不管有没有"都"的出现。而（10b）说明"疑问代词-也"中的疑问代词并不能受典型量化副词的约束，因而不是变量。同时，正如第四章所指出的，任指性疑问代词的这种表现跟任选词any的表现类似，因而支持了我们用相同的机制（即"选项+EXH"）处理两者的做法。

（10）a. 一个二次方程通常（都）有两个解。
　　　b. *哪个二次方程通常也有两个解。

其次，第四章指出现代汉语任选性疑问代词一定要加重音（Chao, 1968；朱德熙, 1982；张定, 2020），这也适用于"疑问代词-也"中的疑问代词。如（11）所示，（11a）中的虚指性疑问代词不能加重

[①] 我们猜测这也是几乎所有生成学派的分析[除了Hole（2004）]都不关注"疑问代词-也"的原因。Hole（2004）虽然也是生成学派的研究，但其关于疑问代词的论述较少被人提及。

音，而与之十分相似的含有"疑问代词-也"的（11b）必须在疑问代词上加重音。这支持了我们用"选项+EXH"的方式处理任指性疑问代词，包括"疑问代词-也"中的疑问代词。具体来说，我们可以认为重音代表了焦点，而焦点激活（更多的）选项（Rooth，1985、1992），从而可以让任选增强通过作用于这些选项，最终取得任指解读（见第四章4.5.2节的详细论述）[①]。（12）重复了第四章4.5节对疑问代词所做的分析。其中，（12b）说明虚指性疑问代词本身激活个体选项[②]，（12c）中的下标F表示焦点，可以激活选项；我们进一步根据Crnič（2019a、b）和Jeong and Roelofsen（2023）认为该焦点落在疑问代词的量化域上，因而激活其他量化域作为选项，从而使得整个疑问代词可以激活范围选项，如（12c）所示。

（11）a. 我觉得他们几个（有）谁没来。
　　　b. 我觉得他们几个谁也没来。
（12）a. $[\![谁_D]\!] = \lambda P.\exists x \in D[x 是人 \& P(x)]$
　　　b. $[\![谁_D]\!]_{alt} = \{\lambda P.[u 是人 \& P(u)] \mid u \in D\}$　　　（个体选项）
　　　　等价于 $\{\lambda P.\exists x \in \{u\}[x 是人 \& P(x)] \mid \{u\} \subseteq D\}$
　　　c. $[\![谁_{D_F}]\!]_{alt} = \{\lambda P.\exists x \in D'[x 是人 \& P(x)] \mid D' \subseteq D\}$ （范围选项）

总结本节的内容。本节提出用任选增强的方法处理"疑问代词-也"中的疑问代词，该处理方式与第四章处理"疑问代词-都"中疑问代词的方式一致，因而使我们得以刻画"疑问代词-也"与"疑问代词-都"的平行性，给予两者统一的分析。另一方面，"疑问代词-也"与"疑问代词-都"的不同在于"也"与"都"具有不同的预设要求，下一小节将具体讨论"疑问代词-也"中"也"的量级要求，以及"也"

[①] 值得注意的是，"疑问代词-也"中的疑问代词必须加重音这点再次跟任指性any的表现一致，支持我们用同样的机制处理两者。

[②] 这样做是为了分析虚指性疑问代词的"不知"义，如"狗熊正在跟谁讲话"表示说话人不知道正在跟狗熊讲话的人是谁。大致来说，因为这里的"谁"激活了"猫头鹰、李四"等选项，所以听话人推测说话人不用这样更具体的表达是因为不知道到底是哪个。见本书第四章 4.5.2 节。

如何跟被任选增强过的疑问代词（即本小节所讨论的内容）做语义上的组合。

6.2 任指性疑问代词与"也"的量级性

6.2.1 语义组合

本节具体讨论"也"如何跟任指性疑问代词进行语义组合①。根据上一章的讨论（另见下面的讨论），我们认为"也"是一个量级副词（换句话说，我们在这一点上遵循了Lahiri-杨凯荣式分析），同时，根据Crnič（2017，2019a、b，2022）对英语any的分析②，我们认为在"疑问代词-也"中，"也"作为一个焦点算子跟疑问代词的量化域关联[另见Jeong and Roelofsen（2023）]。具体的LF及相关部分的语义解读如（13）所示。

(13) a. 谁也不说话。
  b. LF: [谁$_D$[也$_C^{SCALAR}$[③D_F[②3[①EXH$_C^{EXH}$[谁$_{t3_F}$[不说话]]]]]]]
  c. $[\![①]\!]^g = \forall x \in g(3)[人(x) \rightarrow \neg 说话(x)]$ [见上节对（8）的讨论]
  d. $[\![②]\!]^g = \lambda P \forall x \in P[人(x) \rightarrow \neg 说话(x)]$ （谓词抽象）
  e. $[\![③]\!]^g = \forall x \in D[人(x) \rightarrow \neg 说话(x)]$ （跟"也"结合的句子）
  f. $[\![③]\!]^g_{alt} = \{\forall x \in D[人(x) \rightarrow \neg 说话(x)] \mid D' \subseteq D\}$

下面对（13）做进一步说明。第一步，比较（13b）中的LF与前文（8b）中的LF，可以发现有两点不同。首先，在（13b）中，疑问代词，尤其是其量化域，加了焦点F，这代表了我们之前讨论的疑问代词加焦点才可以激活范围选项的论断。其次，加了焦点的量化域D_F在跟

---

① 因为涉及语义组合的问题，本小节的部分内容可能过于形式化。我们将尽量说明这些形式化背后的直观。

② Crnič（2017，2019a、b，2022）的核心观点之一是any总是跟一个隐性的even关联，更具体地说，any的量化范围会激活选项且跟even关联。这里我们可以对比Krifka（1995）的观点（见第五章5.3.1节相关介绍），即不同的极性词需要用到不同的断言算子，而其中的EmphAssert作为一个断言算子所起的作用就跟even类似。

穷尽算子EXH关联[1]的同时也跟焦点副词"也"关联，也即双重关联。我们这里采取Rooth（1996：287—288）的处理方法，认为双重关联可以在句法上用（隐性）移位来实现，也即D_F在原位与EXH关联后通过移位移至EXH之上，并在此处跟"也"关联。[2]同时，该移位会留下语迹，所以（13b）的LF中①里的"谁$_{t3_F}$"的量化域是一个语迹$_{t3_F}$。同时，移出的量化域D_{F3}与其语迹同标，并在此处触发谓词抽象（predicate abstraction）[3]。值得注意的是，这里因为"谁"作为一个量化性成分跟它的量化域被分开解读，也即"谁"的存在量化部分在EXH之下解读，而其量化域部分在EXH之上解读，因而这相当于一种分裂式量化

---

[1] EXH作为一个类似于only的对选项敏感的算子，可以跟焦点关联。见Katzir（2013）、Chierchia（2013b，2.3.2节）及Schwarzschild（2020）的相关讨论。

[2] Rooth（1996）讨论的焦点双重关联现象如（ia）所示[另见Krifka（1992）的讨论]。在（ia）的第二个小句中，焦点WINE同时与also和only两个焦点算子关联。为了使also和only各自可以与正确的焦点（及其背后的选项集）关联，Rooth（1996）认为可以让wine$_F$先与下面的焦点算子only关联，然后再移位至only之上与also关联。我们在（13）中的处理方式正是借鉴了这种方法[另见Drubig（1994）、Wagner（2006）、ErlewineandKotek（2018）对焦点移位的使用]。同时需要注意的是，文献中除了移位还有一种处理双重关联的方法比较常用[见Wold（1996）等]，即让焦点和焦点算子都带上索引式下标（indexed foci），这样就可以通过同下标来指明哪个焦点和哪个焦点算子关联，如（ic）所示。我们在此不赘述加了下标后的焦点和焦点副词如何解读，感兴趣的读者请参阅Kratzer（1991）与Wold（1996）。当然，既然通过加标也可以处理双重关联，那么我们也可以用（ic）中的LF来处理"疑问代词-也"中疑问代词跟EXH与"也"的双重关联。我们在（13）中采用了Rooth的移位法，因为汉语的"疑问代词-也"以及"疑问代词-都"中确实有移位，即疑问代词通过焦点移位移到"也"与"都"的左边。

（i）a. Last month John only drank beer.
　　He has also only drunk WINE.
　b. 焦点移位下的LF: also [[wine]$_F$2 [John has only [[t$_2$]$_F$1 [drunk t$_1$]]]]
　　　　　　　　　　　　　　　　　　　　　　[参见Rooth, 1996, (41)(42)]
　c. 焦点加标后的LF: John has also$_2$ only$_3$ drunk [[wine]$_{F2}$]$_{F3}$　[参见Wold, 1996, (41)]
　d. 通过焦点加标来处理"疑问代词-也"：[也$_1$ [EXH$_2$ [谁$_{D_{F1F2}}$[不说话]]]]

[3] 我们这里遵循Heim and Kratzer（1998：186）的做法，认为D_{F3}的下标成为句法上的一个独立节点，即②处的3，正是3触发了谓词抽象。

（split-quantification或split scope）现象[①]。

上面介绍了（13b）中的LF，下面简要说明该LF的语义组合。（13c）给出了LF中的①部分的语义，该语义和我们在上一节对（8）讨论的结果（即任选增强可以将一个存在量化句变成全称量化）基本一致。唯一不同的是因为此处"谁$_{t3_F}$"的量化域是一个带下标的语迹，所以其解读要依赖于赋值函数[assignment function，见第五章5.3.2节对杉村博文（1992）进行形式化时的相关讨论]，因而（13c）中①的语义是一个对赋值函数敏感的全称量化命题（即一个含有变量的全称量化命题，该变量即是全称量化的量化域），即$\forall x \in g(3)[人(x) \rightarrow \neg 说话(x)]$。

下一步，在②处我们对①中的变量做谓词抽象，得到的结果即是（13d）中的$\lambda P \forall x \in P[人(x) \rightarrow \neg 说话(x)]$，这是一个可以跟不同范围/量化域P结合，从而形成关于该范围/量化域的全称量化命题的函数，也即一个关于范围的性质（a property of domains）。

再下一步，⟦②⟧作为一个可以接受各种范围/量化域的函数，可以跟它上面的D_F相结合，从而形成③的语义，即一个关于D的全称量化命题，也即（13e）中的$\forall x \in D[人(x) \rightarrow \neg 说话(x)]$，即"所有D中的人都不说话"。这跟我们在（8）中得到的结果完全一致。换句话说，我们假设的D_F所进行的焦点移位完全不影响上一小节所讨论的任选增强。

另一方面，D_F从EXH之下移到EXH之上，可以使我们很轻松地得到③的选项集，即（13f）中的⟦③⟧$^g_{alt}$。假设D_F的选项是其他的范

[①] 文献中经常讨论的此类现象的典型例子如（i）[来自Abels and Martí（2010）]。其中（ia）的自然解读是no employees中的否定成分在必然情态need之上解读，而其余部分在必然情态之下解读。同样，（ib）的其中一种解读是how many books的数字部分在疑问算子之上解读，其余部分在疑问算子之下解读。另见Dayal（2013）用分裂式量化来分析英语any与数词的共现，如"John is required to read any three books"。

(i) a. The company need fire no employees.
　　　'It is not the case that the company is obligated to fire employees.'
　　b. How many books does Chris want to buy?
　　　'What is the number n such that Chris wants it to be the case that there are n books that he buys?'

围/量化域，特别是其他的子范围/量化域（Crnič，2017）①，那么③的选项集如（13f）所示，为$\{\forall x\in D[人(x)\to\neg说话(x)] \mid D'\subseteq D\}$，也即"所有D'中的人都不说话"，D'是D的一个子集。这时我们可以清楚地看到，跟"也"结合的句子，即③，其自身表达的命题跟该命题的选项呈现蕴涵关系，即$[\![③]\!]^g$蕴涵了$[\![③]\!]^g_{alt}$中的所有选项。最后，我们终于可以来讨论"也"如何跟③结合。根据上一章的讨论，特别是遵循杉村博文（1992）、杨凯荣（2002）以及Yang（2018），我们认为"疑问代词-也"中的"也"是"量级-也"。实际上，此时我们可以解释为什么（13）中的"也"只能是"量级-也"，而不可能是"追加-也"。

回顾上一章的讨论，"追加-也"有"追加独立性"的要求，也即要求与"也"结合的句子跟其前提句之间必须没有蕴涵关系，如（14）所示[该例重复自第五章例（4）]。在（14）中，因为跟"追加-也"结合的句子（即"我请了张三和李四"）蕴涵了其前提句"我请了张三"，没有满足追加独立性，所以含"也"的句子不好。回到（13），因为跟"也"结合的句子即$[\![③]\!]^g$蕴涵了该句子的所有选项即$[\![③]\!]^g_{alt}$，如果这个"也"是"追加-也"，不管选哪个选项做前提句，都不能满足追加独立性，因此，我们认为这说明（13）中的"也"即"疑问代词-也"中的"也"，不可能是"追加-也"。

（14）"追加-也"不允许蕴涵关系

#我请了张三，实际上我也请了张三和李四。

另一方面，我们在上一章发现"量级-也"没有这个要求，相关证据是（15）[重复自第五章例（10）]。在（15）中，"也"的前提句显然是"两个人坐得下"，此时虽然跟"也"结合的句子"三个人坐得下"蕴涵了其前提句，但含"也"的句子仍然很自然，且表达量级含义，因此"量级-也"允许蕴涵关系。又因如（13）中所示，跟"也"结合的句子蕴涵该句子的所有选项，所以其中的"也"以及其他"疑问

---

① 实际上，如果不是子范围，就不会满足"量级-也"的预设。

代词-也"中的"也",可以是"量级-也",且根据上面的讨论,只能是"量级-也"。

(15)"量级-也"允许蕴涵关系
别说两个人了,(连)三个人也坐得下。

量级"也"预设与之结合的句子比当前语境下其他选项更不可能;而这一要求显然在(13)中得到了满足,与"也"结合的句子正是③,而 $[\![③]\!]^g$ 蕴涵了 $[\![③]\!]^g_{alt}$ 中的所有选项,当然比其他选项更不可能[①]。这满足了"量级-也"的预设,因而整个句子合法且表达"所有D中的人都不说话",符合我们的语感。换句话说,我们似乎给出了一个完整的对"疑问代词-也"的分析。

6.2.2 "量级-也"的全序要求

但实际上,上述分析并不完整。尤其是,该分析并没有解释为什么"疑问代词-也"倾向在否定的环境出现。这一点显而易见,否定并没有在我们的分析中起任何作用,实际上,如果我们把(13)中的否定去掉,整个句子仍然能满足"也"的预设("所有D中的人说了话"蕴涵"所有D′中的人说了话",对所有D的子集D′来说均是如此),且表达"所有D中的人都说了话",如(16)所示。而这明显不符合语言事实。

[①] 这里我们根据的是量级与蕴涵准则[entailment-scalarity principle,Crnič(2011: 15);另见Lahiri(1998)、Chierchia(2013b)、Greenberg(2017,注5)、Xiang(2020,注27)等]。该准则说的是对任意两个命题p,q来说,如果p蕴涵q,且p跟q不在当前语境下等价(contextually equivalent),那么p比q更不可能。直观上,这很容易理解,因为如果p蕴涵q且两者不等同,那么p比q在更少的情况下为真,当然更不可能发生。在当前例子下,因为 $[\![③]\!]^g$ 蕴涵 $[\![③]\!]^g_{alt}$ 中的所有选项,且语境并没有要求这些命题在当前语境下等价,所以按照量级与蕴涵准则,$[\![③]\!]^g$ 比 $[\![③]\!]^g_{alt}$ 中的命题更不可能。

(16) a. ?? 谁也说了话。
b. LF: [谁$_D$[也$_{C'}^{SCALAR}$[③D$_F$[②3[①EXH$_C^{EXH}$[谁$_{t3_F}$[说了话]]]]]]
c. 〚①〛^{g}=∀x∈g(3)[人(x)→说话(x)]   [见上节对（9）的讨论]
d. 〚②〛^{g}=λP∀x∈P[人(x)→说话(x)]
e. 〚③〛^{g}=∀x∈D[人(x)→说话(x)]   （跟"也"结合的句子）
f. 〚③〛$^g_{alt}$={∀x∈D[人(x)→说话(x)] | D'⊆D}
g. 因为〚③〛^{g}蕴涵〚③〛$^g_{alt}$（即C'）中的所有选项，"也"的量级预设可以被满足，整个句子表达"所有D中的人都说了话"

我们下面提出，"量级-也"有一个更严格的量级预设，该预设在很大程度上限制"疑问代词-也"的分布。实际上，从（14）与（15）的对比就可以看出"量级-也"的这一要求。首先来考虑（14）中的"也"为什么不能是"量级-也"。换句话说，既然"也"既有追加用法，也有量级用法，那为什么（14）不可接受，不能是一个含有"量级-也"的句子？

这里有一个很简单的句法解释，即"量级-也"似乎只能向左关联，所以（14）中的"也"不可能是"量级-也"。我们认为这种句法解释并不成功，因为把（14）中的"张三和李四"移到"也"之前（甚至加上"连"），句子仍然不合法，如下面（17）所示。换句话说，该句法解释还是不能解释（17）中的"也"为什么不能是"量级-也"。

(17) #我请了张三，实际上（连）张三和李四我也请了。

（15）与（14）/（17）的反差令人费解，尤其是，两种情况下有同样的逻辑关系，即第二个小句蕴涵第一个小句（"三个人坐得下"蕴涵"两个人坐得下"，"我请了张三和李四"蕴涵"我请了张三"）。如果"量级-也"仅仅要求其所在的句子代表语境中所有相关选项中最不可能的命题，且可能性遵循蕴涵关系（即量级与蕴涵准则），那么（15）与（14）/（17）因为蕴涵关系相同，理应同样满足"量级-也"的要求。具体来说，在（14）/（17）中，因为"我请了张三和李四"蕴涵了其前提选项"我请了张三"，两者并不等价，因而"我请了张三和李四"必然比"我请了张三"更不可能,这满足了"量级-也"的要求,句子应该合法,而这跟事实相悖。

仔细观察(15)与(14)/(17)的不同,我们提出"量级-也"有一个更为严格的量级要求,其要求当前语境下的相关选项(即"也$_C^{SCALAR}$"关联的C)处于一个全序关系①当中。我们进一步将这一额外的要求写进"量级-也"的语义中,如(18)所示。(18)与我们在上一章给出的"量级-也"的语义的不同之处就在于第(iii)条,即"量级-也"对选项集C的全序要求。②

(18) "量级-也"的语义

⟦也$_C^{SCALAR}$S⟧ = ⟦S⟧仅当

---

① 一个全序关系即一个满足完全性的偏序关系,完全性表示任意两个元素都可以相比较。我们在(i)中给出全序关系的定义。
(i) 对集合X上的二元关系≤来说,≤是一个全序关系,当且仅当对于X中的所有a、b和c来说:
a. a≤a(自反性,reflexive)
b. 如果a≤b且b≤a,则a=b(反对称性,antisymmetric)
c. 如果a≤b且b≤c,则a≤c(传递性,transitive)
d. a≤b或b≤a(完全性,total)
我们说全序关系是一个满足完全性的偏序关系,因为(ia)—(ic)三项性质即定义了偏序关系。我们无须特别关注这里的定义,因为我们用到的主要是全序关系完全性的条件,而这一条件十分直观。

② 值得注意的是,在Chierchia(2013b)的"选项+穷尽算子"的框架里,穷尽算子(exhaustification operator)不仅有隐性O(nly)(即本书的EXH),也有隐性E(ven)。Chierchia(2013b: 153)进而提出应该根据相关选项集的逻辑性质来决定到底是用O还是用E,并给出(i)中的最佳适配(optimal fit)原则。值得注意的是,在(i)中全序关系也起到了一定作用,特别是,它在一定程度上决定了是否能用E。换句话说,Chierchia认为全序是隐性even的使用条件之一,这跟本章对"量级-也"所持的观点有相通之处。
(i) Optimal Fit
In exhaustifying ϕ, use O unless O (ϕ) is trivial (= contradictory or vacuous) and there is a salient probability measure μ.
A probability measure μ is salient iff one of the following holds:
(a) μ is salient in the context (b)ALT is totally ordered by "⊆"(entailment) (转下页)

〚S〛的相关选项集 C 满足下列条件：
(i) C 中有一个 p 为真，而且　　　　　　　　（追加性）
(ii) $\forall q \in C[q \neq 〚S〛 \rightarrow 〚S〛 <_{可能性} q]$　　（甚至义）
(iii) C 中元素呈全序关系（totally ordered）　（全序）

"量级-也"的这一额外要求可以帮助我们解释（15）与（14）/（17）的不同。比较两种情况下的相关选项集，对（15）来说相关选项集是 {两个人坐得下，三个人坐得下}，对（14）/（17）来说相关选项集是{我请了张三，我请了李四，我请了张三和李四}[①]。显然，前者是一个全序集合，而后者虽然"我请了张三"和"我请了李四"都与"我请了张三和李四"有蕴涵关系，但"我请了张三"和"我请了李四"本身没有显著的关系，因此集合 {我请了张三，我请了李四，我请了张三和李四} 并不是一个全序集合。也正是这种差别导致（15）满足了"量级-也"的全序要求，可以加"量级-也"，而（14）/（17）没有满足全序要求，因而不能加"量级-也"。又因为（14）/（17）也不满足"追加-也"的追加独立性的要求，所以也不能加"追加-也"，因而句子不可接受。

跟第五章的（12）相比，（18）有更强的预设要求。下面来讨论（18）（特别是其中全序关系的要求）如何帮助我们理解"疑问代词-也"的一些限制。首先，全序关系可以帮助我们更好地理解上一章根据 Yang（2020）所做的对"疑问代词-也"的事实的归纳，（19）再次给出这一归纳[重复自第五章（24）]。

（接上页）
另外一个支持全序关系作为某些量级小品词语义的一部分的证据来自英语的 even。如（ii）所示，这里 B 句也不能用 even，而这很可能是相关的选项集 {Bill drank coffee or tea, Bill drank tea, Bill drank coffee} 并没有形成一个全序关系，没有满足 even 的相关要求。请参见 Greenberg（2016）更多的讨论。
(ii) A: Bill drank tea or coffee.
　　B: He (#even) drank [tea]$_F$.　　　　　　　　　[Greenberg, 2016, (20)]
① 这里我们需要假设合取的选项包括其合取支（即张三和李四的选项包括张三/李四）。这是一个十分自然且广泛被接受的假设[如 Chierchia（2013b: 138）]。

（19）关于"疑问代词-也"、否定和量级的归纳

"疑问代词-也"在否定句可以自由出现；在肯定句，只有当疑问代词的量化域可以形成一个有序量级时，该"疑问代词-也"才能被接受。

先来看这个归纳的第二个部分，即"在肯定句，只有当疑问代词的量化域可以形成一个有序量级时，该'疑问代词-也'才能被接受"。事实上，"量级-也"对全序关系的要求恰恰解释了这一部分。下面先来说明如果疑问代词的量化域可以形成一个有序量级，那么跟"也"关联的相应的选项集也可以满足全序关系的要求，如（20）所示。

（20）什么困难我们也能克服。
    a. LF: [也$_{C'}^{SCALAR}$[D_F[∃ [EXH$_{CEXH}$[什么$_{t3_F}$困难[我们能克服]]]]]]
    b. 跟"也"结合的句子：$\forall d \in D$ [我们可以克服d-程度的困难]
    c. 相关选项：{$\forall d \in D'$[我们可以克服d-程度的困难] | $D' \subseteq D$}
    （满足全序）
    d. 量级向下蕴涵：对任意两个程度d, d'且d > d'来说，我们可以克服d-程度的困难 蕴涵 我们可以克服d'-程度的困难

我们对（20）稍作说明。首先，（20a）是"什么困难我们也能克服"的LF。如上文所述，跟"也"结合的部分，即（20a）中的[D_F[∃ [EXH$_{CEXH}$[什么$_{t3_F}$困难[我们能克服]]]]]，可以被任选增强为一个全称量化句，如（20b）所示。值得注意的是，这里"什么困难"可以按照困难的难度被解读，也就是说其语义中自带了一个量级的概念，这也是该疑问代词的量化域可以形成一个有序量级的原因。又根据我们之前的假设D_F激活其子集作为选项，该句子的选项如（20c）所示，是有着更小量化域的全称量化句，即{$\forall d \in D'$[我们可以克服d-程度的困难]|$D' \subseteq D$}，我们称该选项集为C。"也"正是要求C是一个全序集合，也即其中的任意两个元素都可以相互比较。事实确实如此。

要想更清楚地看到这一点，我们先来看构成这个命题集的主要谓

词，即λd[我们可以克服 d-程度的困难]，这个谓词有一个显著的特征，即量级向下蕴涵[downward scalar，见Beck and Rullmann（1999）]，即与之结合的程度越高，形成的句子越强，也即（20d）所说的，对任意两个程度d，d′来说，只要d大于d′，那么由d形成的命题"我们可以克服d-程度的困难"就蕴涵由d′形成的命题"我们可以克服d′-程度的困难"。这个性质导致了对任何一个C中的命题来说，如∀d∈D′[我们可以克服d-程度的困难]，只要找到D′里的最大程度d′，那么∀d∈D′[我们可以克服d-程度的困难]就等价于[我们可以克服d′-程度的困难]。因此，C中的任何两个元素，如∀d∈D′[我们可以克服d-程度的困难]和∀d∈D″[我们可以克服d-程度的困难]都可以相比较，因为D′和D″两个集合各自的最大程度d′和d″可以比较，由之形成的两个命题[我们可以克服d′-程度的困难]和[我们可以克服d″-程度的困难]也可以比较。因此，C是一个全序集合，满足了"也"的全序要求。

另一方面，对一个含"疑问代词-也"的句子来说，如果其疑问代词不能形成一个有序量级，那相应的跟"也"关联的选项集也不是有序集合。我们以（21）为例来说明这一点。

（21）* 这几个孩子，哪一个也很聪明。　　　[基于Yang, 2018, (14)]
　　　a. LF: [也$_{C'}^{SCALAR}$ [D$_F$[3 [EXH$_{CEXH}$[哪一个$_{t3_F}$[很聪明]]]]]]
　　　b. 跟"也"结合的句子：a聪明∧b聪明∧c聪明
　　　c. 相关选项：{a聪明，b聪明，c聪明，a聪明∧b聪明，b聪明∧c聪明，a聪明∧c聪明，a聪明∧b聪明∧c聪明}

根据（21a）中的 LF，跟"也"结合的句子被任选增强为一个全称量化句，即这几个孩子中的每一个都很聪明。假设这几个孩子是a，b和c，那么跟"也"结合的句子就是（21b）中的合取，而其选项即（21c）中的命题。显然，（21c）中的命题集不是一个全序的集合，因为不是所有的元素都可以相互比较，如"a聪明"和"b聪明"。因此，（21）不能满足"量级-也"的全序关系，句子不合法。

总结本小节的内容。本节提出"量级-也"有一个更为严格的量级要求，即要求其关联的选项集是一个呈现全序关系的集合。我们给出了一些支持这一全序要求的证据，并指出这可以帮助我们解释肯定句中"疑问代词-也"与量级的密切关系。但另一方面，全序关系似乎并不能区分"疑问代词-也"在肯定句与否定句中的不同，更严重的问题是，全序关系似乎导致"疑问代词-也"在否定句中也同样受限。下一小节将讨论这一问题，以及否定在"疑问代词-也"结构中的作用。

6.3 二元有序组、扩域及其否定偏向

先来看我们最开始讨论的"疑问代词-也"在否定句中的例子，即"谁也不说话"，重复如下（22）。

（22）a. 谁也不说话。
  b. LF: [也$_{C'}^{SCALAR}$[D$_F$ [3 [EXH$_{CEXH}$[谁$_{t3_F}$ [不说话]]]]]]
  c. 跟"也"结合的句子：$\forall x \in D[人(x) \to \neg 说话(x)]$
  d. 相关选项：$\{\forall x \in D[人(x) \to \neg 说话(x)] \mid D' \subseteq D\}$
  e. 全序关系不能被满足   [见对（21）的讨论]

（22a）是很自然的句子，但其中跟"也"相关联的选项集（22d）却不是一个全序的集合，其中的原因跟（21）一致：假设D中有三个人a,b,c，那么（22c）中跟"也"结合的全称量化句就相当于相应的合取"a不说话∧b不说话∧c不说话"，而相应的选项集即{a不说话，b不说话，c不说话，a不说话∧b不说话，b不说话∧c不说话，a不说话∧c不说话，a不说话∧b不说话∧c不说话}，这自然不是一个全序集合。因此（22a）中"也"的全序要求实际上没有被满足，整个句子应该不合法，这显然与事实相反。

换句话说，全序关系确实可以帮助我们限制"疑问代词+也"，并帮助我们理解肯定句中"疑问代词+也"与量级的密切关系，但这种限制本身无法对肯定和否定做区别对待，因此有限制过多的问题。下面分三步介绍我们的解决方案。

6.3.1 二元有序组与语用扩域

首先，我们在前一小节看到，如果疑问代词本身的量化域可以形成一个有序量级，那么就可以满足"也"的全序要求。我们进一步提出，除了这一种情况，还有另一种情况可以满足"也"的全序要求，就是让与"也"相关联的选项集形成一个二元有序组，如（23）所示。

（23）二元有序组（two-point scale）
$\{\forall x \in D'[人(x) \to \neg 说话(x)], \forall x \in D[人(x) \to \neg 说话(x)]\}$
当 $D' \subset D$ 时

在（23）中的二元有序组中，因为只有两个元素，且这两个元素之间有蕴涵关系（$\forall x \in D[人(x) \to \neg 说话(x)]$蕴涵$\forall x \in D'[人(x) \to \neg 说话(x)]$，当D'是D的真子集时），那么当然满足全序完全性的要求，因而是一个全序的集合。同时，这样的二元有序组可以通过对整个（范围）选项集在实际语境下进行论域限制（contextual domain restriction）而得到，而这在Rooth的选项语义学也是被允许的。根据Rooth（1992），一个焦点小品词最终所作用的选项集只需是由焦点所激活的选项集的一个子集[见Rooth（1992）的焦点解释原则，focus interpretation principle]，（23）中的二元有序组作为整个范围选项集的一个子集，当然符合这一条件。

我们认为（23）中的二元有序组其实体现了语用上的扩域现象[domain widening，见Kadmon and Landman（1993）；另见Fălăuş and Nicolae（2022）用扩域来解释罗马尼亚语中的一种任选词中有追加类小品词的现象]。具体来说，（23）中的二元有序组代表着说话人提议将当前讨论的对象即疑问代词的量化域从D'扩至一个更大的集合D，从而包括那些之前被认为是不相关的对象。

实际上，跟疑问代词相关的扩域现象很常见。例如，Zanuttini and Portner（2003）在分析感叹句的时候提出由疑问代词构成的感叹句如"What things he eats!"，就涉及了扩域。具体来说，Zanuttini and Portner（2003）认为由疑问代词构成的感叹句在语义上跟真正的疑问句相似，都可以指称一组真命题的集合（Karttunen，1977），如{that he eats poblanos，that he eats serranos，that he eats jalapenos}（poblanos 等是各种辣椒），但在感叹句中，相应的疑问代词被触发扩域，使该命题集包括更极端的情况，如{that he eats poblanos，that he eats serranos，that he eats jalapenos，that he eats guero}，从而表达极端的感叹效果。

同样，den Dikken and Giannakidou（2002）在分析英语的 wh-the-hell 类短语（如"Who the hell bought that book?"中的"who the hell"）时，提出 wh-the-hell 类短语即是表示扩域的疑问代词短语，因此可以表达说话人认为实际答案不在当前语境的讨论范围（aggressively non discourse linked[①]），以及表示极端不知晓等语用效果。正如Eckardt and Yu（2020）所总结的，这类扩域型疑问代词短语表示"The speaker has exhausted all reasonable answer alternatives and, being at a loss, considers more than the usual possibilities"，也即表达说话人穷尽了当前所有可能的答案，但还是无法确定实际答案，因而转而考虑更加不可能的答案。

上述跟疑问代词有关的扩域现象说明疑问代词在很多结构中都可以有扩域的性质，这给我们认为"疑问代词-也"也可以有扩域表现提供了独立的证据。

更进一步，我们提出"疑问代词-也"的扩域通过当前讨论的问题（question under discussion，QUD）进行。具体来说，（23）中的D′，也即"也"所在本句之选项句（或称其前提句）的量化域，对应着QUD下的讨论对象；而从D′到D的扩域则代表着说话人提议扩大讨论的范围，将当前讨论的QUD_{D}扩展至QUD_{D}，如（24）所示。这很自然地反映了（23）这样的二元集合背后的语用成因，特别是，这样的二元集合里除了"也"所在的句子，只有一个选项句跟D′相关，这表示D′或该选项句一定要在当前语境下具有显著性，这样才能被会话双方所识别；而QUD所涉及的范围代表当前讨论的对象，恰恰符合显著性这一条件，因

[①] 举例来说，A去参加外文系的内部活动，发现李四在跟一个人说话，A问"Who on earth is Lisi talking to?"，这时候A用on earth来表示跟李四说话的人不在当前语境的讨论对象之中，例如不是外文系的人，这即是一种anti-d(iscourse)-linking 现象。

此可以自然地代表D′所指代的对象；进一步，既然D是比D′更大的一个集合，那么自然代表着语境中一个关于更大范围的QUD的存在，也即语境中发生了针对QUD的扩域。

（24）QUD式扩域

$$\text{QUD}_D$$
$$|$$
$$\text{QUD}_{D'}$$

更重要的是，下一节将展示这种针对QUD的扩域会造成否定偏向（negative bias），而这直接导致了（为满足"也"的量级要求从而）通过扩域而形成的"疑问代词-也"通常出现在否定句中。

6.3.2 QUD式扩域的否定偏向

首先，QUD作为当前语境下正在讨论的问题，实际上就是一个问句，因此，我们可以通过观察问句中类似的扩域现象来看QUD扩域有什么样的语用效果。（25）中含有极小量/极大量成分的问句恰恰展现了类似的扩域现象（von Rooy, 2003; Jeong and Roelofsen, 2023）。从直观上看，这些问句（既有是非问也有特指问）不仅问及了正常程度、范围下所问及的事项是否发生，更是问及了极端程度、范围下的情况，因而均发生了某种意义上的扩域现象。另一方面，如（25）中各问句所示，对问句的扩域常常会造成否定偏向。如"他**这辈子**啥时候有钱过？"（黑体表示重音），加了重音的"这辈子"将所问及的范围扩至最大，并强烈地表达了问话人认为他没有有钱过，后者即是我们所说的否定偏向。值得一提的是，张定（2020）指出"任何"在疑问句中"往往用于说话人的负向期待"，如（25g）所示，并指出这与"任何"的"意义扩展"有关，这说的也是问句中的扩域会造成否定偏向的现象。

（25）扩域在问句中造成否定偏向

  a. Did John lift a finger to help Mary? → 约翰没有帮玛丽。
  b. Who lifted a finger to help Mary? → 没有人帮玛丽。
  c. Would you, in a million years, do that? → 你不会那么做。

d. Who would, in a million years, do that? → 没有人会那么做。

e. 这里面还有一丝半点的往日情吗？→ 这里面没有往日情。

f. 他**这辈子**啥时候有钱过？→ 他没有有钱过。

g. 你喜欢任何东西吗？→ 说话人似乎不相信听话人喜欢任何东西。

（张定，2020：65）

对于（25）所展现的否定偏向现象，文献中有若干解释（Krifka，1995；von Rooy，2003；Guerzoni，2004；Jeong and Roelofsen，2023）。下面以极小量成分（如lift a finger和"一丝半点"）为例，具体介绍Jeong and Roelofsen（2023）在von Rooy（2003）的基础上对此现象所做的分析[极大量成分可以用同样的方式处理；见von Rooy（2003：259）]。更进一步，我们将提出，根据这种分析，（24）所展现的QUD式扩域也会造成否定偏向。

首先，Jeong and Roelofsen（2023）根据Heim（1984）、Krifka（1995）、Chierchia（2013b）、Crnič（2019a、b）等众多前人研究，认为极小量成分指称相关行为或性状在可能性上的最小量d_{min}，激活其他（更高的）程度作为其选项，且跟一个隐性even关联。直观上，这体现了极小量成分通过指称最小量，从而表达强调的语义和语用。在问句中，Jeong and Roelofsen（2023）进一步认为该隐性even在整个问句之上被解读，因此作用于一个由问题组成的集合。具体对（25a）来说，even起作用的集合为{Did John help Mary to degree d? | d > d_{min}}，每一个问题均问及约翰是否在某个更高程度上帮助过玛丽。

接下来，Jeong and Roelofsen（2023）根据Karttunen and Peters（1979）等对even的分析，认为跟极小量成分相关的even有一个追加性预设（对比本书第五章5.2.1节所讨论的"也"的追加性预设）。具体来说，该预设要求even起作用的选项集中有一个显著的选项（salient alternative）已经被解决（resolved或settled）。在陈述句如"Even John came"中，这体现为有一个不是"John came"的选项句也为真，也即有一个不是约翰的人来了。而在疑问句中，该预设要求语境中有一个显著的选项问句在问话人的信念系统里已经被确定真假（settled in the speaker's doxastic state）。对（25a）来说，这相当于要求问话人认为"Did John help Mary to d_c?"这一问题的答案（至少在问话人看来）已经被确定（d_c 为当前语境下帮助玛丽所代表的阈值；也即超过了该值才能算作真正帮助了玛丽）。换句话说，为满足（25a）的预设，问话人要么相信约翰没有帮助玛丽（至d_c），要么相信约翰帮助了玛丽（至d_c）。

最后，语用推理说明，这种情况下问话人只能相信约翰没有帮助玛丽。我们分两种情况讨论。第一种情况，试想问话人相信约翰帮助过玛丽，也即约翰在程度d_c上帮助过玛丽，那么问话人也必然相信约翰在程度d_{min}上帮助过玛丽，因为前者蕴涵后者。在这种情况下，"约翰是否在d_{min}上帮助过玛丽？"，也即问话人实际上问的问题"Did John lift a finger to help Mary?"，其答案在问话人看来显而易见为"yes"，因而不能满足疑问句有疑而问的语用条件。换句话说，问话人在相信约翰帮助过玛丽的情况下压根就不可能问出该问题。第二种情况，如果说话人相信约翰没有在程度d_c上帮助过玛丽，那么约翰仍旧有可能在d_{min}上帮助过玛丽。因此，"Did John lift a finger to help Mary?"作为问题仍旧可以被提出，是一个合格的问句。综合这两种情况，我们发现"Did John lift a finger to help Mary?"只有在问话人相信约翰没有（在程度d_c上）帮助过玛丽时才可以被作为合格的问题提出；换句话说，该问句传递问话人相信约翰没有帮助过玛丽。推广开来，这解释了像（25）这样涉及扩域的问句为什么总是传递否定偏向。

我们赞同 Jeong and Roelofsen（2023）的上述分析，并提出（24）所描述的跟"疑问代词-也"相关的扩域同样发生了类似的现象。大致来说，（24）体现了说话人将$QUD_{D'}$扩展至QUD_D（为满足"也"的量级预设）；类比上面的讨论，这种对问题的扩域会造成否定偏向，也即说话人相信QUD_D没有肯定性答案。这种否定偏向会和一个肯定的全称量化句冲突，因此发生扩域的"疑问代词-也"只能出现在否定句中，这导致了"疑问代词-也"的否定偏向。直观上也可以这样理解：说话人正是由于QUD找不到肯定答案，所以提议扩域，从而用"疑问代词-也"表达"即使QUD被扩域，也不可能有肯定答案"的强调与转折的语用效果[见下节对袁毓林（2004）的讨论]。下面我们对这一解释进行展开，同时进一步说明Jeong and Roelofsen（2023）对疑问句扩域的分析同样适用于（24）所展示的跟"疑问代词-也"相关的QUD式扩域。

首先，Jeong and Roelofsen（2023）分析中的一个关键假设是含有极量成分的句子中一定有一个隐性的even，正是由于这个even的追加性预设，使得我们可以得出当前语境下未被扩域的问题已经可以在问话人的信念系统中取得答案。值得注意的是，类似的要求在以（24）为代表的QUD式扩域中同样存在。换句话说，同样可以认为说话人在进行QUD扩域时已经知晓未被扩域前的QUD[即（24）中的QUD_D]的答案。具体来说，QUD扩域需要遵循语篇和对话中跟QUD相关的基本原则和要求，而其中一个很自然的要求便是 Büring（2003）提出的 "Relevance: Stick to a question until it is sufficiently resolved"，即人们在交流时不会随便转移问题/话题，而只有当前问题被解决时才会转向下一个问题。根据这一原则，如果说话人提议从$QUD_{D'}$转至QUD_D，这代表着说话人认为$QUD_{D'}$（至少在说话人的信念系统中）是已经被解决了的（这样才能转向下一个问题）；换句话说，这表示$QUD_{D'}$可以在说话人的信念系统中取得答案，也即说话人知道$QUD_{D'}$的答案。

其次，我们需要进一步说明什么样的问题可以参与（24）所描述的QUD式扩域，因为并不是所有在问句中出现的扩域现象都会产生否定偏向。对于带有极小/大量成分的问句来说，Jeong and Roelofsen（2023）指出所有是非问都有否定偏向[见上文对（25a）的讨论]，但并非所有含有极小/大量成分的特指问均是如此。以"Who lifted a finger to help Mary？"为例：如果该问句取穷尽解读（exhaustive interpretation，也即问话人要求答话人列出所有帮助过玛丽至d_{min}的人），那么一个针对语境中未扩域问题（即"Who helped Mary to d_c?"）的肯定（穷尽性）回答，并不能完全解决扩域后的问题（即实际上问话人问的"Who helped Mary to d_{min}？"），因为实际上完全有可能有人虽然在d_{min}这个程度上帮助了玛丽，但并没有达到当前语境下帮助的阈值d_c。换句话说，对于含有极小/大量成分且取穷尽性解读的特指问，问话人完全有可能在相信对未扩域问题肯定回答的情况下问出相应的问句，所以我们无法推出否定偏向。另一方面，如果含有极小/大量成分的特指问取非穷尽性解读（如"Who for instance lifted a finger to help Mary？"），那么因为对未扩域问题的非穷尽性肯定回答肯定隐含一个对扩域后问题的非穷尽性肯定回答，所以这样的问句跟（25a）的情况一致，具有否定偏向。

我们认为（24）所描述的QUD式扩域跟取非穷尽性解读的特指问的情况类似。具体来说，如上文（24）所示，为了满足全序关系，D和D′之间的补集D\D′，也即扩域增加的部分，在语篇中并没有自己独立的QUD，表示该部分在当前语境下并不相关。这进一步表明扩域后的QUD_D并不要求答话人穷尽性地列举出D（自然包括扩域增加的部分）中所有个体哪些有被问及的性质。换句话说，扩域后的QUD_D并不是一个取穷尽解读的特指问，（24）中体现的QUD式扩域跟取非穷尽性解读的特指问的情况类似。

总结上面两点，我们明确了对（24）所描述的QUD式扩域来说，未被扩域的$QUD_{D'}$可以在说话人的信念系统里取得答案，且扩域后的QUD_D取非穷尽性解读。这两点确保了（24）跟有否定偏向的极小/大量问句的情况一致，也会产生否定偏向。具体来说，因为QUD_D取非穷尽性解读，所以一个对$QUD_{D'}$的肯定回答必然会蕴涵一个对QUD_D的肯定回答。换句话说，如果说话人已经知道一个对$QUD_{D'}$的肯定答案，那么他也一定知道一个对QUD_D的肯定答案，这样扩域至QUD_D就会变得毫无意义。同时，根据会话原则对改变QUD的要求（即上文所述Büring的Relevance），说话人一定知道$QUD_{D'}$的某个答案，所以该答案必然是否定的，这便是QUD式扩域的否定偏向。正如上文所提到的，这也符合对扩域的直观认识，即当说话人无法在当前讨论范围中找到合适的答案（如肯定性答案）时，他才会提议扩域[对比den Dikken and Giannakidou（2002）]。

接下来，这种QUD式扩域带来的否定偏向恰恰解释了"疑问代词-也"的否定偏向。具体来说，根据我们对一个句子能有什么样的QUD的认识（见下节详细讨论），只有出现在否定句的"疑问代词-也"可以跟由扩域而导致的否定偏向在语义上相合,因此只有否定句中的"疑问代词-也"可以通过扩域满足"也"的全序要求,这解释了"疑问代词-也"的否定偏向。

下面我们来看实际的例子,先看(26)中否定的"谁也不说话"。(26a)给出了跟"也"相结合的句子的语义(见本章6.2.1节的讨论)。因为"谁"本身没有量级性(见本章6.2.2节的讨论),所以需要(26b)中经过限制后的二元有序组来满足"也"的全序性量级要求。进一步,(26b)代表着QUD式扩域,相应的QUD是"谁在D′中说话?"及"谁在D中说话?",且这些QUD取非穷尽性解读,如(26c)所示。最后,根据本节内容,这样的QUD扩域会带来否定偏向,也即(26d)中的"没有人在D′中说话"。又因为这样的否定偏向与(26a)中跟"也"结合的句子的断言义相合,所以"谁也不说话"既满足了"也"的预设,又符合扩域的语用,整个句子合法,且表达没有人(在D中)说话,符合我们的语感。

(26)谁$_F$也不说话。
  a. 跟"也"结合的句子:$\forall x \in D[人(x) \rightarrow \neg 说话(x)]$
  b. 相关选项:$\{\forall x \in D'[人(x) \rightarrow \neg 说话(x)], \forall x \in D[人(x) \rightarrow \neg 说话(x)]\}$,二元有序组且$D' \subset D$
  c. QUD式扩域: 谁$_D$在说话?
         |
        谁$_{D'}$在说话?
  d. 否定偏向:没有人在D′中说话

(27)进一步展示了肯定句中"疑问代词-也"的情况。(27a)中的肯定全称量化命题是跟"也"结合的句子的语义,也是整个句子(若能满足"也"的预设的话)的断言义。同时,我们假设"*谁也在说话"的QUD是"谁在D′中说话?",对该QUD的扩域[如(27c)所示]会造成否定偏向,即(27d)中的"没有人在D′中说话"。很明显,该否定偏向跟整个句子需要表达的断言义互相矛盾,因此这样的QUD式扩域并不成功,因此"也"的全序预设不能通过(27b)中的有序二元组满足。另一方面,因为"谁"本身也没有量级性,所以该句中"也"的量级预设不能被满足,句子不可接受,这同样符合我们的语感。

(27) *谁$_F$也在说话。
  a. 跟"也"结合的句子:$\forall x \in D[人(x) \to 说话(x)]$
  b. 相关选项:$\{\forall x \in D'[人(x) \to 说话(x)], \forall x \in D[人(x) \to 说话(x)]\}$,二元有序组且 $D' \subset D$
  c. QUD式扩域:谁$_D$在说话?
        |
      谁$_{D'}$在说话?
  d. 否定偏向: 没有人在D'中说话

对比(26)与(27)可以发现,QUD式扩域的否定偏向造成了"疑问代词-也"在否定句可以自由地通过扩域而满足"也"的量级预设,而在肯定句中由于扩域无法完成,"疑问代词-也"只能通过自带量级的疑问代词来满足"也"的量级属性,这造成了"疑问代词-也"在否定句中可以自由出现,而在肯定句中分布受限,即"疑问代词-也"的否定偏向。

6.3.3 否定与焦点的互动

上述解释暗含了一个假设,即肯定句和否定句中的"疑问代词-也"都跟肯定的QUD相关联。具体到上一节对(26)(27)的解释,我们假设了(26)中的"谁也不说话"和(27)中的"*谁也在说话"均关联了同一个肯定的QUD,即"谁在说话?"[请见(26c)和(27c)]。这个假设十分重要,因为如果(26)中的"谁也不说话"只能取否定的"谁没在说话?"作为其QUD,那么相应的否定偏向就变成了"没有人没说话",等价于"所有人都在说话",这明显跟该句的断言义相悖。同样,如果(27)中的"*谁也在说话"可以取否定的"谁没在说话?"作为其QUD,那么相应的否定偏向同样是"所有人都在说话",却跟该句的断言义相合,因而句子应该合格才是。换句话说,上节对"疑问代词-也"否定偏向的解释要想成立,需要假设否定句可以有肯定QUD,但肯定句不能有否定QUD。

我们认为上述假设的确成立。实际上,该假设可以从更为根本的制约句子QUD的原则推导而来。具体来说,不少基于Rooth式选项语义学的理论均认可这样一个制约陈述句能跟什么样的QUD相关联的原则:一个句子的QUD必须是其焦点语义值(focus semantic value;见本书第五章5.2.1节相关介绍)的一个子集(Rooth,1992;Beaver and Clark,2008)。举例来说,"Who invited John?"这样的问题可以用"MARY$_F$ invited John"回答,却不能用"Mary invited JOHN$_F$"回答,就是因为该问题只能是前一个句子焦点语义值的子集。该要求在Beaver and Clark(2008)中被称为焦点原则(focus principle):"Some part of a declarative utterance should evoke a set of alternatives containing all the Rooth-Hamblin alternatives of the CQ"(CQ代表current question,即QUD),说的就是一个陈述句的某一部分的焦点语义值必须包含它关联的QUD的所有选项。

根据焦点原则,否定句的确可以关联肯定QUD,因为否定句确实有一部分(即去掉否定词的肯定部分)可以激活相应的肯定性选项集[见Beaver and Clark(2008)第三章第2节相关讨论]。例如"JOHN$_F$ did not laugh"不含否定词的部分是"JOHN$_F$ did laugh",自然可以激活肯定选项,从而使原来的否定句可以跟"Who laughed?"这样的肯定QUD关联。在具体操作上,可以认为"JOHN$_F$ did not$_F$ laugh"中的not$_F$也带焦点标记,因而可以激活肯定选项,由此形成的选项集既包括了否定句,也包括了肯定句,是肯定问题"Who laughed?"的一个母集[见Rooth(1996)5.1节的另一种处理方法],因而可以关联肯定QUD。

另一方面,按照这种看法,肯定句如"JOHN$_F$ laughed"因为没有相关成分可以激活否定选项,因而其焦点语义值无法含有"John didn't laugh"这样的否定选项,根据焦点原则自然不能关联"Who didn't laugh?"这样的否定问题为其QUD。

(28)给出了我们在上述讨论的基础上更新后的(26)与(27)的

LF，以及按照这些LF可以得出的两句（更准确地说，两个跟"也"结合的句子）的焦点语义值。（28a）代表了否定句中"疑问代词-也"的LF。值得注意的是，其中的否定词加了焦点标记，因此可以激活肯定选项，由此得到的整个句子的焦点语义值如（28b）所示，其中包括了肯定的"张三在说话""李四在说话"等，因而按照焦点原则可以关联至"谁在说话？"这样的肯定QUD。另一方面，（28c）代表了肯定句中"疑问代词-也"的LF：由于句中没有合适的成分可以激活否定作为选项（"在"作为时体标记无法激活否定为其选项），因此整个句子的焦点语义值如（28d）所示，只含有肯定的句子，不可能是"谁没在说话？"的母集，也就无法关联至该否定QUD。

(28) a.（26）"谁也不说话"的LF：$[\text{也}_{C'}^{\text{SCALAR}}[①D_F[3[\text{EXH}_{\text{CEXH}}[\text{谁}_{t3F}[\text{不}_F\text{说话}]]]]]]$

b. ①的焦点语义值：$\{\forall x \in D' [\text{人}(x) \to \neg\text{说话}(x)], \forall x \in D' [\text{人}(x) \to \text{说话}(x)] \mid D' \subseteq D\}$

c.（27）"*谁也在说话"的LF：$[\text{也}_{C'}^{\text{SCALAR}}[②D_F[3[\text{EXH}_{\text{CEXH}}[\text{谁}_{t3F}[\text{在说话}]]]]]]$

d. ②的焦点语义值：$\{\forall x \in D' [\text{人}(x) \to \text{说话}(x)] \mid D' \subseteq D\}$

上面我们从理论的角度说明了否定句可以关联肯定的QUD，但肯定句根据焦点原则无法轻易关联至否定的QUD。下面我们从事实的角度进一步证明这一点。观察（29）中的例子，其中的否定词似乎对焦点敏感（Jackendoff，1972）：（29a）的焦点在CAR上，而句中的否定词在直观上只否定了该焦点，整个句子仍然表达我拿了你别的东西；（29b）类似，这时焦点在I上，整个句子很自然地表达有人拿了你的车，但不是我。

(29) a. I didn't take your CAR_F. → 我拿了你别的东西。

b. I_F didn't take your car. → 别的人拿了你的车。

汉语否定在这方面的表现类似（袁毓林，2000），如（30）所示。

其中（30a）的焦点在"李四"上，整个句子很自然地表达张三请了人，但不是李四；（30b）的焦点在"张三"上，整个句子很自然地表达有人请了李四，但不是张三。

（30）a. 张三没有请李四$_F$。→ 张三请了别人。
　　　b. 张三$_F$没有请李四。→ 别人请了李四。

自Rooth（1996）以来，一个广为接受的分析认为这种"对焦点敏感的否定"（focus sensitive negation）并不是真的对焦点敏感，而是跟否定句可以对应肯定QUD有关。我们以（30）为例具体说明。首先，根据Rooth，（30a）和（30b）都关联了肯定的QUD。又因为（30a）与（30b）的焦点不同，所以其对应的QUD也不同：前者焦点在"李四"上，所以对应的QUD是"张三请了谁？"；后者焦点在"张三"上，所以对应的QUD是"谁请了李四？"。同时，正常语境下的问题总是会表达该问题所指代的集合中至少有一个命题为真[又称问句的存在预设；见Dayal（2016，2.3.4节）]，因此"张三请了谁？"表达了{张三请了李四，张三请了王五，……}这样一组命题集中至少有一个命题为真，也即张三请了人。又因为（30a）与（30b）的QUD不同，所以前者表达张三请了人，后者表达有人请了李四。最后，将这两个由肯定QUD所得到的推论分别跟否定句所表达的本义即"张三没有请李四"结合起来，就得到了两句话正确的解读：前者表示张三请了人，但没有请李四；后者表示有人请了李四，但张三没有请李四。至此，否定对焦点敏感的特性得到了解释。

我们赞同Rooth的上述分析，并认为这恰恰体现了当一个否定句中有焦点的时候，这个否定句可能对应着一个跟其自身极性相反的QUD，即一个肯定的QUD。正如上一小节所提到的，我们恰恰需要这样的情况来满足"疑问代词-也"扩域所造成的否定偏向。值得注意的是，在"疑问代词-也-否定"中，疑问代词恰恰带了焦点，满足了否定句拥有肯定QUD的使用条件。

综上我们认为，在当前对"疑问代词-也"的分析中，否定词实际上起到两个作用。一方面，它作为普通的否定参与句子的真值条件运算。另一方面，它可以跟疑问代词所带的范围焦点互动，表明语境中有一个关于另一个较小范围的肯定性QUD。因而，"疑问代词-也-否定"可以通过扩域以及"也"的量级含义，表达：不仅QUD的讨论范围D'中没有合适的答案，而且即使将D'扩展至D，也没有合适的答案。我们认为这恰恰刻画了"疑问代词-也"经常表达的反预期及强调的语用效果（袁毓林，2004）。

实际上，我们的分析在很多地方都与袁毓林（2004）有相似之处。首先，袁毓林（2004）把"疑问代词-也"中的"也"跟让步句（concessive conditional/conjunction）中的"也"做了类比，如（31）所示。而（31）中的"也"有明显的量级含义①，这表明袁毓林（2004）认为"疑问代词-也"中的"也"也是"量级-也"，跟我们的分析一致。

(31) a. 现在虽然已经下起大雨来了，足球赛也要如期举行。
　　　b. 你不告诉我，我也会知道的。

[袁毓林，2004，(50)(51)]

更进一步，袁毓林（2004）认为："在否定式'Wh+也+~VP'中，'也'强调疑问短语Wh所指涉的不同的个体都不具有VP所表示的属性"，否定词"否定了预设中的正反对举性命题'虽然有的个体不具有VP所表示的属性，但有的具有VP所表示的属性'"，因而整个格式表达"强调结果类同，否定正反对举"。这种说法似乎正对应着我们的分析中由"也"的全序要求而进行的扩域，即在扩域前，因为事关小范围，所以可能大范围有个体具有VP所表示的属性，而否定表达了不仅小范围没有这样的个体，大范围也没有，"也"因其量级含义传递了其中的让步关系。

最后，我们讨论一个遗留问题，即肯定句到底能否关联否定的

---

① （31）相对应的英语也很自然地要加典型量级小品词even，如"Even if you don't tell me, I will know it"。实际上，对让步条件句的形式语义学分析通常要依赖于even的量级预设，如Guerzoni and Lim（2007）。

QUD。特别是，在实际对话中否定的问句似乎也可以有肯定的回答，如问"谁没来？"，可以回答"（我不知道，但）李四来了"，这样的问答似乎说明肯定的问句也可以有否定的QUD。不过，我们认为这一证据并不充分。首先，根据Roberts（2012），QUD代表了会话目的和会话策略（见本书第二章的相关讨论），可以影响话语的走向，也可以根据话语的发展而有所调整（accommodate）。上述回答正涉及对QUD的调整。具体来说，该回答没有直接回答原来的问题（"谁没来？"），而是试图回答一个调整后的相关问题（"谁来了？"）。特别是，我们注意到在自然会话中，通常不能直接这样用肯定句来回答否定的问题，而是需要插入"我不知道，但……"或"反正"等表达，这恰恰表现了说话人表示自己不能直接回答当前QUD，因而提出调整会话的走向，转而回答一个相关的问题。

回到肯定句是否能关联否定QUD的问题。上述讨论说明我们并没有明确的证据证明肯定句可以关联否定的QUD，加上之前讨论的焦点原则，我们可以得出结论：肯定句通常不能关联否定QUD。但另一方面，我们也不打算完全排除这种可能性。在一些特殊的语境下，肯定句也可以关联至否定QUD。首先，在理论上，这种可能性的确存在。Fox and Katzir（2011）在Matsumoto（1995）的基础上指出，不仅实际上有语音形式的焦点可以决定一个句子的焦点语义值，语境中显著的对比成分也可以在特殊语境下成为一个句子所关联的选项集（即其焦点语义值）的一部分。例如"It was warm yesterday, and it is a little bit more than warm today"很自然地表达昨天并非a little bit more than warm，而这个量级义可以通过对比warm和a little bit more than warm得出，Fox and Katzir（2011）认为这说明后者虽然严格说来不属于前者的选项，但可以通过语境成为前者焦点语义值的一部分。进一步，既然语境可以引入新的选项，自然也可以将否定选项引入一个肯定句的焦点语义值中，从而在满足焦点原则的情况下使一个肯定句跟一个否定的QUD相关联。换句话说，从理论的角度来说，肯定句在特殊语境下可以关联至否定QUD。

更进一步，如果肯定句可以在某些特殊语境下关联至否定QUD，那么按照我们对"疑问代词-也"的扩域式分析，相应的"疑问代词-也"应该能在这些语境下出现在肯定句中。张鑫（2021）讨论了这样的一种情况，如（32）所示（张鑫，2021：52）。

（32）a. *什么也买到了。
　　　b. 商店说货源不足，但是我们去了以后，什么也买到了。

根据张鑫的语感，"什么也买到了"单说不可接受，但在（32b）这样的语境下却很自然。这在我们的分析中很容易理解。具体来说，根据上文的分析，（32a）中的肯定性"疑问代词-也"需要一个否定的QUD才能满足QUD式扩域以及"也"的量级预设，而在没有语境支持的情况下，肯定句无法关联至否定的QUD，因而（32a）不好。另一方面，（32b）中的前半句，即"商店说货源不足"，很自然地让人联想到有东西说话人没买到，进而促使"什么没买到？"这样的问题在当前语境下变得显著，并成为"什么也买到了"的QUD。根据上文的分析，对这样的QUD进行扩域所产生的否定偏向，即（在未扩域范围内）没有东西没买到，恰恰跟"什么也买到了"的断言义相符，因而整个句子合格。

值得注意的是，上述我们对（32）的解释跟张鑫对该现象的描述一致，张鑫（2021：51—52）在高桥弥守彦（1991）、袁毓林（2004）等研究的基础上，认为（32）体现了"疑问代词-也"表示"转折和正反冲突性"。这种转折和正反冲突的语感在我们的分析中体现为QUD与其回答在极性上的冲突。值得强调的是，我们的分析不仅准确刻画了这种转折的语感，更解释了转折由何而来：只有QUD和"疑问代词-也"在极性相反的情况下，后者才可以跟扩域所产生的否定偏向相合，从而满足"也"的全序要求。

最后需要强调的是，虽然我们的分析在原则上允许肯定句跟否定的QUD关联，但这种现象在没有语境支持的情况下显然违反了焦点原则，因而并不多见，且需要特殊语境支持。换句话说，"疑问代词-也"仍然在肯定句和否定句中有不对称性：在否定句总是能通过对相应的肯定QUD进行扩域从而满足"也"的全序要求，而在肯定句只有在特殊语境下才能对相应的否定QUD进行扩域，从而满足"也"的要求。

6.4 对更多事实的解释

本节进一步讨论上述对"疑问代词-也"的分析如何帮助我们解释更多事实，特别是解释上一章所讨论的一系列对前人分析造成挑战的语言事实。

6.4.1 "疑问代词-也"与"疑问代词-都"

首先，一个众所周知的事实是，与"疑问代词-也"相比，"疑问代词-都"并不受否定环境的限制。如下面各例所示。

(33) a. 谁都很勇敢。　　　　　对比，*谁也很勇敢。
　　　b. 什么都好看。　　　　　对比，*什么也好看
　　　c. 什么菜都很便宜。　　　对比，*什么菜也很便宜。
　　　d. 谁买的都便宜。　　　　对比，*谁买的也便宜。
　　　　　　　　　　　　　　　　　　　　（陆俭明，1986）
　　　e. 这几个孩子，哪一个都很聪明。
　　　　　对比，*这几个孩子，哪一个也很聪明。
　　　　　　　　　　　　　　　　　　　　（Yang，2018）

回顾第四章对"疑问代词-都"的分析，我们发现该分析与本章对"疑问代词-也"的分析基本一致：在"疑问代词-都"中，"都"贡献了预设，而任指/全称量化义来源于对疑问代词的任选增强。更进一步，我们认为"疑问代词-都"和"疑问代词-也"的不同恰恰在于"都"和"也"的预设不同。回顾本书各章节对"都"的讨论，我们发现"都"本质上预设了与之结合的句子比当前语境下其他所有相关选项（即C里的命题）都强，而强度可以基于蕴涵或可能性。对比（34）中的"都"与"量级-也"，我们发现两者的语义十分相似。大致来说，

两者都预设了与之结合的句子比当前语境下所有相关选项（即C里的命题）都强，但"量级-也"对C有更明确的要求，即要求所依据之强度必须是可能性，且C必须是一个全序集合。而正是这个全序的要求，造成"疑问代词-也"的分布限制。同时，因为"都"没有这个额外的全序要求，"疑问代词-都"自然不受限制。

（34）a. $[\![都_C S]\!] = [\![S]\!]$ 仅当　　　　　　　　（重复自第二章及第四章）
　　　　$\forall p \in C[p \neq [\![S]\!] \to [\![S]\!] > p]$
　　　　（$>$ 可以是 $\Rightarrow_{蕴涵}$ 或 $<_{可能性}$）

　　　b. $[\![也_C^{SCALAR} S]\!] = [\![S]\!]$ 仅当　　　　　　　[重复自（18）]
　　　　(i) C 中有一个 p 为真，而且　　　　　　（追加性）
　　　　(ii) $\forall q \in C[q \neq [\![S]\!] \to [\![S]\!] <_{可能性} q]$　（甚至义）
　　　　(iii) C 中元素呈全序关系（totally ordered）　（全序）

（35）给出了我们根据本章讨论的内容对"疑问代词-都"的形式分析（第四章并未给出具体的LF），可以看出，"疑问代词-都"与"疑问代词-也"的分析基本一致，这刻画了两者的平行性，同时，"都"仅预设与之结合的句子比C里的命题都强，而这一要求显然在（35）得到了满足，因而整个句子合法且表示这几个孩子（即D）中的每一个都很聪明。

（35）这几个孩子^D，哪$_D$一个都很聪明。
　　　a. LF: [都$_{C'}$ [D$_F$ [3 [EXH$_{CEXH}$ [哪$_{t3_F}$一个[很聪明]]]]]]
　　　b. 跟"都"结合的句子: $\forall x \in D[聪明(x)]$
　　　c. 相关选项 C: $\{\forall x \in D'[聪明(x)] \mid D' \subseteq D\}$
　　　d. 跟"都"结合的句子蕴涵了 C 中所有选项，"都"的预设被满足，整个句子表达: $\forall x \in D[聪明(x)]$

下面（36）中两句的对比更加支持了我们上面所讨论的"都"与"也"的不同。（36a）中跟"都"相关的选项集是{我请了张三，我请了李四，我请了张三和李四}，因为跟"都"结合的句子蕴涵了该选项集的所有命题，满足了"都"的预设，所以（36a）好。对（36b）来说，如上文所述，这里的"也"既不可能是"追加-也"（不满足追加独立性），也不可能是"量级-也"（不满足全序关系），所以整个句子不好。

（36）a. 我请了张三，实际上张三和李四我都请了。
　　　b. #我请了张三，实际上张三和李四我也请了。

6.4.2 "或者-都"

另一个相关的事实是，任选性析取可以跟"都"搭配表达简单的任选义（Xiang，2020，见第四章、第五章的讨论），即（37a）中的"或者-都"，相应的"或者-也"虽然也可以表达任选义，但一定伴随着追加义，如（37b）所示。这个"或者-都"与"或者-也"的差别我们当前的分析也可以解释。具体来说，约翰或者玛丽激活的选项集大致是{约翰，玛丽，约翰或者玛丽}，该集合（实际上是最后句子层面的选项集）显然不是一个全序集，因此不会满足"量级-也"的预设，所以其中的"也"一定是"追加-也"，传递追加义。同时，因为"或者-也"中的"也"不是"量级-也"，所以并不要求任选增强一定发生①，因而跟"或者-都"不同，"或者-也"中的任选义是可以被取消的，事实确实如此，如（37c）所示。

（37）a. 约翰或者玛丽都可以教基础汉语。
　　　b. 约翰或者玛丽也可以教基础汉语。　　（有追加性预设）
　　　c. 张三可以教基础汉语，约翰或者玛丽也可以，但后面两个我忘了具体是谁可以了。　（"或者-也"任选义可取消）

下面给出我们对"或者-都"的形式分析。Xiang（2020）发现"或

---

① 这一点我们在讨论"疑问代词-都"和"疑问代词-也"的时候都有提及，即"都"和"量级-也"的预设要求疑问代词必须经过任选增强变成任指/全称量化。直观上，"量级-也"要求其所在的句子比C中选项（在可能性上）都强，而"约翰或者玛丽"会激活"约翰"和"玛丽"为选项，因而"量级-也"所在的句子必须经过任选增强变成合取才能比上面这两个选项强。

者-都"只能出现在可能情态句中,如(38)所示。

(38) a. 约翰或者玛丽都可以教基础汉语。　　　(可能情态)
　　 b. *约翰或者玛丽都必须教基础汉语。　　　(必然情态)
　　 c. *约翰或者玛丽都教过基础汉语。　　　　(肯定现实)

第四章指出这是因为"或者-都"要求"或者"必须取任选解读才能满足"都"的预设,但同时"或者"会激活合取作为其量级选项,而这限制了"或者"任选解读的分布,也即"或者-都"的分布。我们在本章讨论的基础上在此给出形式化分析。

首先,基于析取与存在量化在逻辑上等价,我们将"或者"分析成某种意义的存在量化,该存在量化取"或者"的范围选项(即由析取支组成的集合)作为其量化域,如(39a)所示。注意,(39a)是一个句子层面的析取,可以按照Partee and Rooth(1983)的方法将其推广(generalize),从而使"或者"可以连接各种成分。我们在此不展示这一操作,而是直接采取(39b)中的词项,该词项可以帮助我们直接处理(38)中的句子而不引入额外无关的细节。如(39b)所示,这里的"或者"就是一个存在量化词[①]。值得注意的是,这种对"或者"的处理跟句法学家对联合结构所做的分析一致。根据den Dikken(2006)、Szabolcsi(2015)、Winter(1995),"the members of conjunctions and disjunctions are held together, so to speak, by otherwise meaningless elements"(Szabolcsi, 2015: 178)。也就是说,在句法上,"或者"的析取支先组合,再跟"或者"结合。具体来说,我们采取den Dikken(2006)的分析,认为析取支先形成一个 Junction Phrase(JP),然后

---

① 现代汉语的"或者/或"在某些方面的表现确实像存在量化。如它可以表示"可能",如(ia)所示,而"可能"就是对可能世界的存在量化(∃-quantification over worlds)。又如(ib),这里"或者"更像是一个典型的存在量化词,其中多个"或者"共同出现可以看成是这些存在量化同时对一个集合进行量化。

(i) a. 你赶快走,或者还能搭上末班车。
　　b. 每天清晨都有许多人在公园里锻炼,或者跑步,或者打拳,或者做操。
　　　　　　　　　　　　　　　　　　　　　　　　(吕叔湘,1980: 283—284)

"或者"跟JP组合。我们进一步认为JP是析取支形成集合的地方,并提出(39c)作为J的语义。最后,我们采取文献中经常采用的做法,认为析取可以激活析取支以及合取作为其选项,并在(39d)中通过定义[或者JP]的选项体现这一点。

(39) a. $[\![或者_S]\!] = \lambda T\langle t,t\rangle.\exists p \in T\,[p]$
b. $[\![或者]\!] = \lambda P_{et}\lambda Q_{et}.\exists x \in P[Q(x)]$
c. $[\![J]\!] = \lambda x\lambda y\lambda z.z = x \lor z = y$
d. $[\![或者JP]\!]_{alt} = \{\lambda P_{et}.\exists x \in Q[P(x)],\ \lambda P_{et}.\forall x \in Q[P(x)] \mid Q \subseteq [\![JP]\!]\}$

进一步,"都"仍然预设其所在的句子蕴涵所有相关选项,并要求其关联的对象移至其标识语位置。我们进一步根据我们对"疑问代词-都"的分析,认为"都"可以跟"或者"的量化域(即JP)关联,并且"或者"的析取/存在部分可以在一个EXH之下被阐释。同时,因为"或者"本质上是一个存在量化算子,它可以在句子的情态词(如果有情态词的话)之上被解读,也可以在该情态词之下被解读。最后,虽然"或者"本身不需要EXH,但在有"都"的情况下,"或者"只有经过任选增强才能满足"都"的预设,因此句中一定有一个EXH。根据上述假设,我们可以有(40)中的LF。其中,$LF_{\Diamond 1}$和$LF_{\Diamond 2}$表示句中含有可能情态,是(38a)可能的LF;$LF_{\Box 1}$和$LF_{\Box 2}$表示句中含有必然情态,是(38b)可能的LF;而LF_{ep}代表不含情态的现实句,故是(38c)的LF。

(40) a. $LF_{\Diamond 1}$: [[约翰J玛丽]$_F$[都$_{C'}$[3[EXH$_C$EXH[[或者$_{t3}$][2[$\Diamond$[t_2教汉语]]]]]]]]
b. $LF_{\Diamond 2}$: [[约翰J玛丽]$_F$[都$_{C'}$[3[EXH$_C$EXH[$\Diamond$[[或者$_{t3}$][教汉语]]]]]]]
c. $LF_{\Box 1}$: [[约翰J玛丽]$_F$[都$_{C'}$[3[EXH$_C$EXH[[或者$_{t3}$][2[$\Box$[t_2教汉语]]]]]]]]
d. $LF_{\Box 2}$: [[约翰J玛丽]$_F$[都$_{C'}$[3[EXH$_C$EXH[$\Box$[[或者$_{t3}$][教汉语]]]]]]]
e. LF_{ep}: [[约翰J玛丽]$_F$[都$_{C'}$[3EXH$_C$EXH[[或者$_{t3}$][教过汉语]]]]]

我们再次根据我们对"疑问代词-都/也"的分析,认为[约翰J玛丽]$_F$的选项是{约翰}和{玛丽},即其子范围选项。这使得整个句子的选项集即C′为{o(j), o(m)}[j代表"约翰教基础汉语",o有可能是◇、□或为空,即代表了(38)的三种情况]。要使"都"的预设得到满足,跟"都"结合的部分必须蕴涵该C′中的所有命题。这时,我们得到的情况跟"疑问代词-都"完全一致:要使"都"的预设得到满足,[EXH$_{\text{CEXH}}$]必须被任选增强为一个合取/全称量化句。这解释了"或者-都"为什么一定传递任选义。

另一方面,因为析取跟疑问代词不一样,总是激活合取作为其量级选项,所以它不能在肯定现实句被任选增强为合取(见本书第五章的相关讨论),也不能在情态之上(相当于肯定现实句)被强化为合取。因此,LF$_{◇1}$、LF$_{□1}$和LF$_{ep}$无法满足"都"的预设,其中原因跟"John invited Anna or Betty"不能有任选义一样。同样地,在□之上进行任选增强,即LF$_{□1}$给出的结果是□(j∨m)∧◇j∧◇m,而这也不能蕴涵C′中的命题如□j,因此也不能满足"都"的预设。最后我们只剩下LF$_{◇2}$。这时,任选增强的结果是◇j∧◇m∧¬◇(j∨m),而这一结果确实蕴涵了◇j和◇m,因此"都"的预设得到了满足。

总的来说,只有在LF$_{◇2}$,也即可能情态句中"都"的预设才能被满足,这解释了为什么"或者-都"只出现在可能情态环境中。

6.4.3 "也"和"都"共现

我们再来看杉村博文(1992)的发现,即疑问代词、"也"和"都"可以共现,如(41)所示[重复自第五章(36)]。这实际上支持了我们在当前分析中所采取的多重关联的做法。具体来说,疑问代词所带的焦点(即其量化域所带的焦点)先和穷尽算子EXH关联,又经过隐性移位和"也/都"关联,因而是双重关联。既然有双重关联,那么理论上也可以有三重关联,这恰恰是疑问代词、"也"和"都"共现的情况,即疑问代词所带的焦点与EXH、"都"和"也"做三重关联。我们在(42)给出对三重关联的分析。

(41) a. 诚然,没有人怀疑,到下次亚运会开幕之时,这些宏伟的体育建筑一定会矗立在北京,因为中国从不食言,北京也

第六章 "也"与任指性疑问代词：形式分析 247

从不食言。但谁也都明白，这一切将要付出多大的代价。
b. 他在自己的能力之内去完成这个梦想，我想我们谁也都不会去反对他。
c. 于老儿居朝桀傲，跟谁也都不和，我们都很讨厌他。
d. 她没有讲自己曾遇到的艰难和不幸，但谁也都能想象得到，她曾是怎样战胜了那些艰难和不幸，人的高风亮节就是锤炼于最艰难之中。
e. 数学大师陈省身院士说："除了数学以外，什么书也都爱看。"
f. "你不用解释了，"姚怡诚打断了蒋介石表白，"说什么也都晚了。反正我已经是你的人了，以前你做过什么，我不管；今后我只有一条：你走到哪里，我就跟到哪里，我是决计不离开你的！"
g. 当人们经过舒适的休息或用餐后，身体各器官的功能都在正常工作，人们对一切就能保持高度的注意力；但在疲劳和瞌睡时，就只想休息、睡眠，对什么也都不会去注意。

（42）谁也都不说话。
a. LF: [也$_{C''}$[D$_F$ [2 [都$_{C'}$ [t$_{2_F}$ [3[EXH$_C{}^{EXH}$ [谁$_{t3_F}$ [不说话]]]]]]]]]
b. 跟"都"关联的选项集 C′: $\{\forall x \in D[人(x) \to \neg说话(x)] \mid D \subseteq g(2)\}$　　　　（总括）
c. 跟"也"关联的选项集 C″:
$\{\forall x \in D'[人(x) \to \neg说话(x)], \forall x \in D[人(x) \to \neg说话(x)]\}$
且 $D' \subset D$　　　　　　　　　　　　　　　　　　（扩域）

如（42a）的LF所示，"谁"的量化域带了焦点，它先在原位与EXH关联，然后隐性移位至 EXH 之上与"都"关联，并再次移至"都"之上与"也"关联。我们在此不再赘述该LF的具体语义组合[见本章对（13）的讨论]，而是直接给出根据这一语义组合所得出的跟"都"和"也"分别关联的选项集，如（42b）和（42c）所示。显然，"都"和"也"的预设都可以被满足，整个句子因而合法且表达相应的全称量化义。更进一步，我们的分析能够解释为什么当疑问代词、"也"和"都"共现时，"也"要在"都"的上面出现：因为"都"表示"总括"，所以与其相关的范围是内部的各个子范围，而"量级-也"代表扩域，因此代表着将当前的范围向外扩展。直观上，向内的"总括"应该早于向外的"扩域"，因此"都"应该早于"也"出现，也即"也"在"都"前。

6.4.4 "连"与"无论"

最后来看"连"的问题。第五章提到关于"疑问代词-也/都"的一个很明显的事实是其中的疑问代词不能加"连"（杨凯荣，2002），而可以加"无论"。这跟"一量名-也/都"很不一样，"一量名"可以加"连"，但不可以加"无论"。相关事实如下[重复自第五章（53）（54）]。

（43）"一量名"可以加"连"，疑问代词不行
　　a. 连一个人也没来。
　　b. *连谁也没来。
（44）疑问代词可以加"无论"，"一量名"不行
　　a. *无论一个人也没来。
　　b. 无论谁也没来。

我们猜测上述"无论"和"连"的区别有可能跟它们作为焦点（或话题）标记因而对与之结合的焦点（或话题）有一定要求有关。具体来说，"连"和"无论"均要求与之结合的成分会激活选项①，但两者不

---

① （i）中给出了文献中常见的对"连"和"无论"的形式语义学分析。其中，(ia) 表现了"连"没有实际语义，仅是一个焦点标记（即要求与之结合的成分含有焦点）的常见看法；(ib) 认为"无论"本身没有实际语义（是一个 identity function），但要求其论元必须是内涵性的（intensional）。这两种观点均和我们的看法相合。

(i) a. $[\![连(\alpha)]\!] = [\![\alpha]\!]$，仅当 $\{[\![\alpha]\!]\} \subset \text{F-ALT}(\alpha)$　　　　　[Xiang, 2020, (80)]
　　　"连 asserts the meaning of its argument, and presupposes that this argument is focused"
　　　换句话说，"连"没有实际语义但要求与之结合的成分激活选项
　b. $[\![无论]\!] = \lambda P_{(s, et)} \lambda w \lambda x. P(x)(w)$　　　　[Giannakidou and Cheng, 2006, (75)]
　　　"identity function"

同的是,"连"要求与之结合的焦点(短语)跟其他选项之间没有重合关系,而"无论"要求与之结合的短语包含所有选项。这种差异可以解释(43)(44)所体现的疑问代词和"一量名"的不同。按照我们的分析,"疑问代词-也/都"中疑问代词的选项是不同的范围[即(42)中D_F激活的选项],即不同的集合,因为这些集合之间有包含关系,所以不能满足"连"的条件却可以满足"无论"的条件,因而可以加"无论"却不能加"连"。另一方面,"一量名-也/都"中的"一量名"激活不同的数字做选项,而这些数字之间没有包含关系,且彼此并不重合,因而可以加"连"但不可以加"无论"。

下面举出初步的证据来支持上述观点。首先,文献中关于"连"比较一致的看法是,现代汉语的"连"来源于表示"连带,包括在内"的动词(刘坚,1989),并在发展过程中产生过"连带,连同"义介词用法。这两种用法在现代汉语中还可以见到,并常见于汉语方言[见金小栋、吴福祥(2016)的讨论]。如(45a)中的"连不起来"即是"连"用作动词,而(45b)表示"包括那一筐,我们一共抬了四筐"。如果我们认为这两种表连接/追加的"连"跟"连-都/也"中的"连"有共同的语义核心(或语义限制),那么就可以理解"连-都/也"中的"连"为什么会有非重合的要求。具体来说,自然语言中表示"追加/联合"的成分多要求追加部分和被追加部分不重合[见Jasinskaja and Zeevat(2009)对跨语言and类词的研究]。这很容易理解,如果a和b本身就重合,那么就没有必要将它们"连"起来了。如此看来,"连-都/也"中"连"的非重合要求可能是从"连"的这一更普遍的要求而来。

(45)a. 这两句话连不起来。
　　　b. 连刚才那一筐,我们一共抬了四筐。(吕叔湘,1980:363)

再来看"无论"。"无论"通常用在无条件句的前件,如(46)。根据Rawlins(2013)对无条件句的研究,无条件句有穷尽性的预设(exhaustivity presupposition),即前件引出的选项穷尽性地涵盖了当前语境下的所有可能性。例如(46)就预设了要么张三会来,要么李四会来，而这正是穷尽性预设的具体体现，也即当前语境下的可能性只包括"张三来"和"李四来"。我们认为这一预设恰恰有可能是"无论"贡献的，换句话说，"无论"要求当前语境下的任何一个可能选项都被包括在跟"无论"所结合的成分（的域）中，这正对应着上文讨论的"无论"的"包含"的要求。当然，这一想法还十分初步，我们将另文阐述其中的细节，以及"无论"在无条件句中的作用。

（46）无论张三来还是李四来，我都/也不会去。
    预设：张三或者李四会来。（exhaustivity）

6.5 小结

本章给出了对"疑问代词+也"的形式分析。正如第五章所讨论的，我们认为该结构中的"也"是"量级-也"，而该结构中的疑问代词可以取任指解读，任指解读来源于对疑问代词的任选增强，增强满足了"也"的量级预设，因而两者可以共现。我们进一步给出相关的语义组合，并通过"也"的全序要求、QUD式扩域及其否定偏向解释了"疑问代词+也"的否定偏向。具体来说，"量级-也"和疑问代词的量化域关联，并要求由之形成的选项集呈全序关系。同时，因为对大多数疑问代词来说，由其量化域产生的选项集不呈全序关系，所以"疑问代词-也"通常不出现在肯定句中。另一方面，"也"的量级要求可以通过对当前语境下讨论的问题（QUD）进行扩域而得到满足，这是因为扩域可以形成一个两级序列⟨D, D'⟩从而满足全序。最后，扩域会造成否定偏向，也即表示当前范围中不存在肯定答案（因而需要扩域），正是这种否定偏向导致"疑问代词-也"经常出现在否定句中。同时，上述分析反映了一个朴素的直观，即"疑问代词-也"在语用上表达转折和强调（高桥弥守彦，1991；袁毓林，2004）。具体来说，否定句中的"疑问代词-也"通过暗示语境中的一个肯定QUD，自然地表达了"即使当前QUD被扩域，也不可能有肯定答案"的转折和强调的效果。

第七章 结语

7.1 内容总结

本书从多功能副词"都、也"出发,讨论了现代汉语中话语话题、全称量化、任指等多个语义语用现象,相关结论既促进了对"都、也"等多功能副词的理解,也让我们对现代汉语中遍指、任指等量化现象以及疑问代词的非疑问用法有了更系统的认识。这体现了本书"双向系统性"的特点,即虚词研究和对相应语法现象、语法范畴的研究双向促进,互成系统。下面对本书的主要内容尤其是发掘的新事实、涉及的理论及提出的观点做简单总结。

第二章主要讨论了"都"与普通复数性名词成分搭配时所表现的语义特别是语用现象。本章发现的事实主要包括:(1)在与普通复数性名词成分搭配时,"都"并非可有可无,而是受语境制约,且在某些语境下强制出现;(2)"都"是否出现跟语境中当前讨论的问题也即话语话题密切相关。在理论方面,本章详细介绍了"话语话题即问题"的观点,并根据"都"与语境中问题的频繁互动出发,提出"都"总括的是语境中的话语话题,也即"都"要求其所在的句子蕴涵当前问题下的所有命题,并指出该要求是一个预设。本章最后指出,这种分析可以让我们对"都"的总括义、甚至义和超预期义有统一的认识。

第三章讨论了"都"与以"每"为代表的遍指成分共现的现象。在事实方面,我们详细比较了有量化性的"每-NP"和没有量化性的定指名词短语的诸多不同之处,指出"每-NP"与英语的every一样,是典型的全称量化成分。在理论方面，我们根据第二章的内容提出，"每-都"共现是一种受"预设最大化"原则控制的语用现象。大致来说，"都"预设了总括，而全称量化的句子总是表示总括，因此满足了"都"的预设；根据"预设最大化"，"都"必须出现。根据该语用视角，我们进一步发现"每-都"共现受语境特别是句子焦点结构和话语话题的制约，因而确实是一种语用现象。

第四章进一步讨论任指性疑问代词与"都"的搭配。在事实方面，我们指出任指性疑问代词与any等任选词有诸多相似之处，如均不受典型量化副词（如"通常、总是"）的量化、均需要加重音等。在理论方面，我们详细介绍了Fox和Chierchia关于任选增强及任选any的理论，并根据该理论对汉语任指性疑问代词做出了明确的形式化分析。根据该分析，"疑问代词-都"中的全称量化义并非来自"都"，而是来自对本身表达存在量化的疑问代词的任选增强。这一分析符合本书一直坚持的观点，即"都"自身并不表达全称量化，而是预设性的最强算子；同时，因为对疑问代词的任选增强使整个句子满足了"都"的预设，因此根据"预设最大化"原则，"都"必须出现。至此，本书对各种"都"的强制出现现象做出了统一的处理，并将其与其他预设性虚词如"也"的强制出现进行了系统性的关联。最后，本章指出，通过任选增强来处理任指性疑问代词，更使我们可以统一处理各种广义上的任指现象，包括"或者-都""疑问代词-也"等。

本书最后两章讨论"疑问代词-也"，验证第四章对任指性疑问代词所做的分析能否用来解释任指性疑问代词与"也"的搭配，同时，通过比较"都"与"也"，系统性地考察这些多功能副词在汉语疑问代词任指用法中所起的作用。在事实方面，第五章详细描写了"追加-也"和"量级-也"的语义语用性质，并提供了新的证据证明"疑问代词-也"与量级解读密切相关。同时，详细讨论了传统语法和认知功能学派框架下对"疑问代词-也"的诸多分析，并对这些分析做了相应的形式化，这使我们可以更清晰地比较这些分析的优势与不足之处，并增进各学派之间的对话。特别是，我们发现吕叔湘先生对"疑问代词-

"也"的看法大致相当于形式学派中Szabolcsi对跨语言"疑问代词-MO"类结构（如日语的wh-mo）的分析，而杉村博文和杨凯荣先生对"疑问代词-也"的分析大致相当于Lahiri在形式语义学框架内对印地语"否定极性词-bhii"所做的分析。这些共通之处说明不同学派之间确有对话的基础。

第六章详细讨论了本书对"疑问代词-也"的分析。我们认为"疑问代词-也"中的"也"是"量级-也"。"疑问代词-也"与"疑问代词-都"类似，两者的疑问代词都可以取任指解读，任指解读来源于对自身表存在的疑问代词的任选增强，又因任选增强使整个句子可以满足"量级-也"的预设，因此任指性疑问代词可以和"量级-也"共现。进一步，我们详细讨论了"疑问代词-也"与"疑问代词-都"的不同之处，并将其归结为"也"和"都"的预设不同。具体来说，"量级-也"有更强的全序要求，而该要求可以通过否定与语用扩域的互动实现，这解释了"疑问代词-也"对否定的偏好。大致来说，我们提出"疑问代词-也"的语用效果是：即使当前问题被扩域，也不可能有肯定答案。

7.2 研究特色及意义

本书有以下三个特色。

第一，本书不仅关注句法语义，更关注语用。我们对语用的关注，可以从下面两个方面来看。首先，本书关注的众多语言事实，如复数性名词成分是否可以和"都"搭配取决于语境，"每-都"共现实际上对语境敏感，以及"都、也"的不同预设造成其与疑问代词搭配时的不同表现等，均与语境和语用有密切的关系。而这些事实，在以往强调句法语义的研究中较少讨论。其次，本书用到的多个理论工具，如QUD理论、预设最大化原则以及任选增强等，最初都被用来解释语用现象，是形式语用学常用的工具。

第二，本书虽在形式学派的框架内展开，但同时注重传统汉语学界以及认知功能学派的诸多见解。如我们对"总括"的理解，直接来自徐颂列（1993）和陆庆和（2006）的朴素直观。在我们讨论"疑问代词-

也"时，详细讨论了多个在传统语法和认知功能学派框架下所做的分析，更是运用形式的工具对其进一步展开，从而便于不同理论框架之间的对话及不同分析之间的比较。

第三，本书在聚焦汉语事实的同时，注重跨语言事实及类型学成果。如我们在讨论"疑问代词-都/也"时指出，很多语言中的疑问代词在表达全称/任指量化的时候都需要与一个相当于英语also/even的焦点副词搭配，如日语的wh-mo（Shimoyama，2001；Szabolcsi，2015）、匈牙利语的akár-wh（Abrusán，2007）、达兰萨拉藏语的wh-ye（Erlewine and Kotek，2016）、马来语的wh-wh-pun（Wong，2017）、罗马尼亚语的ori-şi-wh（Fălăuş and Nicolae，2022）。我们在讨论"疑问代词-也"的各种理论时，更是直接借鉴了Szabolcsi及Lahiri关于其他语言类似现象所做的分析。

相应地，本书的研究有以下三点意义。首先，对语用的关注拓展了相关的研究领域，加深了对相关事实的理解，体现了汉语"语用优先"的整体特色，是对现有研究的一个有益补充。其次，对不同学派的关注便于不同理论框架之间的对话，促进以长补短。最后，对跨语言事实的关注不仅对汉语研究有现实意义，更有助于我们在对汉语事实细致描写的基础上对语言学普遍理论做出贡献。

7.3 遗留问题

本书有两个问题亟待解决。首先是"都"的右向关联的问题（马真，1983；蒋严，1998；袁毓林，2012；蒋静忠、潘海华，2013），如下面的例（1）。我们初步的观点是：（1a）中疑问句的"都"可能不是右向关联，而是作用于整个疑问句，给该疑问句添加了一个预设；而（1b）中的"都"所体现的"排他性"（蒋静忠、潘海华，2013）可能来自"的"及"馒头"所带的焦点（周韧，2019）；至于（1c），可能跟整个谓语做焦点因此不能前移有关。当然，这些说法还需要更多的研究。

（1）a. 他都喜欢吃什么？
　　　b. 他都吃的馒头。
　　　c. 都十二点了。

另一个重要的问题是重音的问题，即为什么（2a）中"都"需要加重音，而（2b）中"所有"需要加重音，以及到底什么决定了"都"及其他焦点副词的重音表现。我们希望在今后对这一问题做更深入的研究。

（2）a. 他们都来了。　　　　　　　　　　（重音在"都"）
　　　b. 所有人都来了。　　　　　　　　　（重音在"所有"）

最后，本书只考察了"都"和"也"这两个多功能副词的情况。除了"都"和"也"，汉语中还有"就、才、还"等，这些虚词的语义同样捉摸不定，且在汉语语法系统中起着重要的作用。如汉语条件句大多要在后句中加上一个"就"，并且可以形成"只有……才""只要……就"这样的特殊条件句；又如"还"可以跟"是"组合成只能在疑问句里使用的析取连词"还是"等。希望本书的研究能给这些相关虚词及相应语法现象的研究带来启示，推动相关的研究。

参考文献

巴丹（2012）"连……都……"和"连……也……"的句法、语义及语用差异，《汉语学习》第3期。

巴丹、张谊生（2012）"都"与"也"在任指句中的异同，《广西师范大学学报（哲学社会科学版）》第4期。

白鸽、刘丹青（2016）汉语否定句全量宾语的语义解读，《世界汉语教学》第1期。

曹秀玲（2006）汉语全称限定词及其句法表现，《语文研究》第4期。

陈小荷（1994）主观量问题初探——兼谈副词"就"、"才"、"都"，《世界汉语教学》第4期。

陈振宇、古育斯（2012）汉语疑问代词的不定代词用法，《云南师范大学学报（对外汉语教学与研究版）》第3期。

陈振宇、刘承峰（2019）"每"的功能演变以及与"都"的共现——基于修辞语用和语法化的解释，《当代修辞学》第2期。

崔希亮（1990）试论关联形式"连……也/都……"的多重语言信息，《世界汉语教学》第3期。

崔永华（1997）不带前提句的"也"字句，《中国语文》第1期。

邓川林（2017）副词"也"的量级含义研究，《中国语文》第6期。

丁声树等（1961）《现代汉语语法讲话》，商务印书馆。

董为光（2003）副词"都"的"逐一看待"特性，《语言研究》第1期。

董秀芳（2002）"都"的指向目标及相关问题，《中国语文》第6期。

董秀芳（2003）"都"与其他成分的语序及相关问题，《世界汉语教学》第1期。

冯予力（2018）最大化操作在语义研究中的解释力——兼论其应用于汉语时的问

题，《外国语》第5期。

高桥弥守彦（1991）"谁也/都……"格式中的若干问题，《第三届国际汉语教学讨论会论文选》，北京语言学院出版社。

郭锐（1998）"一个人（也/都）没来"类句式的配价分析，《现代汉语配价语法研究》（第二辑），北京大学出版社。

黄师哲（2022）"每A都B"及汉语复句的二元双标化，《中国语文》第1期。

黄瓒辉（2004）《量化副词"都"与句子的焦点结构》，北京大学博士学位论文。

蒋静忠、潘海华（2013）"都"的语义分合及解释规则，《中国语文》第1期。

蒋严（1998）语用推理与"都"的句法/语义特征，《现代外语》第1期。

金小栋、吴福祥（2016）汉语方言多功能虚词"连"的语义演变，《方言》第4期。

李宝伦、张蕾、潘海华（2009）分配算子"各"及相关问题，《语言暨语言学》第2期。

李文浩（2013）"都"的指向识别及相关"都"字句的表达策略，《汉语学报》第1期。

李文山（2013）也论"都"的语义复杂性及其统一刻画，《世界汉语教学》第3期。

李旭平（2021）汉语"们"的语义：最大化算子，《当代语言学》第1期。

李宇明（2000）《汉语量范畴研究》，华中师范大学出版社。

刘丹青（1995）语义优先还是语用优先——汉语语法学体系建设断想，《语文研究》第2期。

刘坚（1989）试论"和"字的发展，附论"共"字和"连"字，《中国语文》第6期。

刘林（2019）"全对全"还是"一对一"？——"每P"和"都"的共现问题探讨，《世界汉语教学》第4期。

刘明明（2018）《汉语焦点副词与疑问词的形式语义学分析》，北京大学出版社。

刘月华、潘文娱、故𰻞（2001）《实用现代汉语语法（增订本）》，商务印书馆。

陆俭明（1986）周遍性主语句及其他，《中国语文》第3期。

陆庆和（2006）《实用对外汉语教学语法》，北京大学出版社。

吕叔湘（1979）《汉语语法分析问题》，商务印书馆。

吕叔湘主编（1980）《现代汉语八百词》，商务印书馆。

吕叔湘（1985）《近代汉语指代词》（江蓝生补），学林出版社。

马真（1982）说"也"，《中国语文》第4期。

马真（1983）关于"都/全"所总括的对象的位置，《汉语学习》第1期。

牛长伟、潘海华（2015）关于"每+Num+CL+NP+都/各"中数词受限的解释，《汉语学习》第6期。

潘海华（2006）焦点、三分结构与汉语"都"的语义解释，《语法研究和探索（十三）》，商务印书馆。

杉村博文（1992）现代汉语"疑问代词＋也/都……"结构的语义分析，《世界汉语教学》第3期。

邵敬敏、赵秀凤（1989）"什么"非疑问用法研究，《语言教学与研究》第1期。

沈家煊（1999）《不对称和标记论》，江西教育出版社。

沈家煊（2015）走出"都"的量化迷途：向右不向左，《中国语文》第1期。

完权（2021）话题的互动性——以口语对话语料为例，《语言教学与研究》第5期。

王红（1999）副词"都"的语法意义试析，《汉语学习》第6期。

王还（1983）"All"与"都"，《语言教学与研究》第4期。

王还（1988）再谈谈"都"，《世界汉语教学》第2期。

吴义诚、周永（2019）"都"的显域和隐域，《当代语言学》第2期。

徐烈炯（2014）"都"是全称量词吗？，《中国语文》第6期。

徐颂列（1993）表总括的"都"的语义分析，《语言教学与研究》第4期。

杨凯荣（2002）"疑问代词+也/都+P"的肯定与否定，《汉语语法研究的新拓展（一）——21世纪首届现代汉语语法国际研讨会论文集》，浙江教育出版社。

尹洪波（2011）否定词与范围副词共现的语义分析，《汉语学报》第1期。

袁毓林（2000）论否定句的焦点、预设和辖域歧义，《中国语文》第2期。

袁毓林（2004）"都、也"在"Wh+都/也+VP"中的语义贡献，《语言科学》第5期。

袁毓林（2005a）"都"的加合性语义功能及其分配效应，《当代语言学》第4期。

袁毓林（2005b）"都"的语义功能和关联方向新解，《中国语文》第2期。

袁毓林（2012）《汉语句子的焦点结构和语义解释》，商务印书馆。

张定（2020）《汉语多功能语言形式的语义图视角》，商务印书馆。

张静静（2009）"每P"后"都"的隐没情况考察，《宁夏大学学报（人文社会科学版）》第4期。

张蕾、潘海华（2019）"每"的语义的再认识——兼论汉语是否存在限定性全称量化词，《当代语言学》第4期。

张鑫（2021）《疑问代词类周遍性主语句研究》，吉林大学博士学位论文。

张谊生（2003）范围副词"都"的选择限制，《中国语文》第5期。

张谊生（2005）副词"都"的语法化与主观化——兼论"都"的表达功用和内部分类，《徐州师范大学学报（哲学社会科学版）》第1期。

周韧（2019）《"都"字的句法、语义和语用研究》，学林出版社。

周韧（2021）向右无量化："都"的性质再认识，《中国语文》第3期。

朱德熙（1982）《语法讲义》，商务印书馆。

Abels, K. and Martí, L. (2010) A unified approach to split scope. *Natural Language Semantics*, 18: 435-470.

Abrusán, M. (2007) *Even* and free choice *any* in Hungarian. *Proceedings of Sinn und Bedeutung,* 11: 1-15.

Alonso-Ovalle, L. (2006) *Disjunction in Alternative Semantics*. University of Massachusetts Dissertation.

Alonso-Ovalle, L. and Menéndez-Benito, P. (2010) Modal indefinites. *Natural Language Semantics*, 18: 1-31.

Alonso-Ovalle, L. and Menéndez-Benito, P. (2021) Free choice items and modal indefinites. *The Wiley Blackwell Companion to Semantics*. Hoboken: Wiley Blackwell.

Amsili, P. and Beyssade, C. (2010) Obligatory presuppositions in discourse. *Constraints in Discourse 2: Pragmatics and Beyond.* Amsterdam: John Benjamins.

Aoun, J. and Li, Y.-H. A. (1989) Scope and constituency. *Linguistic Inquiry*, 20: 141-172.

Aoun, J. and Li, Y.-H. A. (1993) *Wh*-elements in Situ: Syntax or LF?. *Linguistic Inquiry*, 24: 199-238.

Aravind, A. and Hackl, M. (2017) Against a unified treatment of obligatory presupposition trigger effects. *Semantics and Linguistic Theory (SALT),* 27: 173-190.

Bade, N. (2016) *Obligatory Presupposition Triggers in Discourse—Empirical Investigations of the Theories Maximize Presupposition and Obligatory Implicatures*. Universität Tübingen Dissertation.

Bar-Lev, M. E. (2021) An implicature account of homogeneity and non-maximality. *Linguistics and Philosophy*, 44: 1045-1097.

Bar-Lev, M. E. and Fox, D. (2020) Free choice, simplification, and innocent inclusion. *Natural Language Semantics*, 28: 175-223.

Beaver, D. I. and Clark, B. Z. (2008) *Sense and Sensitivity: How Focus Determines Meaning*. Oxford: Wiley-Blackwell.

Beck, S. (2000) The semantics of *different*: Comparison operator and relational adjective. *Linguistics and Philosophy*, 23: 101-139.

Beck, S. and Rullmann H. (1999) A flexible approach to exhaustivity in questions. *Natural Language Semantics*, 7: 249-298.

Beghelli, F. (1995) *The Phrase Structure of Quantifier Scope*. UCLA Dissertation.

Beghelli, F. and Stowell, T. (1997) Distributivity and negation: The syntax of *each* and *every*. *Ways of Scope Taking, vol. 65*. Dordrecht: Kluwer.

Bhat, D. N. S. (2000) The indefinite-interrogative puzzle. *Linguistic Typology*, 4: 365-400.

Bhat, D. N. S. (2003) *Pronouns*. Oxford: Oxford University Press.

Biezma, M. and Rawlins, K. (2012) Responding to alternative and polar questions. *Linguistics and Philosophy*, 35: 361-406.

Biq, Y.-O. (1989) *Ye* as manifested on three discourse planes: Polysemy or abstraction?. *Functionalism and Chinese Grammar*. South Orange, NJ: Chinese Language Teachers Association.

Bowler, M. (2014) Conjunction and disjunction in a language without 'and'. *Semantics and Linguistic Theory (SALT)*, 24: 137-155.

Brasoveanu, A. (2011) Sentence-internal *different* as quantifier-internal anaphora. *Linguistics and Philosophy*, 34: 93-168.

Brasoveanu, A. (2013) Modified numerals as post-suppositions. *Journal of Semantics*,

30: 155-209.

Brasoveanu, A. and Szabolcsi, A. (2013) Presuppositional *too*, postsuppositional *too*. *The Dynamic, Inquisitive, and Visionary Life of ϕ, $?\phi$, and $\Diamond\phi$: A Festschrift for Jeroen Groenendijk, Martin Stokhof, and Frank Veltman*.

Bumford, D. (2015) Incremental quantification and the dynamics of pair-list phenomena. *Semantics and Pragmatics*, 8: 1-70.

Büring, D. (2003) On D-trees, beans, and B-accents. *Linguistics and Philosophy*, 26: 511-545.

Büring, D. (2016) *Intonation and Meaning*. Oxford: Oxford University Press.

Carlson, G. N. (1981) Distribution of free-choice *any*. *Chicago Linguistics Society 17*.

Carlson, G. N. (1987) Same and different: Some consequences for syntax and semantics. *Linguistics and Philosophy,* 10: 531-565.

Carlson, L. (1983) *Dialogue Games: An Approach to Discourse Analysis*. Dordrecht: Reidel.

Champollion, L. (2017) *Parts of a Whole: Distributivity as a Bridge Between Aspect and Measurement*. Oxford: Oxford University Press.

Champollion, L. (2021) Distributivity, collectivity and cumulativity. *The Wiley Blackwell Companion to Semantics*. Hoboken: Wiley Blackwell.

Chao, Y.-R. (1968) *A Grammar of Spoken Chinese*. Berkeley: University of California Press.

Chemla, E. (2008) An epistemic step for anti-presuppositions. *Journal of Semantics*, 35: 141-173.

Chen, L. (2008) *Dou: Distributivity and Beyond*. Rutgers University Dissertation.

Chen, L. (2018) *Downward Entailing and Chinese Polarity Items*. London: Routledge.

Chen, Z. (2021) *The Non-uniformity of Chinese Wh-indefinites through the Lens of Algebraic Structure*. The City University of New York Dissertation.

Cheng, L. L.-S. (1994) Wh-words as polarity items. *Chinese Languages and Linguistics*, 2: 615-640.

Cheng, L. L.-S. (1995) On dou-quantification. *Journal of East Asian Linguistics*, 4: 197-234.

Cheng, L. L.-S. (1997) *On the Typology of wh-Questions*. New York: Garland Press.

Cheng, L. L.-S. (2009) On *Every* type of quantificational expression in Chinese. *Quantification, Definiteness, and Nominalization*. Oxford: Oxford University Press.

Cheng, L. L.-S. and Huang C.-T. J. (1996) Two types of donkey sentences. *Natural Language Semantics*, 4: 121-163.

Cheng, L. L.-S. and Sybesma, R. (1999) Bare and not-so-bare nouns and the structure of NP. *Linguistic Inquiry*, 30: 509-542.

Chierchia, G. (1998) Reference to kinds across languages. *Natural Language Semantics*, 6: 339-405.

Chierchia, G. (2006) Broaden your views: Implicatures of domain widening and the "logicality" of language. *Linguistic Inquiry*, 37: 535-590.

Chierchia, G. (2013a) Free choice nominals and free choice disjunction: The identity thesis. *Alternatives in Semantics*. London: Palgrave Macmillan.

Chierchia, G. (2013b) *Logic in Grammar*. Oxford: Oxford University Press.

Chierchia, G., Fox D. and Spector B. (2012) Scalar implicature as a grammatical phenomenon. *Semantics: An International Handbook of Natural Language Meaning, vol. 3*. Berlin: de Gruyter.

Chierchia, G. and Liao H.-C. (2015) Where do Chinese *wh*-items fit? *Epistemic Indefinites: Exploring Modality Beyond the Verbal Domain*. Oxford: Oxford University Press.

Chierchia, G. and McConnell-Ginet, S. (2000) *Meaning and Grammar: An Introduction to Semantics*. Cambridge, MA: MIT Press.

Ciardelli, I., Groenendijk, J. and Roelofsen, F. (2019) *Inquisitive Semantics*. Oxford: Oxford University Press.

Collingwood, R. G. (1940) *An Essay on Metaphysics*. Oxford: Oxford University Press.

Constant, N., and Gu C.-C. (2010) Mandarin 'even', 'all' and the Trigger of Focus Movement. *U. Penn Working Papers in Linguistics*, vol. 16: 21-30.

Crnič, L. (2011) *Getting even*. Massachusetts Institute of Technology Dissertation.

Crnič, L. (2014) Non-monotonicity in NPI licensing. *Natural Language Semantics*, 22: 169-217.

Crnič, L. (2017) Free choice under ellipsis. *The Linguistic Review*, 34: 249-294.

Crnič, L. (2019a) *Any*: Logic, likelihood, and context (Pt. 1). *Language and Linguistics Compass*, 13.

Crnič, L. (2019b) *Any*: Logic, likelihood, and context (Pt. 2). *Language and Linguistics Compass*, 13.

Crnič, L. (2022) Number in NPI licensing. *Natural Language Semantics*, 30: 1-46.

Dayal, V. (1996) *Locality in WH Quantification*. Dordrecht: Kluwer Academic Publishers.

Dayal, V. (1998) *Any* as inherently modal. *Linguistics and Philosophy*, 21: 433-476.

Dayal, V. (2013) A viability constraint on alternatives for free choice. *Alternatives in Semantics*. London: Palgrave Macmillan.

Dayal, V. (2016) *Questions*. Oxford: Oxford University Press.

Dayal, V. and Jiang L.J. (2021) The puzzle of anaphoric bare nouns in Mandarin: A counterpoint to *index!*. *Linguistic Inquiry*, 54: 147-167.

den Dikken, M. (2006) *Either*-float and the syntax of co-*or*-dination. *Natural Language and Linguistic Theory*, 24: 689-749.

den Dikken, M. and Giannakidou, A. (2002) From *hell* to polarity: "Aggressively non-D-linked" wh-phrases as polarity items. *Linguistic Inquiry*, 33: 31-61.

Dong, H. (2009) *Issues in the Semantics of Mandarin Questions*. Cornell University Dissertation.

Dotlačil, J. (2010) *Anaphora and Distributivity: A study of same, different, reciprocals and others*. Utrecht University Dissertation.

Drubig, H. B. (1994) Island constraints and the syntactic nature of focus and association with focus. *Arbeitspapiere des Sonderforschungsbereichs* 340: Sprachtheoretische Grundlagen der Computerlinguistik. Universitäten Stuttgart und Tübingen.

Eckardt, R. and Fränkel, M. (2012) Particles, maximize presupposition and discourse management. *Lingua*, 122: 1801-1818.

Eckardt, R. and Yu, Q. (2020) German bloss-questions as extreme ignorance questions.

Proceedings of Sinfonija 2019: 7-22.

Erlewine, M. Y. (2014) *Movement Out of Focus*. Massachusetts Institute of Technology Dissertation.

Erlewine, M. Y. (2018) *Even* doesn't move but associates into traces: A reply to Nakanishi 2012. *Natural Language Semantics*, 26: 167-191.

Erlewine, M. Y. and Kotek, H. (2016) Even-NPIs in Dharamsala Tibetan. *Linguistic Analysis,* 40: 129-165.

Erlewine, M. Y. and Kotek, H. (2018) Focus association by movement: Evidence from Tanglewood. *Linguistic Inquiry*, 49: 441-463.

Fălăuş, A. and Nicolae, A. C. (2022) Additive free choice items. *Natural Language Semantics*, 30: 185-214.

Fauconnier, G. (1975) Pragmatic scales and logical structure. *Linguistic Inquiry*, 6: 353-375.

Feng, Y. and Pan, H. (2022) Remarks on the maximality approach to Mandarin *dou* and other related issues. *Language and Linguistics*, 23: 274-312.

Fernando, T. and Kamp, H. (1996) Expecting *many*. *Semantics and Linguistic Theory (SALT)* 6: 53-68.

Forker, D. (2016) Toward a typology for additive markers. *Lingua*, 180: 69-100.

Fox, D. (2007) Free choice and the theory of scalar implicatures. *Presupposition and Implicature in Compositional Semantics*, 71-120. Basingstoke: Palgrave.

Fox, D. and Katzir, R. (2011) On the characterization of alternatives. *Natural Language Semantics*, 19: 87-107.

Fox, D. and Spector, B. (2018) Economy and embedded exhaustification. *Natural Language Semantics*, 26: 1-50.

Francis, N. C. (2019) *Presuppositions in Focus*. Massachusetts Institute of Technology Dissertation.

Geurts, B. (2010) *Quantity Implicatures*. Cambridge, UK: Cambridge University Press.

Giannakidou, A. (1998) *Polarity Sensitivity as (Non) Veridical Dependency*. Amsterdam: John Benjamins.

Giannakidou, A. and Cheng, L. L.-S. (2006) (In)Definiteness, polarity, and the role of *wh*-morphology in free choice. *Journal of Semantics*, 23: 135-183.

Greenberg, Y. (2016) A novel problem for the likelihood-based semantics of *even*. *Semantics and Pragmatics*, 9: 1-28.

Greenberg, Y. (2017) A revised, gradability-based semantics for *even*. *Natural Language Semantics*, 26: 51-83.

Grice, H. P. (1975) Logic and conversation. *Syntax and Semantics 3: Speech Acts*. New York: Academic Press.

Groenendijk, J. and Stokhof, M. (1984) *Studies on the Semantics of Questions and the Pragmatics of Answers*. University of Amsterdam Dissertation.

Guerzoni, E. (2004) Even-NPIs in yes/no questions. *Natural Language Semantics*, 12: 319-343.

Guerzoni, E. and Lim, D. (2007) *Even if*, factivity and focus. *Proceedings of Sinn und Bedeutung* 11: 276-290.

Haida, A. (2007) *The Indefiniteness and Focusing of Wh-words*. Humboldt University Dissertation.

Hamblin, C. L. (1973) Questions in Montague English. *Foundations of Language*, 10: 41-53.

Haspelmath, M. (1997) *Indefinite Pronouns*. Oxford: Oxford University Press.

He, C. (2011) *Expansion and Closure: Towards a Theory of Wh-construals in Chinese*. The Hong Kong Polytechnic University Dissertation.

Heim, I. (1982) *The Semantics of Definite and Indefinite Noun Phrases*. University of Massachusetts Dissertation.

Heim, I. (1983) On the projection problem for presuppositions. *WCCFL 2*: 114-125.

Heim, I. (1984) A note on negative polarity and downword entailingness. *Proceedings of North East Linguistic Society* 14: 98-107.

Heim, I. (1991) Artikel und definitheit. *Semantik: Ein Internationales Handbuch der Zeitgenössischen Forschung*. Berlin: de Gruyter.

Heim, I. and Kratzer, A. (1998) *Semantics in Generative Grammar*. Oxford: Blackwell.

Hengeveld, K., Iatridou, S. and Roelofsen, F. (2021) Quexistentials and focus. *Linguistic Inquiry*. Advance Publication.

Hole, D. (2004) *Focus and Background Marking in Mandarin Chinese*. London: RoutledgeCurzon.

Horn, L. (1989) *A Natural History of Negation*. Chicago: University of Chicago Press.

Huang C.-T. J. (1982) *Logical Relations in Chinese and the Theory of Grammar*. Massachusetts Institute of Technology Dissertation.

Huang, S. (1995) *Dou* as an existential quantifier. *NACCL-6, vol. 1*: 85-99.

Huang, S. (1996) *Quantification and Predication in Mandarin Chinese: A Case Study of dou*. University of Pennsylvania Dissertation.

Israel, M. (2001) Minimizers, maximizers and the rhetoric of scalar reasoning. *Journal of Semantics*, 18: 297-331.

Jackendoff, R. S. (1972) *Semantic Interpretation in Generative Grammar*. Cambridge, MA: MIT Press.

Jackendoff, R. S. (1977) *X-bar Syntax: A Study of Phrase Structure*. Cambridge, MA: MIT Press.

Jasinskaja, K. and Zeevat, H. (2009) Explaining conjunction systems: Russian, English, German. *Proceedings of Sinn und Bedeutung* 13: 231-245.

Jenks, P. (2018) Articulated definiteness without articles. *Linguistic Inquiry,* 49: 501-536.

Jeong, S. and Roelofsen, F. (2023) Focused NPIs in statements and questions. *Journal of Semantics*, 40:1-68.

Jin, J. (2018) *Partition and Quantity — Numeral Classifiers, Measurement, and Partitive Constructions in Mandarin Chinese*. London: Routledge.

Kadmon, N. and Landman, F. (1993) *Any*. Linguistics and Philosophy, 16: 353-422.

Kamp, H. (1973) Free Choice Permission. *Proceedings of the Aristotelian Society, vol. 74*: 57-74.

Kamp, H. (1981) A theory of truth and semantic representation. *Formal Methods in the Study of Language*. Amsterdam: Mathematisch Centrum.

Kaplan, J. (1984) Obligatory *too* in English. *Language*, 60: 510-518.

Karttunen, L. (1977) Syntax and semantics of questions. *Linguistics and Philosophy*, 1: 3-44.

Karttunen, L. and Peters, S. (1979) Conventional implicature. *Syntax and Semantics 11: Presupposition*. New York: Academic Press.

Katzir, R. (2007) Structurally-defined alternatives. *Linguistics and Philosophy*, 30: 669-690.

Katzir, R. (2013) A note on contrast. *Natural Language Semantics*, 21: 333-343.

Katzir, R. (2014) On the roles of markedness and contradiction in the use of alternatives. *Pragmatics, Semantics and the Case of Scalar Implicatures*. London: Palgrave Macmillan.

Kobuchi-Philip, M. (2009) Japanese *mo*: Universal, additive and NPI. *Journal of Cognitive Science*, 10: 172-194.

König, E. (1991) *The Meaning of Focus Particles: A Comparative Perspective*. London: Routledge.

Kratzer, A. (1981) The notional category of modality. *Words, Worlds, and Contexts: New Approaches to Word Semantics, vol. 6*. Berlin: de Gruyter.

Kratzer, A. (1991) The representation of focus. *Semantik: Ein Internationales Handbuch der Zeitgenössischer Forschung*. Berlin: de Gruyter.

Kratzer, A. (2008) On the plurality of verbs. *Event Structures in Linguistic Form and Interpretation*. Berlin: de Gruyter.

Kratzer, A. and Shimoyama, J. (2002) Indeterminate pronouns: The view from Japanese. *3rd Tokyo Conference on Psycholinguistics*.

Krifka, M. (1989) Nominal reference, temporal constitution and quantification in event semantics. *Semantics and Contextual Expression*. Dordrecht: Foris.

Krifka, M. (1992) A compositional semantics for multiple focus constructions. *Informationsstruktur und Grammatik*. Opladen: Westdeutscher Verlag.

Krifka, M. (1995) The semantics and pragmatics of polarity items. *Linguistic Analysis*, 25: 209-257.

Krifka, M. (1996) Pragmatic strengthening in plural predications and donkey sentences.

Semantics and Linguistic Theory (SALT), 6: 136-153.

Krifka, M. (1999a) Additive particles under stress. *Semantics and Linguistic Theory (SALT) 8*: 111-128.

Krifka, M. (1999b) At least some determiners aren't determiners. *The Semantics/Pragmatics Interface From Different Points of View*. Oxford: Elsevier.

Krifka, M., Pelletier, F. J., Carlson, G. N., ter Meulen, A., Chierchia, G. and Link, G. (1995) Genericity: An introduction. *The Generic Book*. Chicago: The University of Chicago Press.

Kripke, S. A. (2009) Presupposition and anaphora: Remarks on the formulation of the projection problem. *Linguistic Inquiry*, 40: 367-386.

Križ, M. (2016) Homogeneity, non-maximality, and *all*. *Journal of Semantics*, 33: 493-539.

Križ, M. and Spector, B. (2020) Interpreting plural predication: Homogeneity and non-maximality. *Linguistics and Philosophy*, 44: 1131-1178.

Kuo, C. -M. (2003) *The Fine Structure of Negative Polarity Items in Chinese*. University of Southern California Dissertation.

Ladusaw, W. (1979) *Polarity Sensitivity as Inherent Scope Relations*. The University of Texas at Austin Dissertation.

Ladusaw, W. (1982) Semantic constraints on the English partitive construction. *Proceedings of WCCFL 1*: 231-242.

Lahiri, U. (1998) Focus and negative polarity in Hindi. *Natural Language Semantics*, 6: 57-123.

Landman, F. (1989) Groups, I. *Linguistics and Philosophy*, 12: 559-605.

Landman, F. (2000) *Events and Plurality: The Jerusalem Lectures*. Dordrecht: Kluwer.

Lee, T. H-T. (1986) *Studies on Quantification in Chinese*. UCLA Dissertation.

Lewis, D. (1970) General semantics. *Synthese*, 22: 18-67.

Lewis, D. (1975) Adverbs of quantification. *Formal Semantics of Natural Language*. Cambridge, UK: Cambridge University Press.

Lewis, D. (1988) Relevant implication. *Theoria*, 54: 161-174.

Li, H. (2021) Mandarin *wh*-conditionals: A dynamic question approach. *Natural Language Semantics*, 29: 401-451.

Li, X. (1997) *Deriving Distributivity in Mandarin Chinese*. UC Irvine Dissertation.

Li, Y.-H. A. (1992) Indefinite *Wh* in Mandarin Chinese. *Journal of East Asian Linguistics*, 1: 125-155.

Li, Y.-H. A. (2014) Quantification and scope. *The Handbook of Chinese Linguistics*. Oxford: Wiley Blackwell.

Liao, H.-C. (2011) *Alternatives and Exhaustification: Non-interrogative uses of Chinese wh-words*. Harvard University Dissertation.

Lin, J., Weerman, F. and Zeijlstra, H. (2022) Distributionally restricted items. *Natural Language and Linguistic Theory*, 40: 123-158.

Lin, J.-W. (1996) *Polarity Licensing and wh-phrase Quantification in Chinese*. University of Massachusetts Dissertation.

Lin, J.-W. (1998a) Distributivity in Chinese and its implications. *Natural Language Semantics*, 6: 201-243.

Lin, J.-W. (1998b) On existential polarity wh-phrases in Chinese. *Journal of East Asian Linguistics*, 7: 219-255.

Lin, J.-W. (2014) *Wh*-expressions in Mandarin Chinese. *The Handbook of Chinese Linguistics*. Oxford: Wiley Blackwell.

Lin, J.-W. (2020a) Monotonicity and the Distribution of Dou 'all' in Mandarin Chinese. Unpublished manuscript.

Lin, J.-W. (2020b) Universal NPs, distributivity and dependent indefinites in Mandarin Chinese. *Making Worlds Accessible: Essays in Honor of Angelika Kratzer*.

Link, G. (1983) The logical analysis of plurals and mass terms: A lattice-theoretical approach. *Meaning, Use and the Interpretation of Language*. Berlin: de Gruyter.

Link, G. (1987) Generalized quantifiers and plurals. *Generalized Quantifiers*. Dordrecht: Reidel.

Liu, H. (2009) *Additive Particles in Adult and Child Chinese*. City University of Hong Kong Dissertation.

Liu, M. (2017) Varieties of alternatives: Mandarin focus particles. *Linguistics and Philosophy*, 40: 61-95.

Liu, M. (2019) Explaining the exceptive-additive ambiguity in Mandarin. *The 22nd Amsterdam Colloquium*.

Liu, M. (2021) A pragmatic explanation of the *mei-dou* co-occurrence in Mandarin. *Journal of East Asian Linguistics*, 30: 277-316.

Liu, M. and Cui, Y. (2019) Situating Mandarin *wh*-indefinites in the typology of modal indefinites. *Journal of Foreign Languages*（《外国语》）42: 26-37.

Liu, M. and Yang, Y. (2021) Modal *wh*-indefinites in Mandarin. *Proceedings of Sinn und Bedeutung 25*: 581-599.

Löbner, S. (2000) Polarity in natural language: Predication, quantification and negation in particular and characterizing sentences. *Linguistics and Philosophy*, 23: 213-308.

Malamud, S. A. (2012) The meaning of plural definites: A decision-theoretic approach. *Semantics and Pragmatics*, 5: 1-58.

Matsumoto, Y. (1995) The conversational condition on Horn Scales. *Linguistics and Philosophy* 18: 21-60.

Matthewson, L. (2001) Quantification and the nature of crosslinguistic variation. *Natural Language Semantics*, 9: 145-189.

May, R. (1985) *Logical Form: Its Structure and Derivation*. Cambridge, MA: MIT Press.

Meyer, M. -C. (2016) Generalized free choice and missing alternatives. *Journal of Semantics*, 33: 703-754.

Meyer, M. -C. (2021) Free choice disjunction —"An apple or a pear". *The Wiley Blackwell Companion to Semantics*. Hoboken: Wiley Blackwell.

Mitrović, M. (2021) *Superparticles: A Microsemantic Theory, Typology, and History of Logical Atoms*. Berlin: Springer.

Mitrović, M. and Sauerland, U. (2014) Decomposing coordination. *Proceedings of North East Linguistic Society* 44: 39-52.

Mitrović, M. and Sauerland, U. (2016) Two conjunctions are better than one. *Acta*

Linguistica Hungarica, 63: 471-494.

Nakanishi, K. (2012) The scope of *even* and quantifier raising. *Natural Language Semantics*, 20: 115-136.

Nicolae, A.C. and Sudo, Y. (2019) The exhaustive relevance of complex conjunctions. *Snippets*, 37: 72-73.

Onea, E. (2021) Indefinite–interrogative affinity. *The Wiley Blackwell Companion to Semantics*. Hoboken: Wiley Blackwell.

Pan, H. and Jiang, Y. (2015) The bound variable hierarchy and donkey anaphora in Mandarin Chinese. *International Journal of Chinese Linguistics*, 2: 159-192.

Paris, M.-C. (1979) Some aspects of the syntax and semantics of the "lian...ye/dou" construction in Mandarin. *Cahiers de Linguistique-Asie Orientale*, 5: 47-70.

Partee, B. H. and Rooth, M. (1983) Generalized conjunction and type ambiguity. *Meaning, Use and the Interpretation of Language*. Berlin: de Gruyter.

Penka, D. (2006) Almost there: The meaning of almost. *Proceedings of Sinn und Bedeutung* 10: 275-286.

Percus, O. (2006) Antipresuppositions. *Theoretical and Empirical Studies of Reference and Anaphora: Toward the Establishment of Generative Grammar as an Empirical Science*. Japan Society for the Promotion of Science.

Portner, P. (2002) Topicality and (Non-) Specificity in Mandarin. *Journal of Semantics*, 19: 275-287.

Rawlins, K. (2008) *(Un)conditionals: An Investigation in the Syntax and Semantics of Conditional Structures*. University of California Dissertation.

Rawlins, K. (2012) Questions of ignorance. Slides for talk at University of Goettingen.

Rawlins, K. (2013) (Un)conditionals. *Natural Language Semantics*, 40: 111-178.

Roberts, C. (2011) Topics. *Semantics: An International Handbook of Natural Language Meaning, vol. 2*. Berlin: de Gruyter.

Roberts, C. (2012) Information structure in discourse: Towards an integrated formal theory of pragmatics. *Semantics and Pragmatics*, 5: 1-69.

Romero, M. and Han, C.-H. (2004) On negative yes/no questions. *Linguistics and*

Philosophy, 27: 609-658.

Rooth, M. (1985) *Association with Focus*. University of Massachusetts Dissertation.

Rooth, M. (1992) A theory of focus interpretation. *Natural Language Semantics*, 1: 75-116.

Rooth, M. (1996) Focus. *The Handbook of Contemporary Semantic Theory*. Oxford: Blackwell.

Sauerland, U. (2004) Scalar implicatures in complex sentences. *Linguistics and Philosophy*, 27: 367-391.

Scha, R. (1981) Distributive, collective and cumulative quantification. *Formal Methods in the Study of Language*. Amsterdam: Mathematisch Centrum.

Schwarzschild, R. (1994) Plurals, presuppositions and the sources of distributivity. *Natural Language Semantics*, 2: 201-248.

Schwarzschild, R. (1996) *Pluralities*. Dordrecht: Kluwer.

Schwarzschild, R. (1999) GIVENness, AvoidF and other constraints on the placement of accent. *Natural Language Semantics*, 7: 141-177.

Schwarzschild, R. (2020) The representation of focus, givenness and exhaustivity. *Making Worlds Accessible: Essays in Honor of Angelika Kratzer*.

Sharvy, R. (1980) A more general theory of definite descriptions. *The Philosophical Review*, 89: 607-624.

Shi, D. (1994) The nature of Chinese wh-questions. *Natural Language and Linguistic Theory*, 12: 301-333.

Shimoyama, J. (2001) *Wh-constructions in Japanese*. University of Massachusetts Dissertation.

Shimoyama, J. (2006) Indeterminate phrase quantification in Japanese. *Natural Language Semantics*, 14: 139-173.

Shimoyama, J. (2011) Japanese indeterminate negative polarity items and their scope. *Journal of Semantics*, 28: 413-450.

Shyu, S.-I. (1995) *The Syntax of Focus and Topic in Mandarin Chinese*. University of Southern California Dissertation.

Shyu, S.-I. (2004) *(A)symmetries between Mandarin Chinese lian...dou and shenzhi*. *Journal of Chinese Linguistics,* 32: 81-128.

Shyu, S.-I. (2016) Minimizers and EVEN. *Linguistics*, 54: 1355-1395.

Shyu, S.-I. (2018) The scope of *even*: Evidence from Mandarin Chinese. *Language and Linguistics*, 19: 156-195.

Simons, M. (2005) Dividing things up: The semantics of *or* and the modal/*or* interaction. *Natural Language Semantics*, 13: 271-316.

Simons, M., Beaver, D., Roberts. C. and Tonhauser, J. (2017) The best question: Explaining the projection behavior of factives. *Discourse Processes*, 54: 187-206.

Singh, R., Wexler, K., Astle-Rahim, A., Kamawar, D. and Fox, D. (2016) Children interpret disjunction as conjunction: Consequences for theories of implicature and child development. *Natural Language Semantics*, 24: 305-352.

Spector, B. (2013) Bare numerals and scalar implicatures. *Language and Linguistics Compass*, 7: 273-294.

Stalnaker, R. (1974) Pragmatic presuppositions. *Semantics and Philosophy*. New York: New York University Press.

Szabó, Z. (2017) Finding the question. *Philosophical Studies*, 173: 779-786.

Szabolcsi, A. (2015) What do quantifier particles do?. *Linguistics and Philosophy*, 38: 159-204.

Szabolcsi, A. and Zwarts, F. (1993) Weak islands and an algebraic semantics for scope taking. *Natural Language Semantics*, 1: 235-284.

Tancredi, C. (1990) Not only EVEN, but even ONLY. Ms., Massachusetts Institute of Technology.

Theiler, N. (2019) When additive particles can associate with *wh*-phrases. *Proceedings of Sinn und Bedeutung*, 23: 345-362.

Tovena, L. M. (2006) Dealing with alternatives. *Proceedings of Sinn und Bedeutung* 10: 373-388.

Tran, T. (2009) *Wh-Quantification in Vietnamese*. University of Delaware Dissertation.

Tsai, C.-Y. (2015) *Toward a Theory of Mandarin Quantification*. Harvard University

Dissertation.

Tsai, W.-T. D. (1999) On lexical courtesy. *Journal of East Asian Linguistics*, 8: 39-73.

Umbach, C. (2012) Strategies of additivity: German additive *noch* compared to *auch*. *Lingua*, 122: 1843-1863.

Velleman, L. and Beaver, D. (2016) Question-based models of information structure. *The Oxford Handbook of Information Structure*. Oxford: Oxford University Press.

Veloudis, I. (1998) "Quantifying" superlatives and *Homo Sapiens*. *Journal of Semantics*, 15: 215-237.

von Fintel, K. (1993) Exceptive constructions. *Natural Language Semantics*, 1: 123-148.

von Fintel, K. (1994) *Restrictions on Quantifier Domains*. University of Massachusetts Dissertation.

von Fintel, K. and Heim, I. (2021) *Lecture notes on intensional semantics*. Ms., Massachusetts Institute of Technology.

van Rooy, R. (2003) Negative polarity items in questions: Strength as relevance. *Journal of Semantics,* 20: 239-273.

Wagner, M. (2006) Association by movement: Evidence from NPI-licensing. *Natural Language Semantics*, 14: 297-324.

Wei, W. (2020) *Discourse Particles in Mandarin Chinese*. University of Southern California Dissertation.

Winter, Y. (1995) Syncategorematic conjunction and structured meanings. *Semantics and Linguistic Theory (SALT)*, 5: 387-404.

Wold, D. E. (1996) Long distance selective binding: The case of focus. *Semantics and Linguistic Theory (SALT)*, 1: 311-328.

Wong, D. J. (2017) Negative polarity items in Malay: An exhaustification account. *Proceedings of GLOW in Asia XI,* 1: 213-226.

Wu, J. (1999) *Syntax and Semantics of Quantification in Chinese*. University of Maryland Dissertation.

Xiang, M. (2008) Plurality, maximality and scalar inferences: A case study of Mandarin *dou*. *Journal of East Asian Linguistics*, 17: 227-245.

Xiang, Y. (2020) Function alternations of the Mandarin particle *dou*: Distributor, free choice licensor, and 'even'. *Journal of Semantics*, 37: 171-217.

Xie, Z. (2007) Nonveridicality and existential polarity *wh*-phrases in Mandarin. *Proceedings from the Annual Meeting of the Chicago Linguistic Society 43*.

Yablo, S. (2014) *Aboutness*. Princeton: Princeton University Press.

Yang, R. (2001) *Common Nouns, Classifiers, and Quantification in Chinese*. Rutgers University Dissertation.

Yang, Y., Goodhue, D., Hacquard. V. and Jeffrey, L. (2022) Do children know *wh*anything? 3-year-olds know the ambiguity of *wh*-phrases in Mandarin. *Language Acquisition*.

Yang, Y., Gryllia, S. and Cheng, L. L.-S. (2020) *Wh*-question or *wh*-declarative? Prosody makes the difference. *Speech Communication*, 118: 21-32.

Yang, Z. (2018) Mandarin *yě* and scalarity. *Studies in Chinese Linguistics*, 39: 155-178.

Yang, Z. (2020) *Yě, yě, yě: On the Syntax and Semantics of Mandarin yě*. Leiden University Dissertation.

Zanuttini, R. and Portner, P. (2003) Exclamative clauses: At the syntax-semantics interface. *Language*, 79: 39-81.

Zeevat, H. (2009) "Only" as a mirative particle. *Focus at the Syntax-Semantics Interface*, University of Stuttgart.

Zeijlstra, H. (2017) Universal quantifier PPIs. *Glossa: A Journal of General Linguistics*, 2: 1-25.

Zhao, Z. (2019) *Varieties of Distributivity: From Mandarin dou to Plurality, Free Choice and Scalarity*. University of Amsterdam Master Thesis.

Zhou, P. (2015) Children's knowledge of *wh*-quantification in Mandarin Chinese. *Applied Psycholinguistics*, 36: 411-435.